本书为2018年度全国统计科学研究项目一般项目(编号:2018LY70)和2019年江苏省大学生创新创业训练计划一般项目(编号:201911055054Y)研究成果。

“双创”发展评价指标体系构建及应用评估研究

许 珂 著

东南大学出版社
SOUTHEAST UNIVERSITY PRESS
·南京·

内 容 简 介

自李克强总理在2014年9月夏季达沃斯论坛上首次提出“大众创业，万众创新”(简称“双创”)以来，我国形成了新一波创业创新浪潮。“双创”具有鲜明的时代特征和重大的现实意义，符合国情民意，对于推动经济结构调整、打造发展新引擎、增强发展新动力、走创新驱动发展道路具有重要意义。本书主要在借鉴国内外创新、创业相关指数构建和评价方法的基础上，设计“双创”发展评价指标体系，通过定量分析较为全面评估我国31个省、直辖区、自治区(不包括港、澳、台地区)2015—2017年(由于截止研究时2018年数据无法全部取得，一些统计年鉴等还未全部披露)的“双创”发展情况，为政策制定者提供有价值的参考依据。

图书在版编目(CIP)数据

“双创”发展评价指标体系构建及应用评估研究 / 许珂著. — 南京 :东南大学出版社，2019.12

ISBN 978-7-5641-8771-2

Ⅰ.①双… Ⅱ.①许… Ⅲ.①创业-评价指标-研究-中国 Ⅳ.①F249.214

中国版本图书馆CIP数据核字(2019)第289584号

“双创”发展评价指标体系构建及应用评估研究

著　　者 许　珂
出版发行 东南大学出版社
出 版 人 江建中
责任编辑 胡中正
社　　址 南京市四牌楼2号
邮　　编 210096

经　　销 全国各地新华书店
印　　刷 虎彩印艺股份有限公司
开　　本 700 mm×1000 mm 1/16
印　　张 13.5
字　　数 320千字
版　　次 2019年12月第1版
印　　次 2019年12月第1次印刷
书　　号 ISBN 978-7-5641-8771-2
定　　价 45.00元

前　言

李克强总理2014年9月在夏季达沃斯论坛上首次提出要在960万平方公里土地上掀起“大众创业”“草根创业”的新浪潮，形成“万众创新”“人人创新”的新势态。2015年6月11日，国务院印发《关于大力推进大众创业万众创新若干政策措施的意见》，指出推进大众创业、万众创新，是发展的动力之源，也是富民之道、公平之计、强国之策，对于推动经济结构调整、打造发展新引擎、增强发展新动力、走创新驱动发展道路具有重要意义，是稳增长、扩就业、激发亿万群众智慧和创造力，促进社会纵向流动、公平正义的重大举措。党的十九大报告提出，激发和保护企业家精神，鼓励更多社会主体投身创新创业，为进一步推动“大众创业、万众创新”向纵深发展指明了方向。2018年9月，国务院印发《关于推动创新创业高质量发展打造“双创”升级版的意见》，从八个方面提出政策保障措施，进一步增强创业带动就业能力和科技创新能力，加快培育发展新动能，充分激发市场活力和社会创造力，推动我国经济高质量发展。

随着“大众创业、万众创新”的不断推进，构建一套综合性较强的、可量化的“双创”发展指标体系，较为全面评估我国大部分地区的创新创业能力，是推动我国建设创新型国家的实际需要，对我国的“双创”实践有着非常重要的指导意义。

作者依托2018年度全国统计科学研究项目一般项目(“双创”发展评价指标体系构建及其评估研究，课题编号2018LY70)，结合前期对创新创业方面研究的课题和成果，在借鉴国内外创新、创业相关指数构建和评价方法的基础上，设计“双创”发展评价指标体系，通过定量分析较为全面的评估我国各地区的“双创”发展情况。本书的主要内容如下：第一章绪论，主要介绍“大众创业，万众创新”提出的国内外背景和研究意义，并从创新、创业、创新创业相结合三个角度梳理了国内外研究文献；第二章理论初探，主要介绍了“大众创业，万众创新”的涵义和作用；第三章发展现状，主要从双创环境的改善、双创主体的发展、双创融资渠道的丰富和近年来所取得的双创成效来介绍目前双创发展现状；第四章国内外“双创”发展评价经验借鉴，详细介绍国内外权威的相关指数，特别是指标体系的构建和应用的评估方法，为“双创”发展评估指标体系的构建提供经验借鉴；第五章“双创”发展评价指标体系构建。根据指标体系设计的原则，在借鉴国内外权威指数基础上，设计“双创”发展评价体系，主要由 4 个一级指标组成，下设 14 个二级指标和 54 个三级指标构成。对指标的具体解释、指标数据的来源以及收集数据的方法做了详细说明，为“双创”发展评价奠定基础；第六章“双创”发展评价比较研究。运用设计的指标体系，结合熵值法赋予权重，对我国 31 个省、自治区、直辖市 2015—2017 年间的双创发展情况进行评价；第七章结论与政策建议，根据“双创”发展评价比较研究，总结主要的结论，并在此基础上从优化双创环境、激发双创主体活力、增加双创投入、提高双创成果转化、缩小双创区域发展不平衡等方面入手，提出促进我国双创发展的政策建议。

本书由作者本人独立完成，在写作过程中得到了江苏省大学生创新创业训练计划项目组成员的支持，主要帮助收集双创政策、数据等，在此表示感谢。另外，本书涉及全国 31 个省、自治区、直辖市的统计数据均不包含港、澳、台地区。

本书的工作是在 2018 年度全国统计科学研究项目一般项目(2018LY70)、江苏省大学生创新创业训练计划一般项目(201911055054Y)、江苏省政府留学奖学金的资助下开展的，在此一并表示感谢。本书在编写过程中参考了国内外相关的文献，在此向所有的著作者表示诚挚的谢意！

限于作者的学识水平，本书的内容体系和分析难免存在不足，衷心希望广大读者给予批评指正。

许 珂

2019 年 8 月

目　录

1 绪论

李克强总理2014年9月在夏季达沃斯论坛上首次提出要在960万平方公里土地上掀起“大众创业”“草根创业”的新浪潮，形成“万众创新”“人人创新”的新势态。2015年6月11日，国务院以国发〔2015〕32号文件印发《关于大力推进大众创业万众创新若干政策措施的意见》，指出推进大众创业、万众创新，是发展的动力之源，也是富民之道、公平之计、强国之策，对于推动经济结构调整、打造发展新引擎、增强发展新动力、走创新驱动发展道路具有重要意义；是稳增长、扩就业、激发亿万群众智慧和创造力，促进社会纵向流动、公平正义的重大举措。5年多时间过去了，成绩斐然。2018年，我国平均每天新增企业1.8万户，市场主体总量首次超过1亿户，有力带动了充分且高质量的就业；120家“大众创业，万众创新”示范基地、5 500多家众创空间、4 000多家科技企业孵化器、3 500多家创业投资机构蓬勃发展，助力我国成为世界上第二大创业投资市场……点滴活水汇入江海，创新的浪潮改变了我国经济的生态和每个人的生活，而成绩的另一面也代表着新期待、新未来。

“大众创业，万众创新”的实质是创造价值，并不只是简单的从无到有，更不是简单的资本游戏。一些打着共享经济旗号的创业项目旋生旋灭，一些网络打车平台为了降低成本忽视乘客安全，曾一度引发舆论关于创新的讨论。如果只是通过找个项目圈钱套利，借助炒作概念一夜暴富，就不可能真正实现有价值的创新。高水平、高质量的创业创新，意味着必须摆脱单纯的资本导向，更多关注需求、更多对接产业，把为用户创造价值作为目标。“大众创业，万众创新”如大浪淘沙，当潮水退去，留下的只会是真金。只有以更成熟的心态、更理性的思维、更积极的行动投入市场竞争，不光关注流量和商业模式创新，更关注突破核心技术，“大众创业，万众创新”者才能赢得未来。

“大众创业，万众创新”的成功，需要个人努力，更离不开制度环境。近年来，从工商登记制度简化流程降低门槛，到“最多跑一次”改革提升政府办事效率；从鼓励事业单位专业技术人员“大众创业，万众创新”，到加大减税降费力度为企业卸担子，密集的改革鼓点，点燃了“大众创业，万众创新”的激情。但无论是为“无形之手”松绑，还是给“有形之手”加力，高水平、高质量的创业创新，意味着更精细化的管理、更科学的决策。如何提升产业政策效率，如何将“大众创业，万众创新”的激情引入实体经济，如何引导“大众创业，万众创新”者进入急需攻克的产业领域，只有实事求是、精耕细作，才能真正激活我国经济这一池春水。

在创新驱动发展战略背景下，“大众创业，万众创新”是激发“创业、创新”活力的有力举措，是解决就业难题的有效方式，是我国新旧动能转换的重要途径。各地区在“大众创业，万众创新”的实践中取得了一定的成效，也存在相应的问题，所以，亟须对“大众创业，万众创新”活动进行评估，发扬优势，弥补不足，推动创业创新活动良性发展。本书在探索对“大众创业，万众创新”各项关键问题和影响机制的研究基础上，建立“大众创业，万众创新”评估指标体系，并对评估方法进行探索。在理论上，丰富了该研究领域的文献；在实践中，能及时发现创业创新过程中存在的问题，有助于推动创业创新活动的合理性与科学性，促进创业创新活动增效提质。

1.1 “双创”背景和研究意义

1.1.1 “双创”背景

1）国际背景

当前国际经济情况不容乐观，世界经济发展放缓，国际经济形势不稳定，国际市场需求减弱，传统产品国际竞争压力进一步增大，因此，我们必须增加国内市场需求来促进经济稳定发展，那么，通过“大众创业，万众创新”来激发国内市场需求就成了必然的选择；另外，国际市场需求要求增高，对产品本身的质量、技术含量和使用效能要求增加，对创新技术和创新产品的需求增加，这也必然要求我们通过“大众创业，万众创新”来创造出新的技术、新的产品和新的服务，从而稳定和增加我国产品在国际市场的需求及份额。

同时，从国际上看，创业、创新目前不仅成为一种风尚，也成为各个经济中心寻求新的经济增长点、提升国际竞争力的重要引擎。许多国家基于独特的社会历史环境和优势产业，建成了多个具有强大竞争力的创业、创新中心，从美国的硅谷、纽约，到欧洲的伦敦、巴黎，再到亚洲的首尔、东京，各个创新中心城市依据其发展特色迅速崛起成为国际创新城市网络中的重要枢纽或节点。国际上的研究机构非常重视对新创企业及其发展的评价与测量，并将其作为衡量地区经济发展水平、经济发展活力、经济发展质量以及经济发展潜力的重要指标。在已经发布的国际创新指数中，比较权威的包括全球创新指数、全球创新城市指数、硅谷指数、欧盟创新指数、世界知识竞争力指数。在创业指数方面,比较权威的是考夫曼创业活动指数、全球创业观察指数、营商环境便利指数、全球创业指数、全球创业生态系统指数等。这些国际创业、创新指数对全球范围内的科技创业、创新地区或城市进行排序,以衡量其发展水平。

2)国内背景

(1)"双创"是我国经济发展进入"新常态"的发展需求

习近平总书记2014年11月9日在亚太经合组织(APEC)工商领导人峰会上首次系统阐述和指出,当前我国经济进入"新常态",呈现速度变化、结构优化、动力转化三大特点:一是增长速度从高速增长转向中高速增长;二是经济结构不断优化升级,第三产业消费需求逐步成为主体,城乡区域差距逐步缩小,居民收入占比上升,发展成果惠及更广大民众;三是从要素驱动、投资驱动转向创新驱动。

经济发展"新常态"之所以"新",不仅在于当前我国经济发展呈现若干新的特点,而且包含了新的战略方针、新的制度条件、新的思想方法、新的工作理念。① 新的战略方针,突出体现为以提高经济发展质量和效益为中心的价值取向。习近平总书记反复强调,坚持经济建设为中心,是为了实现经济的持续健康发展,而不应把发展简单化为增加国内生产总值。必须明确,发展是我们党执政兴国的第一要务,发展是解决我国所有问题的基础和关键。经济发展新常态不是不要发展,不是不讲GDP,而是要有质量、有效益、可持续地发展。经济发展进入新常态,改变的是经济发展方式和经济结构。必须准确把握这种发展条件和发展要求的变化,更加自觉地坚持以提高经济发展质量和效益为中心,大力推进经济结构战略性调整。这是我国迈上更高级发展阶段必须越过的坎。② 新的制度条件,突出体现为确定了市场在资源配置中的决定性作用、政府在经济发展中的推动作用。习近平总书记明确指出:"在新常态下,要实现新发展、新突破,制胜法宝是全面深化改革,全面依法治国。"全面深化改革的重点和牵引是经济体制改革,而经济体制改革的核心问题是处理好政府和市场的关系。党的十八届三中全会对全面深化改革做了顶层设计,明确提出推进经济体制改革必须"使市场在资源配置中起决定性作用和更好发挥政府作用",强调市场与政府各安其位、各司其职,分工配合、协调共进。只有市场、政府两个方面的作用有机地结合在一起,并通过法治予以切实保障,才能更好地保障新常态下实现经济持续健康发展。③ 新的思想方法,突出体现为强烈的问题意识。以重大问题为导向,抓住关键问题深入研究思考,着力推动解决我国发展面临的一系列突出矛盾和问题,是新常态下必须掌握的方法论。新常态下我国经济发展面临许多新矛盾新问题,比如,经济下行压力的问题,经济结构调整的问题,经济增长动力转换的问题,资源环境约束趋紧的问题等。针对这些突出矛盾和问题,党中央提出一系列重大战略思想、战略举措,比如提出稳中求进的工作总基调，提出“一带一路”、京津冀协同发展、长江经济带发展、粤港澳大湾区建设四大战略，建设上海、广东、天津、海南等 12 个自贸区等。④ 新的工作理念，突出体现为不为压力所动的战略定力。习近平总书记反复强调，要保持战略定力，敢作为、勇担当；要发扬钉钉子精神，以踏石留印、抓铁有痕的劲头，切实把工作落到实处。在新常态下，既要增强攻坚克难的勇气，也要保持强大战略定力；既要有忧患意识，也要有历史耐心。只要一步一个脚印朝着既定目标前进，就会在新常态下把握新机遇、展现新作为、实现新发展。

显而易见，在这些新的战略方针、新的制度条件、新的思想方法和新的工作理念引领下，我国经济发展已经呈现出新的状态，展现了许多新的亮点。主要表现在：第一，深化改革带来新变化，释放了市场活力，营造了大众创业、万众创新的浓厚氛围；第二，服务业蓬勃发展，随着产业结构优化和转型升级，我国经济由工业主导向服务业主导加快转变的趋势更加明显；第三，经济运行质量有所提升，2018 年全员劳动生产率比 2017 年提高 6.6%，全国万元国内生产总值能耗比 2017 年下降 3.1%，经济发展方式正从规模速度型粗放增长转向质量效率型集约增长；第四，科技创新和成果转化带来新的增长点，与互联网有关的新业态持续高速扩张，“互联网＋”已成为驱动经济发展的新引擎；第五，引进来、走出去成效明显，“一带一路”建设稳步实施，利用外资与对外直接投资“并驾齐驱”；第六，基于国民高储蓄和长期积累的国家净资产，我国经济发展的潜力和空间很大，回旋余地比较大，宏观调控“工具箱”里的工具还比较多。总之，我国经济“换挡不失势”，完全有条件、有可能实现经济增长保持中高速、产业迈向中高端的“双中高”目标。鼓励“大众创业，万众创新”顺应了世界经济大势和我国经济发展的阶段性与规律性，是未来经济发展的常态化举措。

(2) “双创”是培育和催生我国经济发展新动力的客观要求

李克强总理在 2015 年政府工作报告中指出，打造“大众创业，万众创新”是推动我国经济发展调速不减势、量增质更优，实现我国经济提质增效升级“双引擎”之一。过去以要素驱动、投资驱动、出口驱动的经济发展动力日渐减弱，资源、环境、社会保障问题的制约日趋严重，廉价劳动力成本优势逐渐丧失，部分劳动密集型产业向东南亚和南亚转移，我国经济发展进入了新旧动力的转换期。

为了打造更有利的“大众创业，万众创新”的环境，国家不断推出各种制度和政策改革措施，据国家发展和改革委员会主办的国家“大众创业，万众创新政策信息服务网”政策库，自 2015 年年初以来全国各级政府共出台 3 800 多项支持“大众创业，万众创新”的政策文件，如《国务院办公厅关于推广支持创新相关改革举措的通知》《国务院办公厅关于推广第二批支持创新相关改革举措的通知》《国务院关于推动创新创业高质量发展打造“双创”升级版的意见》等，有效激发了全社会创业活力和发展动力。2018年,全国日均新登记企业1.8万户,较2015年增加53.3%,社会投资创业热情高涨,而且不断有创新型企业从这些初创企业中成长起来,成为行业或地区的领头羊。

(3)“双创”是扩大就业、惠民富民的新举措

我国有14亿人口,9亿多劳动力,每年高校毕业生、农村转移劳动力、城镇困难人员、退役军人数量较大,人力资源转为人力资本的潜力巨大,但是就业压力同样巨大。根据人力资源和社会保障部数据,2019年,我国就业总量压力不减。全年需要在城镇就业的新成长劳动力仍然保持在1 500万人以上,特别是高校毕业生数量达到834万,再创新高。同时就业的结构性矛盾更加突出,部分地区、部分行业、部分群体的就业压力比较大。推进“大众创业,万众创新”,就是要通过转变政府职能、建设服务型政府,营造公平竞争的创业环境,使有梦想、有意愿、有能力的科技人员、高校毕业生、农民工、退役军人、失业人员等各类市场创业主体“如鱼得水”,通过创业增加收入,让更多的人富起来,促进收入分配结构调整,实现创新支持创业、创业带动就业的良性互动发展。

“大众创业,万众创新”蕴藏着无穷创意和无限财富,是取之不竭用之不尽的“宝藏”,强力推动全面创新改革,减少对创新活动的干预,让每个有创业愿望的人都拥有自主创新的空间,让创新创造的血液在全社会流动,让自由发展的精神在全体人民中蔚然成风,释放民智民力,增进大众福祉,实现人生价值,推动社会进步,促进公平正义,打造我国经济未来增长的新引擎。

(4)“双创”是激发全社会创新潜能和创业活力的新途径

21世纪以来,全球创新活动日趋活跃,呈现出一些新的趋势性特征。一方面,创新全球化和多极化日益凸显,创新活动的新版图渐趋形成。另一方面,全球经济增长对技术创新依赖度大幅提高。“加强研发,重视创新,投资未来”成为国家和大企业提高竞争力的重要战略。这些重大趋势性变化将对今后的世界经济格局、国际分工和增长前景产生深远影响。

创新格局变化对我国来说机遇与挑战并存。未来二三十年,我国将处于技术追赶后半程,进入世界前沿的科技领域将逐步增多。我国在一些技术领域正向领军国家迈进。据有关调查显示,在影响未来研发走向的十大关键性领域中,我国全部进入研发领先国家前五位。我国有望在今后20年左右的时间内实现局部技术领先。创新全球化和多极化有利于我国以多种方式利用海外高端要素,在开放创新中提升科技水平和创新能力,也有利于国内企业创新“走出去”,整合全球创新资源,弥补国内技术和人才短板。需要注意的是,其他新兴经济体的创新崛起为我国企业开拓新兴市场和开展技术合作提供了机遇,但新兴经济体技术能力的提升也对我国形成了赶超之势。我国中低端生产环节将向其他新兴经济体加速转移,价

值链中低端的竞争会更加激烈,从而驱动我国企业加速向中高端升级。我国更多企业将面对与发达国家企业在价值链高端的直接竞争,这对我国企业创新能力的提升构成了严峻挑战。

推进改革开放,改善创新环境,提升创新体系效率,不仅是我国转型发展的需要,也是应对世界格局变化和国际竞争的战略抉择。目前,我国创业创新理念还没有深入人心,创业教育培训体系还不健全,善于创造、勇于创业的能力不足,鼓励创新、宽容失败的良好环境尚未形成。推进“大众创业,万众创新”,就是要通过加强全社会以创新为核心的创业教育,弘扬“敢为人先、追求创新、百折不挠”的创业精神,厚植创新文化,不断增强创业创新意识,使创业创新成为全社会共同的价值追求和行为习惯,激发全社会创新潜能和创业活力。

在这样的背景下,“双创”应运而生。目前国内关于创新方面的研究较多,比较有影响力的有中国区域创新能力评价、中关村指数、中国31省区市(本书统计数据不包括港、澳、台地区)创新指数、张江创新指数、杭州创新指数等。创业方面的研究比较缺乏,主要有中国城市创业指数、中国大众创业指数等。

1.1.2 研究意义

随着国际科技竞争日益激烈,全球进入信息化时代的步伐不断加快,衡量一个国家和地区“双创”发展能力的意义日益凸显。构建一套综合性较强的、可量化的“双创”发展指标体系,较为全面评估我国大部分地区的创新创业能力,是推动我国建设创新型国家的实际需要,对我国的“双创”实践有着非常重要的指导意义。

首先,为创新创业能力的评价提供了可供参考的指标体系和权重计算方法。目前国内外对创新能力的评价研究较多,创业能力相对较少。由于“大众创业,万众创新”在2014年才提出,因此对“双创”能力的研究和评估就显得更少了。设计一套相对完善的指标体系,结合合适的权重赋予方法,对创新创业能力进行评价有助于丰富“双创”理论的发展。

其次,为政府部门提供有价值的决策依据。通过设计的指标体系,可以对我国各地区的创新创业能力进行评价和对比,从而使地方政府明确该地区双创环境、双创主体、双创投入和双创产出所处的位置,发现存在的问题和与先进地区相比的差距,从而明确未来努力的方向,为政府的创业、创新决策提供参考。

最后,为创业者和投资者的创新创业投资提供参考。双创发展评价是针对我国31个省、直辖市、自治区的创业、创新现状的动态评估,并进一步进行聚类分析、具体指标对比和分区域对比,意在为创新创业者找到合适的创新创业地点,为投资人找到合理的投资区域,对于寻找全国热门双创地区、挖掘热点双创领域具有重大意义。

1.2 国内外研究现状

1.2.1 国内外创新指数研究现状

创新理论最早由经济学家约瑟夫·熊彼特于1912年提出,如今已成为全球范围内的一个热门话题。创新是经济增长的主要驱动力,创新能力直接影响企业、区域以及国家等各个层面的竞争力。科学评价并衡量企业、区域及国家的创新能力,引导创新行为,能够促进各层面创新能力的提升和创新活力的增强,使创新成果转化为生产力,进而推动创新绩效的提升,逐步实现国家创新战略目标。因此,对区域、行业和创新主体层面的创新能力进行指数化评价具有重要意义。

目前国外比较典型的创新指数有全球创新指数[1]1-2、全球创新城市指数[2]、硅谷指数[3]8、欧盟创新指数[4]1-2、世界知识竞争力指数等。国内比较典型的创新指数有中国区域创新能力评价、中关村指数、中国31省区市创新指数、张江创新指数、杭州创新指数等。这些指数都是由比较权威的机构、组织编制的,出于不同的目的,设计不同的指标体系,强调的重点也有所不同,具体比较见表1.1。

表1.1 国内外创新指数对比

指数名称	评价对象	指标			强调重点
		一级	二级	三级	
全球创新指数	全世界126个国家和经济体	制度、人力资本与研究、基础设施建设、市场成熟度、商业成熟度、知识和技术产出、创意产出8个方面	21	80	全球创新发展
全球创新城市指数	创新型城市	文化资产、基础设施、网络市场3个方面	31	162	城市创新能力
硅谷指数	硅谷地区	人口、经济、社会、生活区域、政府治理五个方面	16	87	综合发展
欧盟创新指数	欧盟28个成员国、中国、美国、日本、韩国等国	企业外部创新绩效、投资、创新活动、影响4个方面	10	26	创新绩效
世界知识竞争力指数	全球主要都市(圈)	人力资本、知识资本、金融资本、地区经济产出、知识可持续性5个方面	19	—	知识创新
中国区域创新能力评价	全国31个省(自治区、直辖市)	知识创造、知识获取、企业创新、创新环境、创新绩效5个方面	20	137	区域创新能力
中关村指数	北京市	创新引领、双创生态、高质量发展、开放协同、宜居宜业5个方面	11	35	高新技术产业发展水平
中国31省区市创新指数	31省区市	创新资源、攻关能力、技术实现、价值实现、人才实现、辐射能力、持续创新和网络能力8个创新要素	39	130	省区市创新能力

续表 1.1

指数名称	评价对象	指标			强调重点
		一级	二级	三级	
张江创新指数	张江园区	创新环境、创新主体、创新人才、创新投入、创新成果和创新水平 6 大类	22	—	园区创新能力
中国城市创新能力指数	全国 659 个城市	创新基础条件与支撑能力、技术产业化能力和品牌创新能力 3 个维度	25	—	城市创新能力
杭州创新指数	杭州	创新基础、创新环境和创新绩效 3 个基本维度	7	23	创新能力
国家创新指数	40 个国家	创新资源、知识创造、企业创新、创新绩效、创新环境 5 个方面	30	—	国家创新能力
中国创新指数	中国	创新环境、创新投入、创新产出、创新成效 4 个方面	21	—	中国创新能力
城市创新竞争力	全国 274 个城市	创新基础竞争力、创新环境竞争力、创新投入竞争力、创新产出竞争力、创新可持续发展竞争力 5 个方面	31	—	城市创新竞争力

除了权威机构发布的创新指数，学术界对创新能力也开展了深入的研究。本书对相关文献进行了梳理。

孙中震、田今朝选择 14 项指标来对科技创新的人力资源，资金投入的规模、强度及其结构，科技活动的合作交流程度、教育和基础研究水平、科技成果，科技创新环境等进行综合反映，采用主成分分析法对中、日、德、英、法等国家或地区的科技创新能力进行了测算[5]。

官建成、余进选取 DEA 方法中的技术及规模有效性评价模型，对我国的国家创新能力进行分析，并将评价结果同 G7 国家及韩国、印度等九个国家进行比较[6]。

范维设计了科技创新能力评价指标体系（科技创新环境、科技投入能力、科技产出能力、科技合作能力、科技创新效益）评价全国各省市与陕西省各地级市的科技创新能力；设计了科技创新能力评价指标体系（科技研发投入、科技设计能力、制造和生产能力、创新产出能力）评价全国各省市高新技术企业与陕西省各地级市高新技术企业的科技创新能力[7]。

赵彦云、吴翌琳将系统创新能力内涵具体阐释为资源能力、攻关能力、技术实现能力、价值实现能力、人才实现能力、辐射能力、持续创新能力和网络能力等 8 个要素，相应选取了 39 个评价指标，通过综合指数、要素指数和基础指标信息构建我国创新能力建设研究公共信息平台，为全面系统测度我国自主创新水平，分析创新演进发展阶段，配置创新资源，更好地发挥创新推动力提供政策建议和研究平台[8]。

李海基构建了包含企业、大学、科研机构、科技服务机构、政府等在内的区域科技创新指数构成主体的评价指标体系，以广东为研究对象，通过德尔菲法确定各指标权重，利用所构建的区域科技创新指数进行分析[9]。

李长松具体从五个方面展开评价辽宁省科技创新能力，分别是知识创造能力、知识流动能力、企业技术创新能力、创新环境和创新经济绩效[10]。

李芹芹、刘志迎认为技术创新指数的结构要素可分解为条件指数、活力指数、绩效指数、环境指数，采用离差赋权法，测算了我国各省市的技术创新指数并进行排序[11]。

李晶慧从科技创新基础、科技创新投入、科技活动产出、科技对经济发展的贡献四个方面设计了 15 个指标，运用因子分析法和聚类分析法，分别从横向、纵向两方面对河南省科技创新能力进行了评价[12]。

杨毅构建了创新的环境、投入、产出、成效 4 个领域 21 个指标，采用“逐级等权法”分配权数，对 2005—2012 年陕西省创新指数进行了测算[13]。

贾楠、李胤在欧洲创新记分牌(EIS)基础上，提出了中国创新指标体系框架。这一框架的基本结构将反映我国创新能力的监测评价指标分成 3 个层次。第一个层次通过计算创新总指数反映我国创新发展总体情况；第二个层次通过计算分领域指数反映我国在创新环境、创新投入、创新产出和创新成效等 4 个领域的发展情况；第三个层次通过上述 4 个领域所选取的 21 个评价指标反映构成创新能力各方面的具体发展情况[14]24。

张俊平从创新基础、创新投入、创新绩效和创新环境四大方面，建立起由 4 个一级指标、28 个二级指标组成的合肥城市创新指数统计监测指标体系，对合肥市的城市创新指数进行测算；最后运用 DEA 方法对中部六个省会城市的创新水平进行定量评价与对比分析[15]。

郜鹏从科技创新投入水平、创新科学环境、科技创新产出水平、高新科技产业化创新以及科学技术推动经济社会发展等 5 个层面，分别构建具备针对性的科技创新指标评价体系，并以相关数据通过“因子分析法”评价包括江苏省在内的 31 个省(市、区)相关的科技创新能力[16]。

徐立平、姜向荣、尹翀从创新投入能力、创新研发能力、创新生产能力、创新产出能力、创新营销能力、创新管理能力 6 个方面选择指标构建了企业技术创新能力的评价指标体系并进行了实证研究[17]。

张永安、耿喆主要针对区域科技创新政策的评价研究，以中关村国家自主创新示范区政策为例，运用 PMC 指数模型并结合文本挖掘方法对相应的区域科技创新政策进行量化评价[18]。

王俊基于 8 项指标设计了评价安徽各市创新能力综合水平指数，采用主成分分析法对各市创新能力水平进行排序[19]。

刘雷、喻忠磊、徐晓红等从知识创新能力、技术创新能力、政府职务能力、创新宏观环境四个方面选取指标分析了山东省 17 个地市级的城市创新能力[20]。

刘明广从创新投入、创新产出、创新主体以及创新环境支撑四个维度提出广州城市创新指数指标体系,采用逐级等权法和熵值法赋权[21]。

丁军、吕拉昌、黄茹从创新投入、创新资源、创新环境、对外经济联系、创新产出方面设计了 15 个指标,运用因子分析法对江苏省区域、市域和县域创新差异进行分析[22]。

万陆、刘炜、谷雨通过构造城市创新指数,将城市创新能力分为发展基础、科技研发和科技成果产业化三个维度,测量了全国经济百强城市,以及珠三角 9 市和粤东西北 7 市的创新能力[23]。

韩秋菊从区域科技创新投入、区域科技创新产出、区域科技创新环境设计指标体系,利用层次分析法(AHP)和主成分分析法(PCA)测算出河北省区域科技创新指数[24]。

王云龙、郭丽娜从科技资源配置绩效、科技创新转移绩效、科技创新经济绩效、财政科技投入与管理绩效和科技创新社会绩效 5 个维度选取指标,构建区域科技创新的绩效评价指标体系[25]。

周欣创新性地构建了包含资源投入、转化过程(创新联动、知识流动、环境支撑)、产出效益 24 个维度的科技创新能力评价指标体系,并运用该指标体系对上海科技创新能力进行评价实证[26]。

李妍、何健文、刘永子等从创新环境、创新资源、创新绩效、创新企业、创新经济、创新发展 6 个方面构建了一套广东创新指数,以跟踪监测分析广东创新型省份建设进程以及科技产业创新中心建设成效[27]。

谢远涛、李虹、邹庆借鉴中国创新指数(CII),构建了创新环境、创新投入、创新产出、创新绩效 4 个方面 56 个指标的资源型城市创新指数评价指标体系,采用熵值法对各个城市的创新指数进行测算[28]。

叶文显从科技投入与科技产出两个方面构建了指标体系,采用客观的熵值法与主观的层次分析法结合的综合权重 TOPSIS 分析法,分析西安市的科技创新能力,采用 BCC 模型、超效率 DEA 模型与 Malmquist 指数分析西安市的科技创新绩效[29]。

左南丁、周东春等根据创新发展内涵及构成要素的分析,创新发展统计指标体系框架分为三个层次:第一层次,主要聚焦反映创新环境、创新投入和创新成效 3 个方面;第二层次,在一级指标下面分设二级指标共 13 个;第三层次,在二级指标下面分设具体的三级指标共 85 个[30]。

石庆波、周明、李国东将中关村贵阳科技园创新指数定义为三级结构,包括 5 个一级指标(社会环境、创新创业环境、创新能力、产业发展、国际化),15 个二级指标和 45 个三级指标[31]。

曾惠芬、陈黎、黄智华围绕城市创新系统的主体及要素，选取创新资源、企业创新、创新绩效和创新环境四大类创新指标构建广州城市创新评价指标体系，采用功效系数法和综合指数评价法进行评价分析[32]。

李颖建立了包含十大核心指标的城市创新能力评价指标体系，对合肥、杭州、南京、成都、武汉五大城市的创新能力进行评价[33]。

苑秀娥、王佳伟运用因子分析法与 DEA 模型构建了河北区域科技创新能力综合评价模型[34]。

曹燕、杨文婧、李嘉雯构建了城市知识创新能力、城市科技创新能力、城市产业创新能力、城市制度创新能力、城市服务创新能力、城市环境创新能力在内的城市创新能力评价指标体系[35]。

吴红霞、蔡文柳、赵爽等从投入、产出和环境三个角度创建了区域创新能力绩效的评价体系，并运用三阶段 DEA 分析方法和相关面板数据，对 2012—2014 年河北省 11 个城市的区域创新能力绩效进行测度[36]。

胡永林、聂晨光建立了包括知识创新能力、技术创新能力、服务创新能力、制度创新能力、创新环境水平在内的区域创新评价指标体系，并运用熵权法和灰色关联分析方法创立评价指标，对湖北省 2010—2015 年的区域创新能力进行比较[37]。

汪晓梦建立了城市创新能力评价指标，运用主成分分析法对城市创新能力进行评价和比较[38]。

唐行红从创新基础设施环境、市场环境、劳动者素质环境、金融环境和创业水平环境 5 个方面构建区域创新环境评价指标体系，运用熵权法分别测定 5 个要素层的指标权重，并运用 TOPSIS 法进行评价与比较，对吉林省和广东省的创新环境进行比较[39]。

党晶晶、王艳、孙斌从创新意识、创新链接、创新基础、再创新度 4 个方面构建了区域创新环境评价指标体系，应用属性层次分析模型赋权法和熵权法对指标赋权，采用灰色关联分析法计算我国 30 个省际区域与理想点的关联程度，以此为基础进行排序、分析[40]。

谭莉红从区域技术创新投入、区域技术创新产出、政府对区域技术创新的投入 3 个方面选取 13 个变量，运用因子分析和聚类分析方法，对四川省 21 个地级市的技术创新能力进行分析[41]。

董微微、蔡玉胜从创新投入、创新人才、创新产出、创新主体和创新环境 5 个方面构建了国家自主创新示范区创新能力评价指标体系，引入创新能力指数衡量国家自主创新示范区创新能力综合情况[42]。

于天旭将创新影响指标分为创新投入能力、创新支持能力、创新管理能力和对外交流能力四大方面，根据结构方程模型得出的权重，计算了各样本城市的创新能力指数[43]。

李二玲、崔之珍从投入—产出视角出发，由创新投入、创新产出和创新环境3个维度共19个指标组成，运用等权重法确定各指标的权重，评价创新能力[44]。

孟令佳搜集了与创新创业能力发展有关的3个一级指标，7个二级指标，21个三级指标，采用因子分析法对各省区域双创能力进行了评价[45]。

综上所述，国内外对创新的研究成果颇为丰富，国外开展研究较早，国内研究起步相对较晚，但通过积极的学习和借鉴相关国际经验，针对区域（省、自治区、直辖市）、创新园区、城市的创新能力进行了不同程度的研究。不同学者出于不同的目的均构建了创新能力评价指标体系，对不同层面地区的创新能力进行评价。

国内外创新评估往往是通过对创新投入—产出绩效展开，在创新投入方面，包括政策、人力、资金、物力等；在创新产出方面，包括专利、新产品产值、技术贸易等，同时，部分指标体系也考虑产业、经济、社会发展水平等客观因素。在评价过程中，有的学者对设计的指标进行赋权得到创新能力评价得分，采用的常用赋权方法有逐级等权法、熵权法、离差赋权法、TOPSIS分析法、德尔菲法等；有的学者对构建的指标进行主成分分析、因子分析，对指标进行降维，进而评价创新能力；有的学者采用数据包络分析，选择投入—产出指标，分析创新绩效。

1.2.2　国内外创业指数研究现状

相对于创新研究取得的丰硕成果，创业研究的发展比较滞后，国内研究更是如此。目前国外比较典型的创业指数有考夫曼创业活动指数[46]11、全球创业观察指数、营商环境便利指数[47]1-3、全球创业指数、全球创业生态系统指数等[48]7-8。国内比较典型的创业指数有中国城市创业指数[49]、中国大众创业指数等。这些指数具体比较见表1.2。

表1.2　国内外创业指数对比

指数名称	评价对象	指　标			强调重点
		一级	二级	三级	
考夫曼创业活动指数	美国50个州和哥伦比亚特区	新企业家比率、新企业家的机会份额、初创企业创造的就业、初创企业存活率4个方面	—	—	创业早期发展
全球创业观察指数	全球	创业融资、政府相关支持政策、政府税收和管理体制、政府创业计划、学校创业教育和培训、离校后创业教育和培训、研发转化、商业与法律基础服务的可得性、基础设施建设、内部市场动态性、内部市场压力与准入管制、社会与文化规范12个指标	—	—	创业活动

续表 1.2

指数名称	评价对象	指标			强调重点
		一级	二级	三级	
营商环境便利指数	全球 190 个经济体	开办企业、办理施工许可、获得电力、登记财产、获得信贷、保护投资者、交税、跨境贸易、执行合同、办理破产、劳动力市场监管 11 个	—	—	营商法规及其执行情况
全球创业指数	全球经济体	创业态度、创业能力、创业愿望	14	28	创业生态系统质量与发展动态
全球创业生态系统指数	全球城市	业绩、融资、市场覆盖率、人才、创业经验、成长性	—	—	创业生态系统
中国城市创业指数(创新型创业指数)	21 个城市	政策支持、市场环境、文化环境、创业者活动	16	16	城市创新能力
中国城市创业指数(产业型创业指数)	21 个城市	政策支持、市场环境、文化环境、创业者活动	17	17	城市创业产业能力
中国大众创业指数	中国大陆各省域	创业需求、创业服务、创业人才、创业产出	8	34	大众创业情况

除了发布的这些指数,学术界对创业活动发展也开展了深入的研究,本书对相关文献进行了梳理。

叶依广、刘志忠提出相应的创业环境评价指标体系,从创业相关的宏观经济景气指标、鼓励创业的环境指标、支持创业的环境指标、服务创业的环境指标、保护创业的环境指标、综合体现创业环境水平的成果指标方面入手,设计了下辖的 15 个二级指标、50 个三级指标[50]。

郭元源建立起一个包括经济、服务、科教、文化、环境、现有企业六大方面的中国城市创业环境评价指标体系,运用主成分分析法和 AHP 法进行计算,得到各城市的创业环境得分[51]。

郭元源、陈瑶瑶、池仁勇从创业环境的框架入手,建立城市创业环境的指标体系,通过一定的数学方法对部分城市的创业环境进行评价[52]。

郭元源、池仁勇、段姗从经济、服务、科教、文化、环境五个方面设计指标,运用 AHP 法评价城市创业环境[53]。

江虹、朱涵借鉴全球创业观察(GEM)的研究框架,建立了省级区域创业环境评价指标体系[54]。

蔡壮华、杨旭辉、李耀炜依据系统理论、均衡与非均衡理论和内生性理论,从内部环境、宏观环境、市场环境、自然环境四个方面选取指标构建了创业环境评价指标体系[55]。

赵磊、朱燕空、李蕊构建了一个由 4 个一级指标与 14 个二级指标构成的创业环境评价指标体系[56]。

李文婷、曹琳琳、陈叙伊等提出创业环境的九个方面：金融支持、政府支持、政府项目、教育培训、研究开发转移、商业环境和专业基础设施、市场开放程度、有形基础设施、文化和社会规范。基于 GEM 模型，通过对专家的访谈和问卷填写，调查了中国的创业环境的发展状况[57]。

褚洪雷构建了较为完善的区域创业环境评价指标体系，包括创业氛围环境、经济环境、基础设施环境、社会服务环境四个方面 13 个二级指标、44 个三级指标，引入粗糙集评价方法，对青岛市的创业环境进行评价[58]。

陈翠霞、李海东、黄细兵基于区域创业力生态模型构建了区域创业力评价模型，从创业机会、创业资源、区域创业力主体要素三个方面构建指标，将层次分析法和主成分分析法相结合，以安徽省各个市为研究对象进行实证研究[59]。

陈忠卫、唐根丽、钱丽将创业环境综合成金融支持、政府政策、政府项目、教育与培训、研究与开发转移、商务环境、市场开放程度、有形基础设施、文化与社会规范等九大因素，根据 736 份专家问卷调查数据，比较分析安徽省各个地市创业环境排序[60]。

朱非白构建了城市创业活力指数，从经济活力、人才活力、资本活力、科技活力、文化活力、企业活力分别选取指标，采用层次分析法和主成分分析法，对长江三角洲样本城市的创业活力进行评价[61]。

施勇峰从金融支持、政府政策、政府项目、教育与培训、研究开发转移、商务环境、市场开放程度、有形基础设施、文化与规范等方面对杭州与广州、北京等城市的创业环境从综合和单项两个角度进行比较[62]。

李晓初步构建了区域创业环境评价指标体系，从自然环境、经济环境、法律政策环境、创业服务环境、智力支撑环境、文化环境设置了 59 个指标，运用主成分分析法对指标体系进行筛选优化，从而建立了一个更加合理的、优化的区域创业环境评价指标体系[63]。

夏荣威以创业环境五维度模型为基础，根据我国创业环境实际情况，重新对评价指标体系进行设计，采用实证研究方法与专家打分法相结合的方式，对吉林省的创业环境进行了客观的分析[64]。

范伟、张先进以中国 24 个参加 2007—2008 年 GEM 调查的城市为研究对象，选择“每万人均私营企业个体户数量”“私有经济占 GDP 比例”“创业的服务支持条件”“创业的基础支持条件”和“创业的氛围支持条件”等五项为聚类变量，对这 24 个城市的创业发展水平进行聚类分析，然后分析四种城市创业类型的特征，由此提出改善提升创业环境与结果的建议[65]。

池仁勇、朱非白选取了经济基础、人才基础、资本基础、科技基础、文化基础、制度基础、政府管理基础、企业管理基础8个一级指标，77个二级指标，采用因子分析法进行评价[66]。

李雪灵、王利军、姚一玮通过问卷调查，从规制性、认知性、规范性维度设计指标，对长春市创业制度环境进行满意度评价[67]。

朱至文设计了两套城市创业环境评价指标体系，分别是显示性指标和解释性指标体系。显示性指标共有3个，分别是中小企业开业率、中小企业闭业率和私营企业创业指数。解释性指标分为4层，第一层为因素层，分为软环境、硬环境两大类因素；第二层为子因素层，软、硬两大类因素共有13个子因素；第三层为一级指标层；第四层为二级指标层，共有操作化指标47个。采用主成分分析法对江苏13个城市创业环境进行评价[68]。

周栋良从创业环境、创业投入、创业经济效益、创业社会效益等四个方面构建创业之都综合评价指标体系，并对长沙市2008年创业之都建设的发展程度进行了实证分析[69]。

陈寒松、朱晓红、李君基于GEM框架设计了调查问卷，根据636份有效问卷以及30多位专家深度访谈的结果，对山东省17个城市创业环境进行了总体评价[70]。

刘兴国、沈志渔基于江苏创业活动的问卷调研数据，从区域社会资本差异、区域创业能力差异、区域创业战略差异、区域创业主体差异四个方面进行定量比较[71]。

王庆华在借鉴全球创业观察（GEM）研究框架的基础上，结合河南实际，建立了河南省18个主要地市的创业环境评价指标体系并对其进行评估[72]。

徐建振、柳晓玲选取了关于创业环境评价的27项指标，运用熵值法确定指标权重，同时运用专家咨询确定城市在评判集中的隶属度，在此基础上利用多级模糊综合评价法评价城市创业环境的优劣[73]。

丁新宇、叶琳、郭强利用上海国信社会服务评估院团队编制出的“大众创业指数”，统筹考虑大众创业发展水平与人口、经济、社会各项指标的协调发展程度，为此，分别选取了较有代表性的年末常住人口数、GDP总量和城镇化率三种数据用于公式之中，并对我国2010年至2014年大陆省域的31个省级行政区的大众创业指数进行了测算、排序与分析[74]。

梁海霞、张锦、严中华从金融扶持、政策支持、政府项目、教育培训、商务基础、文化社会、经济总量等方面构建指标，采取模糊综合评价法确定权重，分析珠海市小微型企业创业环境现状[75]。

谢小青、黄晶晶基于PSR(压力—状态—反应）模型构建城市创业环境评价指标体系，采用熵权法对城市创业环境进行综合评价，以武汉市为例进行实证分析[76]。

蔡义茹、蔡莉、杨亚倩等从创业生态系统的本质属性出发，在深入分析其特性及特性间关系的基础上，选取部分特性作为一级指标进行评价指标体系设计[77]。

田苗、陈松奕将创业环境分为金融支持、政府政策、政府项目、教育和培训、研究开发转移、商业环境、市场开放程度、文化及社会规范，通过调查问卷的统计与分析，得出保定市创业环境评价[78]。

综上所述，国内外大部分学者对创业环境、创业生态进行了广泛的研究，设计指标体系，采用不同的赋权方法，对区域、城市的创业环境进行评价。还有部分学者对创业活力或创业能力进行评价，但是研究成果较少。构建的指标体系主要包括外在环境和创业者内在的素质两部分，外在环境指标包括政府、金融、市场等资源支持情况以及基础设施、能源、文化等创业环境情况，而创业者内在素质则从创业者能力、意愿等方面展开。

1.2.3 国内外创新创业指数研究现状

自从李克强总理首次提出要掀起“大众创业”“草根创业”的浪潮，形成“万众创新”“人人创新”的新态势之后，国内对创新创业开始进行广泛的研究，并取得了一定的成果。目前，国内已经发布了全国范围的创新创业发展报告或蓝皮书，个别地区如北京、四川、河南已发布本地区的创新创业发展报告。涉及对创新创业发展情况进行评价的比较典型的双创指数具体比较见表 1.3。

表 1.3 国内创新创业指数比较

指数名称	评价对象	指标			强调重点
		一级	二级	三级	
北京大众创业、万众创新统计监测指标体系	北京	双创环境、双创资源、双创活力、双创成效	28	—	北京双创
中国双创发展报告[79]8	我国大部分主要城市	环境支持、资源能力和绩效价值	9	30	创新环境与创新能力
四川省“大众创业、万众创新”蓝皮书[80]29	四川	双创配套政策、双创环境、双创条件、双创活力、双创产出	9	24	“双创”综合评价
中国城市创新创业环境评价研究报告	百强城市	政策、产业、人才、研发、金融、中介	12	17	创新创业环境
中国创业创新指数	全国及区域	产出、投入、生态	应用大数据技术整理海量微观企业级数据		创业创新的活跃程度

除了发布的这些报告和蓝皮书外，学术界对双创发展也开展了深入的研究，本书对相关文献进行了梳理。

唐波构建了包括创新创业要素投入、创新创业产出及其与经济社会协调发展程度、创新创业潜力三个方面40余项指标，使用专家调查评判法赋予权重，将湖北与其他省市自治区的创新创业能力进行排序[81]。

刘国新、姚汉军认为区域创新创业能力主要体现在区域的创新创业的投入能力、产出能力以及区域经济增长的潜力上。并用三种不同的方法去评价区域创新与创业能力，第一种是"最优脱层法"，第二种是"神经网络法"，第三种是"熵值法"[82]。

刘国新、冯德雄、姚汉军等从创新创业要素投入、创新创业产出及其与经济社会协调发展程度、创新创业潜力三个方面选取24个指标，运用最优脱层法、神经网络法和熵值法等方法，对全国各省市区的创新创业能力进行了比较分析与综合评价，重点评价了湖北省的创新创业能力[83]。

周寂沫从经济活力、大众信心、环境热度、互联网＋四个方面构建指标，引入弹性系数原理，在研究、分析各一级指标与"双创"的关系和与经济发展关系的基础上，对"双创"指数一级指标的属性进行归类，找到各指标间的"弹性"关系，并探索以这种"弹性"关系的数学表达来反映"双创"对经济发展的影响，进而形成以各级指标构建"双创"指数的基本方式[84]。

律星光首次发布的双创指数，从关注指标、科技指标、经济指标、环境指标、人才指标五个维度，量化评估成都的创新工作进展和创业成果，对成都的创新创业能力进行综合分析、比较和判断[85]。

王元地、陈禹以我国31个省(市、区)为研究对象，选取28个反映创新创业主体、创新创业环境及创新创业绩效方面的指标，建立了区域创新创业能力评价指标体系。然后，采用因子分析模型和聚类分析方法对31个省(市、区)的创新创业能力进行了分析[86]。

罗晖、李慷、邓大胜在梳理8个国际创业创新评估指标体系的基础上，构建了"中国双创活跃程度评估指标体系"，从双创活力、双创信心、双创环境三个方面测度双创活跃程度[87]。

王元地、陈禹构建了一套区域"双创"效率评价指标体系，运用三阶段DEA方法，在控制环境因素的基础上考察了各地区"双创"投入产出转化效率[88]。

黄寰、李源、郭义盟等选用因子分析和聚类分析方法，从双创主体、环境和绩效三个方面对四川省21个市(州)的创新创业综合能力进行评价[89]。

夏维力、丁珮琪构建出以6个一级指标(经济基础环境、基础设施环境、市场环境、人文环境、创业水平、创新链接)和20个二级指标为核心的创新创业环境评价指标体系，并建立评价模型。以中国各省为样本，对全国31个省级单位的创新创业环境在2014年的状况进行测评排序[90]。

富雅卉构建了经济实力、文教与科创投入、平台建设与创新创业产出、环境与公共设施、人才储备等方面指标，对江苏、浙江、安徽、福建、江西、山东、河南、湖北、湖南、四川和陕西等 11 个省份的创新创业环境进行评价[91]。

胡平对国内外创业创新评价指标体系进行研究，结合我国实际，建立以双创主体、双创资源、双创环境、双创产出为一级指标的评估体系，细化为 12 项二级指标和 51 项三级指标，选取加权 TOPSIS 评价方法作为各地区双创效果的评价方法[92]。

张永安、郄海拓建立了双创 PMC 指数模型，通过 10 项一级指标和 44 项二级指标实现双创政策的量化评价，然后以双创 PMC 曲面图反映待评价政策的得分情况[93]。

李春成从市场主体、企业主体归纳出双创定量评价新指标，并选择几个城市分别进行了市场主体和企业主体指标的初步比较分析[94]。

杨琳、刘园园使用熵权法建立双创政策工具使用的量化评价体系，涉及创业扶持、科技成果转化和企业技术创新三方面评估内容，涵盖 18 项政策工具，对比分析西安市、江苏省的双创政策工具应用特点[95]。

李海超、苏彩凤设计了双创主体活力、双创支撑环境、双创成果产出三个方面，下辖 22 个指标，以东北地区“双创”能力为研究对象，运用因子分析法和聚类分析法进行评价[96]。

陈章旺、柯玉珍从创新创业活动的主体、环境及绩效出发，选取 3 个一级指标、6 个二级指标、23 个三级指标构建福建省区域创新创业能力研究指标体系，采用因子分析和聚类分析的方法进行研究[97]。

李婧媛构建双创政策评估指标体系。该指标体系包括 1 个一级指标（区域双创政策评估指标）、3 个二级指标（区域双创政策制定指标、区域双创政策执行指标、区域双创政策绩效指标）、26 个三级指标，采用因子分析模型、熵权法，对黑龙江省双创政策进行评估[98]。

杨屹、魏泽盛构建由企业、高校、研究机构、双创载体和双创环境 5 个一级准则层构成的区域双创能力评价指标体系，并从双创资源投入和产出角度，构建企业、高校、研究机构、双创载体的投入和产出等二级准则层，同时根据双创环境对双创活动影响的成果，用经济环境、社会环境、政策环境、基础设施、对外开放和绿色发展 6 个二级准则层来表征双创环境。从《中国区域创新能力评价报告》《全国及各地区科技进步统计监测报告》《国家创新指数报告》中选取高频指标，构建了区域双创能力评价体系的指标层，运用因子分析法对区域双创能力进行评价，并对我国双创能力的时空差异及其耦合效应进行分析[99]。

综上所述，对双创的研究主要是我国学者在 2014 年“大众创新，万众创业”提出以后才开始展开的，因此还不够深入。目前的研究主要集中在对创新创业环境的评价、双创能力或双创效率的分析上。

1.2.4 研究述评

根据上述国内外对创新、创业和双创研究的梳理，我们可以看到国内外对创新的研究相对比较成熟，有着多个发布持续时间较长、比较典型的研究报告，各国、各地区创新能力评价的指标体系也已经比较完善。对创业的研究相对薄弱，目前的研究主要集中在对创业环境的研究上。对双创的研究起步较晚，因此研究成果并不丰富。

综合国内外创新创业的指标体系，主要可分为以下三个方面：一是对创业创新环境的评估，该部分的评估体系较为完整和健全，但是不同评估体系的侧重点有所不同；二是在政策、制度方面，评估难度较大，且我国起步较晚，“双创”方面的政策和制度体系的评估也相对较少；三是对创业创新绩效的评估，在这部分的评估中，往往注重的是投入一产出的效果，也可侧面反映出政策实施的效果。具体来看，对创新能力指标体系的研究成果较为丰富，既有针对地区差异而构建的创新能力指标体系，也有从国家层面进行分析的创新指标体系，更有从企业自主创新角度进行选择的创新指标体系，创新指标体系的构建随着创新主体特性的不同而有所差异。国外的创新指数尤其注重互联网接入率、风险投资、人员素质和创新障碍考核，而国内相关考核指标很少。国内创新指数注重总盈利状况，并对不同类别的企业做了不同处理，如用高技术产品出口占出口总额的比重、规模以上工业企业新产品销售收入等指标分别体现。对创业环境指标体系的研究，国外主要针对全球经济体来进行分析，国内主要分析城市创业环境和发达地区的创业环境，对农村和经济落后地区的研究相对薄弱。对双创指标体系的研究，国内还处于起步阶段，所建立的指标体系较为松散且设定的主观性较大，选取指标的重复率较高，尚未形成统一的评估指标体系。

从评估方法来看，广泛使用的评价方法包括逐级等权法、因子分析法、聚类分析法、主成分分析法、加权综合评价法等。另有少数文献采用 BP 神经网络、数据包络分析、灰色聚类分析等方法构建评价体系，但究竟哪一种评估方法更为科学适用有待进一步探索研究。

2 “双创”理论初探

2.1 “双创”的内涵

“双创”是“大众创业，万众创新”的简称，要准确理解“双创”的内涵，首先要了解创新、创业的内涵。

2.1.1 创业的含义

创业的概念是与“企业家”这一概念同步发展起来的。1755 年，法国经济学家 Cantillon 就把 entrepreneur（意为创业者、企业家）一词作为术语引入经济学，自此创业活动开始登上经济舞台，正式进入学者的研究范围。虽然早在 18 世纪创业就受人关注，但时至今日，关于“创业”这一概念还是众说纷纭，没有一个被广为接受的统一定义。

在 Cantillon 把创业引入理论界不久，同为法国经济学家的萨伊就提出创业是将经济资源从生产力低的地方转移到生产力高的、产出多的地方的过程。也有学者简单地把创业定义为新企业的创建。有的学者在这个概念的基础上进一步阐述了创业的含义，即创业包括新创企业的创业和已创建企业的创业。而创新学说的鼻祖熊彼特则认为，创业是新产品、新工艺、新组织和新市场的组合。

进入 20 世纪 80 年代以后，创业受到了空前的关注，因而在这一阶段产生了许多不同角度的定义。“思维和领导艺术派”的代表杰弗里 · 蒂蒙斯认为创业是一种思考、推理和行动的方法。“机会派”的霍华德 · H. 斯蒂文森等人强调创业是追踪和捕获机会的过程。美国学者 Paud D. Reynolds 教授把创业概念延伸到从人们产生创业意识之前到企业成长的全过程。

国内的许多学者也对创业的概念有所阐述。复旦大学郁义鸿等人认为创业是一个发现和捕捉机会并由此创造出新颖的产品或服务，实现其潜在价值的过程。清华大学创业研究中心的林强、姜彦福、张健等人认为创业是企业管理过程中高风险的创新活动。首都经贸大学的宋克勤认为创业是创业者通过发现和识别商业机会,组织各种资源提供产品和服务,以创造价值的过程。

综上所述,可以认为创业是创业者在利益驱动下,通过把握机会和一系列行为活动,实现价值增值的过程。

2.1.2 创新的含义

“创新”最早是由熊彼特提出的。1912 年,熊彼特第一个从经济学角度系统提出了创新理论。他认为,创新就是建立一种新的生产函数,即实现生产要素的一种从未有过的新组合。熊彼特的创新概念包括下列五种情况:(1) 创造一种新的产品,或者是消费者不熟悉的产品,或者使已有产品具备一种新的特性。(2) 采用一种新的生产方法,也就是在有关的制造部门中尚未通过经验鉴定的方法。这种新的方法不一定非要建立在科学新发现的基础上,它还可以是以新的商业方式来处理某种产品。(3) 开辟一个新的市场,也就是有关国家的某一制造部门以前不曾进入的市场,不管这个市场以前是否存在过。(4) 取得或控制原材料或半制成品的一种新的供给来源,不管这种来源是已经存在的还是第一次创造出来的。(5) 实现任何一种新的产业组织方式或企业重组,比如造成一种垄断地位,或打破一种垄断地位。

从社会学的角度来讲,创新是人们为了发展的需要,运用现阶段掌握的信息,不断地突破常规,以发现某种新颖的、独特的具有个人价值或社会价值的新思想、新事物的活动。突破是创新的本质,“新”是创新活动的核心,它是产品的性能、结构和外部特征的变革,抑或是内容的表现形式、内容的丰富和完善、造型设计和手段的创造;从经济学的角度来讲,创新是利用已存在的自然资源或社会要素创造新的矛盾共同体的人类行为,或者可以认为是对旧有的一切所进行的替代、覆盖;从马克思主义的角度来讨论创新,他认为创新是劳动的基本形式,是劳动实践的阶段性进展,其根本在于劳动概念,它是基于科学的人类进化和自我创造发展学说的经济学的思想,人类内在自我矛盾创造的实践思想是其根源。

在现代创新理论中将创新定义为:它是一个贯穿于从新思想产生到新产品、新技术的研发再到商业化应用的完整过程,不仅包括科学和技术的创新,还包括管理的、市场的、组织的创新;创新是人的思想及实践活动具有创造性和不同于前人的独特途径及方法;创新不仅是发现与发明的过程,还是改进与再创造的过程,它既包括自主创新也包括模仿、引进和合作的创新。

综上所述,创新是一个过程,它是人们为了生活生产的发展需要,在运用现有的有效信息的基础上,突破旧的思维方式和旧的体制,发现新事物的过程。这个过程包含社会、科学、制度、经济等各个方面。

2.1.3 “双创”的含义

“双创”包括了创新和创业两个方面，因为创新和创业具有十分紧密的联系。一方面，创新是创业的动力和基础。创新的概念相对较为宽泛，不仅包括产品创新、技术创新、管理创新，而且还涵盖市场创新、模式创新、制度创新等。同样，创业也是一个多类型概念，基于不同角度创业可以分为多种不同类型。尽管不完全对应，但就总体趋势而言，创新是创业的重要推动力量，新技术、新产品、新模式、新市场机会的出现是催生创业的核心动力源泉。另一方面，创业是创新得以商业化的重要条件。创新成效在于与现实经济的结合，创业则是这种结合的基本形式。新知识是创业机会的重要源头，但实际上新知识并不会全部被商业化，换言之，新知识并不等同于具有商业应用价值的新经济知识。知识溢出理论认为，新知识商业化过程中存在知识过滤屏蔽，阻碍了新企业生成，新知识和新经济知识两者之间的差距就是知识过滤的结果，知识过滤成为影响新企业生成的屏障。识别创业机会并创立新企业的全过程总伴随着知识过滤效应，而创业活动本身是知识溢出的重要机制，创业能够突破知识过滤，促进知识的商业化，通过加速知识溢出带动经济发展。

因此，“大众创业，万众创新”是在单一的创新或创业基础上将两者紧紧接合在一起的概念，即通过万众创新，创新技术、创新管理、创新产品，促进经济发展提效增速；同时通过大众创业，创建具有发展前景的市场主体，提高市场驱动力，形成以创新带动创业，以创业激发创新的良性循环模式。

为了更好地理解“双创”的内涵，还需要把握以下几点：

1) “双创”的本质是改革

“大众创业，万众创新”是新生事物，给固有观念和现存制度带来冲击。在将“创”与“众”相结合的过程中，离不开打破制度藩篱，离不开全面深化改革，所以“大众创业，万众创新”本质是一种改革，着眼于用改革的方法释放市场潜力，是理顺政府和市场关系的一次升华[100]16-20。

(1) “双创”推动全民观念更新

正确的思想意识，可以对社会物质生活发挥积极的促进和推动作用。根据马克思主义哲学这一基本观点，要实现“双创”更快发展，就必须明确科学理论的内容，并自觉接受正确理论的指导。发展是事物前进和上升趋势的变化，是对旧事物扬弃的必然结果，而发展观则是对这种扬弃的理念表达，是实现意识对物质的反映与反作用的必要条件和必备环节。当前，以“创新、协调、绿色、开放、共享”为核心内容的新发展理念，就是实现“大众创业，万众创新”的根本指导。

改革开放以来，我们意识到“贫穷不是社会主义”，明确将经济发展作为党和国家的中心任务，并在改革的过程中不断深化认识，逐渐形成了“放手让一切劳动、知识、技术、管理、资本的活力竞相迸发，让一切创造社会财富的源泉充分涌流”的科学理念。在科学发展理念的指导下，全体社会成员充分施展才华，成为社会财富的创造者。发展观念的更新使我国社会面貌焕然一新。

近年来，随着我国改革进入“深水区”，一些深层次的社会问题逐渐凸显，社会发展的一些“瓶颈”也逐渐成为制约社会进一步发展的阻碍。在此背景下，只有进一步更新发展观念，才能继续发挥正确的思想意识对社会现实发展的指导作用。新发展理念积极回应时代需要，直面社会发展现实问题，对于未来我国经济和社会发展具有十分重要的理论指导意义。而其中的创新发展理念，正是实现“双创”的根本依据。“创新是引领发展的第一动力”“让创新在全社会蔚然成风”等观念，正在通过“大众创业，万众创新”的不断扩大变成现实。面向未来的创新发展，也在“大众创业，万众创新”不断升温的时代潮流中，成为推动我国进步的重要元素。

(2) “双创”推动制度创新

“双创”在制度层面拆除了大众与创新创业的藩篱，是一次深刻的制度变革。制度创新的本质是通过设立新制度或改变旧制度，使已有的制度体系或规范更有利于社会实现持续发展和加速变革。制度创新覆盖的范围包括宏观制度创新、微观企业组织创新、政治和经济体制创新等。科技创新与制度创新具有高度的因果相关性：一是科技创新与制度创新是一种互动关系，并共同作用促进经济发展。制度创新和技术创新都是促进经济增长的独立变量，两者的协同机制最终体现在对经济增长贡献的大小上。在系统内外环境不断变化的条件下，经济发展的动力在于技术进步与制度创新的互动。二是科技状况在一定程度上对制度的选择有决定作用，技术进步能诱导制度创新。一方面，一国的技术创新能力现状决定国家技术创新政策的制定，即国家选择什么样的创新策略。以我国为例，我国技术水平落后，资金匮乏，以领先战略为主的思路肯定是错误的。在大部分领域和产业，只有采用以模仿创新为主、合作开发为辅的战略，引进技术以提高自己的发展起点，才能有效节约人力、物力、财力，缩短技术创新周期，才能尽快缩小与发达国家的差距。另一方面，企业技术创新的前提条件是要使企业成为创新主体，这就要求企业相应地变革企业产权制度，建立与生产力现状、技术现状相适应的政策制度。三是制度创新对科技创新有推动或制约作用，不同企业体制对企业技术创新行为有着重要的影响。

2) “双创”首要在“创”，核心在“众”

理解“双创”的内涵，要准确把握“创”和“众”。“创”是指创新和创业，“众”是指广大人民群众。前者揭示了人民大众参与的内容，后者指明了参与创新和创业的主体[100]21-31。

(1)“众”是创业创新的载体

一方面,创新创业参与主体呈现多元化的特征。“精英”创业联动创新,“草根”创业带动就业。当前,回归创业正在成为潮流并迸发活力。回归创业的群体主要有三类:一是出国留学或工作后回国创业的“洋海归”,留学归国创业人数由2008年的5万人增长至2018年的51.94万人;二是在沿海发达地区打工的农民工返回家乡创业的“农海归”,特别是在国际金融危机后,一大批农民工返乡不返农,回到家乡进行“草根”创业;三是北上广深等特大城市成功人士的回乡创业,如近年来,浙江大力推动浙商回归创业。多元主体创业创新活动涌现,既推动了产业升级,成为稳增长的重要支撑,又吸纳了大量就业,成为稳就业的重要保障。

另一方面,创新创业的参与方式呈现多元化的特征。大众参与创新创业的方式与技术和社会条件密切关联。随着社会技术的进步,新一代互联网技术发展带动产品服务、商业模式与管理机制的创新,引领新一轮互联网创业创新浪潮。“众创”“众包”“众筹”等新的商业模式、管理机制、投资模式多方面创新相互交织,使创新创业主体从“小众”走向“大众”,在更广范围内激发和调动亿万群众的创新创业积极性,让创新创业的理念深入民心。大数据、云计算和移动互联网的快速发展,使一批集众人之智、汇众人之财、齐众人之力的创意、创业、创造与投资的空间应运而生。此外,随着创业苗圃、孵化器、加速器等各具特色的众创空间的涌现,众多新生企业有了较为完备的创新创业生态系统,企业、高校、中介机构等各类主体都可以利用自身优势参与创新创业。

(2)“创”是“众”的灵魂

“大众创业,万众创新”之所以能够承担起“引擎”的重任,关键在于拥有“创”的灵魂。

一方面“双创”中的“创新”是以科技创新为核心的全面创新。科技创新是引领经济新常态的“第一动力”。根本原因在于,生产力决定生产关系,经济基础决定上层建筑,而科技又是第一生产力。具体地说,科技是先进生产力的基因、提高经济质量和效益的引擎、转变生产方式和交换方式的芯片、创造新资源新要素的母机、提高全要素生产率的酵母、优化生态环境的杠杆,能够释放新需求、创造新供给。因此,习近平总书记将科技创新提升为引领经济社会发展的“第一动力”,在当前就是引领经济新常态的“第一动力”。当今世界,各国在科技创新、产业变革上竞争激烈,科技呈加速发展态势。一国生产力先进与否,不仅要看经济总量的大小,更要看科技水平的高低。例如,以色列是一个小国,但由于科技先进,经济竞争力位居世界前列。美国能够长期保持世界超强地位,除了经济实力强大,更重要的是拥有各种先进科技手段,科技创新能力强。从我国国内来看,哪个地方突出科技引领,哪个地方发展就快、竞争力就强，深圳就是一个突出例证。我国要在总体上赶上时代潮流，必须依靠优越制度、科技创新实现发展跨越和竞争力提升。这是大势所趋、客观规律使然。人类对自然的认识是无止境的，科技创新的潜力也是无穷尽的。从深层次考量，科技创新之所以具有如此强大的魔力，就在于它基于人类对自然规律的深化认识和具体把握，创造出新理念、新手段、新工具，能够更大范围、更深程度地运用自然力、发展生产力，进而改变人类社会。当然，科技的发展创新不是孤立的，而是一个系统工程。除了依靠自身积累，科技创新还必须有制度、机制、人的素质以及社会、文化等多种因素的协同配合。科技创新成果的运用更是涉及理念、制度、机制、经济结构、人的素质等一系列因素。所以说，科技创新在全面创新中具有引领作用，能够推动生产力、生产关系等各方面创新。

另一方面“双创”中的“创业”是以机会型创业为主的各类创业。机会型创业是指为了追求一个商业机会而从事创业的活动。相比生存型创业，机会型创业不仅能解决自己的就业问题，而且能解决更多人的就业问题。另外，机会型创业着眼于新的市场机会，拥有更高的技术含量，有可能创造更大的经济效益，从而改善经济结构。因此“双创”中的创业主要提倡机会型创业。根据由清华大学二十国集团创业研究中心和启迪创新研究院联合完成的《全球创业观察 2017/2018 中国报告》，我国创业活动中机会型动机占到总体的 60%以上，并持续提高。

(3)“双创”是“众”与“创”相结合的创新模式

“众”与“创”相结合的创新模式，是企业竞争逐渐加剧、互联网技术日益成熟、个体创新能力不断提高和顾客需求趋于个性化等多种因素共同作用的结果。但最重要的是以互联网为代表的信息技术的发展以及由此形成的信息经济。一方面信息技术发展导致组织更加去中心化。信息技术应用对企业组织模式带来了巨大的冲击，企业既可以运用信息技术加强其既有的组织模式，也可以对组织模式进行大幅度的调整与重塑。信息技术在企业中的应用不仅改变了信息交流的方式，而且拓展了企业管理活动的范围、改变了管理流程及企业管理方式。企业组织结构的扁平化、弹性化与网络化满足了信息技术条件下企业生产经营的需要，代表着一定的效率优势，是现代企业组织结构的发展趋势。另一方面信息经济改善了大众获取知识、应用知识和扩散知识的能力，大众既是创新的供给者又是创新的需求者。互联网的广泛化，无论是劳动力的知识化，还是科研硬件的共享化，都涉及互联网的广泛应用。不仅如此，由于互联网使大众发生即时的交互联系，产生了免费效应和增值效应，即边际成本向零趋近，边际收益向最大值趋近。这就打破了原有的市场格局和传统的商业模式，使得过去在技术上和经济上都无法进行的大众创新，变成完全可行的了。

3) “双创”必须坚持“融合、协同、共享”

(1) “双创”推动各行业紧密融合

① “双创”与传统产业相结合，会加速传统产业转型升级。以制造业为例，一方面，“双创”可挖掘传统制造业发展潜力，帮助引入新技术、新管理、新模式，为传统制造业插上互联网的翅膀、注入信息化的基因，加快转型升级步伐。另一方面，“双创”加速工业技术和信息技术跨行业融合，催生分享制造、网络化协同、大规模个性化定制、服务型制造等新型制造模式，助力先进制造业发展。同时，“双创”平台与制造企业业务融合更趋紧密，能够从生产方式、组织管理和商业模式等多维度重塑制造业。

② “双创”与新兴产业相结合，会加快新兴产业发展步伐。“双创”催生了大量的新产业、新业态、新技术和新模式。例如，在我国战略性新兴产业中广泛开展“双创”，通过设立专业化众创空间，凭借“众创、众包、众扶、众等”等方式为战略性新兴产业发展提供创意与资金。农业、教育与医疗等传统行业通过与“双创”融合，借助互联网技术实现了休闲农业、在线教育、远程医疗等新企业与“双创”相结合，会改善企业治理结构和治理效率。

(2) “双创”推动各类主体协同合作

① “双创”加速推动大中小微企业密切协同。“双创”平台在推动大企业与中小微企业间的资源协同和供需对接，价值创造方式从线性的价值链提升转向网状的价值网络构建中发挥了重要作用。大企业是“双创”的主力军，拥有技术、经验、人才、渠道、资金等资源优势，通过搭建“双创”平台，运用设立产业投资基金、开展供应链服务、支持创业就业等方式，加速创业孵化和技术成果产业化。中小企业是“双创”生态的重要组成，具有对消费者需求动态感知、快速响应、精准服务的能力，充分利用“双创”平台资源，提升核心业务信息化应用水平和模式创新能力，参与众创、众包等，努力拓展市场新空间。

② “双创”需要政产学研用密切协同。政府在创新创业过程中主要起到引导的作用，主要做到各种政策的支持，包括推进简政放权、加大创新创业资金支持、健全税收减免等有利于创新创业的制度、搞好创新创业培训和服务等。企业是创新创业的主体，但是仅仅依靠企业还不行，高校和科研院所作为培养高层次创新创业人才的重要基地和基础性研究的重要场所，应发挥人才集聚、多学科综合等独特优势，主动参与、积极作为、推进产学研相结合。

(3) “双创”推动成果和资源共享

2018 年 3 月，李克强总理《政府工作报告》提出要“促进大众创业、万众创新上水平”，其中就提到要“鼓励大企业、高校和科研院所开放创新资源，发展平台经济、共享经济，形成线上线下结合、产学研用协同、大中小企业融合的创新创业格局，打造‘双创’升级版”。可见,“双创”是开放式的创新,要注重资源共享和成果共享。资源共享就是要把各类闲置资源通过互联网平台实现优化配置,提高闲置资源配置效率,从而满足现实需求;成果共享就是通过创新创业所创造价值的共享,调动参与者的积极性和创造性。

4)“双创”促进个人价值实现与国家繁荣富强

(1)“双创”促进社会纵向流动和机会公平

“双创”一个很重要的原则就是“公平正义”。通过法律制度的完善,推进“双创”就是要对那些有梦想、有创造力的人政策性倾斜与开放,不论贫富,平台的高低,让年轻人和贫困家庭的孩子有更顺畅更多元的上升通道,使全体人民能够公平地获得资源、信息、技术资金,通过自己的努力实现自我价值,实现自己的中国梦。

自改革开放以来,我国出现过四次大规模的创业浪潮,围绕着创业浪潮产生的产业服务系统也各不相同。2015 年以后,随着第四次浪潮的到来,创业逐渐步入第四个阶段,“产业生态分享”应运而生。与以前几次创业浪潮不同,第四次创业浪潮一方面创造出大量的就业机会和致富机会,促进社会的纵向流动;另一方面,也成为收入分配改革和促进社会公正的切入点,促进了机会公平的实现。

(2)“双创”培育壮大经济发展新动能

李克强总理在 2019 年政府工作报告中指出,坚持创新引领发展,培育壮大新动能。所谓新旧动能转换,就是用新的经济动能来代替旧的经济动能,或者用新技术改造提升传统经济模式,形成新的经济增长模式,其中新动能主要是新产业、新业态和新商业模式。

新动能对中国经济增长有着明显的拉动作用,《2018 年国民经济和社会发展统计公报》显示,全年规模以上工业中,战略性新兴产业增加值比上年增长 8.9%。高技术制造业增加值增长 11.7%,占规模以上工业增加值的比重为 13.9%。装备制造业增加值增长 8.1%,占规模以上工业增加值的比重为 32.9%。全年规模以上服务业中,战略性新兴服务业营业收入比上年增长 14.6%。全年高技术产业投资比上年增长 14.9%,工业技术改造投资增长 12.8%。全年新能源汽车产量 115 万辆,比上年增长 66.2%;智能电视产量 11 376 万台,比上年增长 17.7%。全年网上零售额 90 065 亿元,比上年增长 23.9%。中国经济要提质增效、行稳致远,实现高质量发展,必须把新旧动能转换、培育壮大新动能作为根本出路,通过培育新产业、新业态和新商业模式,推动供给侧改革。

(3)“双创”体现以人民为中心的思想

一方面,“双创”依靠人民。2019 年 3 月全国两会期间,习近平总书记提出要“最大限度释放全社会创新创业创造动能”。这里的“全社会”从对象来讲,不仅包括企业家或创业者群体,也包括全体劳动者中的其他群体。不管是企业家、创业者还是普通工人，都要充分调动他们的主动性和积极性。这也是“双创”中“众”的体现，必须要依靠广大人民。

另一方面，“双创”为了人民。“双创”的主体是人民，由人民参与，因而成果也由人民共享。“双创”可以扩大就业、增加居民收入，有利于促进社会纵向流动和公平正义，让每个人都有发展的机会，可以通过自己的努力致富。

2.2 “双创”的作用

2.2.1 “双创”是促进经济发展的源泉

“双创”可以通过促进要素资源整合，推进企业多样化，扩大社会需求等途径，促进劳动生产率提高，拉动经济增长。

1）“双创”促进要素资源整合，拉动经济增长

创新创业的过程是运用创新的知识去创业或模仿已经存在的商业活动的过程，通过知识溢出，实现对要素的重新组合，进而拉动经济增长。创新创业需要整合财力、人力等要素。一是整合行政资源，充分利用创新创业政策、享受政府的创新创业服务等。二是整合资金资源，创新创业必须高度依赖资本，在进行创新创业时必须整合资金来源，自有资金、合伙经营、加入孵化计划赢取创业基金、获取天使投资、申请银行贷款、众筹募资等相结合。三是整合各类人才培养和科研资源，为创新创业提供科技人才支撑。

2）“双创”促进企业多样化，拉动经济增长

在一定区域内，创业不仅生成较多数量的企业，而且导致企业的多样化，出现各种新知识。在多样化的企业之间，可以通过交易实现知识互补，带来巨大的经济回报，增强地区的增长潜力。

近年来，在“大众创业，万众创新”的引领下，市场主体连续保持高速增长态势。2018 年全国新登记市场主体 2 149.6 万户，同比增长 11.7%，平均每天新增 5.88 万户。其中新登记企业 670 万户，同比增长 10.3%，截至 2018 年年末全国企业数量达 3 474.2万户，同比增长 14.5%，企业数量自 2013 年开始连续 6 年实现两位数增长。

2018 年末，进入全国科技型中小企业信息库的企业数量已突破 13 万家，研发投入强度大多集中在 5%至 7%之间。当前，全国入库的 13 万多家科技型中小企业中，1/3 的企业聚集在各类高新技术产业开发区与国家级经济技术开发区中。入库科技中小型企业每年平均引进应届大学生 3 名，科技人员占职工比例整体超过 1/3。2017 年，入库科技型中小企业平均在研项目为 5 项，全部研发投入为

279.4万元。

截至2018年10月底，全国独角兽(估值超过10亿美元的创业公司)数量达到186家，总估值超过58 843亿元。其中，北京83家，上海34家，杭州21家。蚂蚁金服位居榜首，估值达9 600亿元。

3) “双创”扩大社会需求，拉动经济增长

“双创”会对投资产生一定的需求，特别是创业，不管是何种形式的创业，不管是在创业的哪个阶段都会涉及投资。这种投资可以是实物投资、固定资产投资、证券投资等多种形式。因此，“双创”可以说是一种投资行为，能够带动经济增长，对地区经济产生促进作用。

“双创”可以增加有效供给，对接消费升级。目前，我国消费模式正在发生变化，模仿、跟风式的消费逐渐减少，个性化、差别化、多样化和高端化的消费开始增多，传统供给结构不能完全满足新需求，产品和服务供给中存在一些空白和薄弱环节。新的消费模式要求新的供给模式，从而使创新发展的重要性显著提高，不仅要通过创新提升已有产品质量，还要通过创新弥补产品和服务中的空白或薄弱环节，满足日益提高的消费需求。相应地，制造业和服务业企业必须更加重视设计、定制、个性和质量，朝着小、特、专、精的方向发展。“双创”有利于从源头上促进供给模式与需求模式的契合，带动更多的人开办新企业、开发新产品、开拓新市场，从而更好地促进消费，拉动经济增长。

“双创”还可以推动出口增加。随着创新创业的不断推进，我国贸易加快优化升级，高新技术、装备制造、品牌产品出口增加，中国出口商品从低端向高端迈进。例如，在手机市场出现饱和迹象的背景下，中国厂商提高了份额。华为2018年的出货量比上年高出3成以上，达到2.6亿部。我国还积极培育跨境电子商务，2018年中国跨境电商交易规模达9万亿元，同比增长11.6%，其中出口占据主导地位，出口占比达到78.9%。

消费、出口、投资是拉动经济增长的三驾马车，“双创”可以使三驾马车齐头并进，促进经济增长。

2.2.2 “双创”是推动经济结构调整的动力

“双创”通过催生新动能改造旧动能，推动产业结构调整，促进地区经济发展等方面来实现经济结构的调整和优化。

1) “双创”催生新动能改造旧动能

创新创业能有效促进知识、技术等应用到生产活动中，并实现商业价值。其结果是企业进入新的产业领域或对传统产业进行改造形成新的产业，在新的产业发

展壮大的过程中，经济发展的新动能随之形成，进而促进经济增长。

近年来，随着“双创”的不断推进，新产品层出不穷，特别是高附加值、高技术含量的新产品快速增长，比如工业机器人、新能源汽车等。在航空航天、轨道交通装备、高档数控机床、船舶和海洋工程装备等领域涌现出一大批战略性新产品。新业态发展步伐加快，现代信息网络技术广泛运用，传统产业与“互联网＋”加快融合，推动产业链、供应链和价值链重塑，生产、管理和营销模式变革加快，电子商务等新业态异军突起，网上零售成为消费增长新引擎。随着技术进步和商业模式创新不断加快，线上线下融合进程加快，互联网金融、移动支付、新型零售业等新商业模式迅速涌现。这些都成为促进经济增长的新动能。

2）“双创”推动产业结构调整和优化

产业结构的调整和优化是资源优化配置的结果，要受到创新创业的影响，特别是技术创新水平的影响。一是创新创业会引导需求发生变化，从而拉动产业结构调整变化。二是创新使新产品、新工艺、新材料、新技术不断出现，提高了资源使用效率，使资源流向发生改变，同时使劳动生产率提高，部分劳动力转向其他产业，因此通过调整资源在各产业的流动而推动产业结构调整和优化。三是创新创业不断更新产业所依赖的知识基础，推动产业提高技术水平，从而带来产业升级。

3）“双创”推动地区经济转型升级

近年来，随着“双创”的不断推进，我国各个地区经济稳步发展，特别是在上海、北京、深圳等地区创新创业生态不断改善，创新创业出现新的突破。2018 年我国高技术产业和战略性新兴产业增加值同比增长 11.7％和 8.9％，分别高出规模以上工业 5.5 个百分点和 2.7 个百分点。新兴产业引领区域经济转型发展，逐渐形成地方特色。比如深圳的产业结构凸显“三个为主”，经济增量以新兴产业为主，工业以先进制造业为主，三产以现代服务业为主，文化创新产业、高新技术产业、现代物流业等发达。浙江的电子商务、智慧安防、智慧医疗等产业集群发展壮大。

这些数据说明，创新创业重点行业的发展速度远超过经济总体水平，对整体经济发展和转型起到了引领和带头作用。

2.2.3 “双创”是带动就业的新动能

1）“双创”是带动就业的有效方式

“双创”对于支撑就业、促进科技创新和推动产业转型升级意义重大，将“双创”引向深入，首要是支撑就业。当前，在就业形势总体保持稳定的同时，高校毕业生、退役军人等重要群体结构性就业矛盾凸显，“双创”型企业将成为吸纳就业的重要力量，主要体现在就业岗位创造效应、就业市场创造效应两个方面。

(1) 就业岗位创造效应

“双创”是一项复杂的系统工程，需要创新创业者引领团队充分发挥创新精神开辟新事业，因此离不开劳动力的参与。“双创”的岗位创造效应是指创新创业者不但解决了自己的就业问题，新建的企业还为其他劳动力提供了就业岗位，形成了“一对多”的就业带动作用。根据国家工商总局个体私营经济监管司等多部门组成的“个体私营经济与就业关系研究”课题组 2015 年研究成果显示，个体工商户平均就业吸纳能力达到 2.6 人，私营企业平均就业吸纳能力达到 12.6 人，平均每名私营企业创业者可以带动 5 个人的就业。

从地区创业吸纳就业的水平来看，东部地区由于经济发展水平较高，创业机会与创业资源较丰富，发达的教育资源使创业者拥有较高的人力资本与创业意愿，因此东部地区的创新型创业活动更活跃，就业吸纳能力也更强。东部地区平均每户个体工商户从业人员为 3 人，高于中西部地区的 2.4 人；平均每户私营企业在职员工为 13.7 人，高于中部的 12.9 人和西部的 11 人。

(2) 就业市场创造效应

“双创”的市场创造效应是指创业者所开辟的新事业会吸引一大批创业者进入该领域，形成新的行业甚至市场，创造大量的就业机会，促进社会就业量迅速提升。新建企业从劳动者中培养大量的创新人才，这批人又对原有产品、技术进行改良，形成新的创业主体，逐步建立起一个完整的技术产品市场，形成企业与劳动者不断增加的良性循环。相比“一对多”的岗位创造，这种新市场的创造对于就业的带动效果更加明显。创新创业的市场创造效应来源于新市场的巨大利润空间。根据《2018 中国劳动力市场发展研究报告》显示，2018 年以来我国每天新增的企业数量为1.83 万户，为劳动者提供了大量的就业机会。除部分企业倒闭退出竞争之外，大部分企业会改进绩效，升级产品甚至转变经营理念，这种转变过程意味着在部分传统劳动力因失去竞争力而被解雇的同时，大量的能适应新环境的劳动力会加入进来，劳动力的质和量同时得到提升。

2) “双创”是促进机会公平和社会纵向流动的现实渠道

(1) 构建相对公平的环境

经过四十多年的改革开放，中国的国民经济发展取得了举世瞩目的成就，但是，在快速发展过程中，社会不公现象出现了日渐加剧的态势，一部分人未能充分享受到改革开放的成果。这突出地表现在以下两个方面。

一方面是就业形势不容乐观，失业人数有所增加。从表面上看，我国的失业率并不高，长期保持在 4%左右的水平。这数据仅为被失业问题困扰不堪的欧盟平均水平的一半，比目前经济形势较好的美国也要低一两个百分点。但是，考虑到统计口径的不一致和统计制度的漏洞，我国的真实失业率要高出不少。其中最典型的就是隐性失业现象大量存在。特别是当前随着经济增速的不断下降，隐性失业问题开始逐渐凸显出来。由于经济增速下滑，实体经济不景气，为了维护劳动力市场稳定和社会和谐，许多地方政府还出台了一系列的补贴性政策，对不景气企业不解雇员工甚至多雇员工进行补贴，导致部分企业冗员增多。即使是以国家统计局公布的城镇登记失业率与调查失业率之间的差距来衡量的话，隐性失业率也要超过1%，隐形失业人员达到300万人左右。

另一方面是收入分配差距扩大。从趋势上看，我国20世纪80年代的基尼系数在0.3以下，90年代在0.3～0.4之间，进入21世纪后，进一步扩大到0.4以上。近些年虽然基尼系数有所下降，但仍处在0.45以上的高位区间，属于世界上较为不平等的国家。中国10%的高收入群体占有全部财富的60%以上，前10%高收入者的平均收入是后10%低收入者平均收入的8倍。目前，城乡还有总量超过1亿的贫困人口。可以说，这些贫困人口中的绝大多数都未能享受到改革开放带来的巨大成果。

“双创”为广大劳动者创造更多的就业岗位、改善收入分配状况，带来了前所未有的历史性机遇，也为使改革开放的成果惠及更多的群体创造了条件。“双创”的最大特点，就是参与者的广泛性。创业主体日益多元化、大众化，以大学生、农民工、下岗失业人员为主体的创业格局正在改变，众多的科技人员、留学归国人员也纷纷加入创业大潮之中，甚至部分机关事业单位人员也辞职下海，掀起了一股自“92派”之后的又一波创业的新浪潮。网络创业是此次创业浪潮的一个典型特征。互联网的普及突破了地域、场地、身体等方面的限制，甚至还在很大程度上降低了创业的门槛，因而受到各类人群的欢迎。许多过去社会弱势群体的成员如返乡农民工、残疾人等通过创新创业，在获得更高收入的同时极大地改变了自己的命运，大大缩小了社会的贫富差距。

(2) 有效帮助弱势群体

赣州市会昌县的蓝诗勇，身高120厘米、双腿残疾的他依托电商平台创业，从简单的销售手机配件，发展到销售橘柚、脐橙、蜂蜜、酸枣糕等农特产品以及皮雕、藤具等手工艺品和服装、服饰等多种门类，成为当地有名的“电商达人”。萍乡市上栗县的“板凳哥”胡生发，1岁时患上小儿麻痹症，靠着一条板凳代步，他艰苦创业，经营起一座电器城，还牵头发起了“残友互助会”，帮助近百名残疾人学习傍身之技，成为大爱无言的中国好人。

不管是“电商达人”蓝诗勇，还是中国好人“板凳哥”，这些残疾青年的创新创业成果的例子层出不穷。回想当年，因为残疾的蓝诗勇由于学历和身体残疾的原因，求职四处碰壁，有时甚至还会招来非议。患上小儿麻痹症的“板凳哥”也曾从事修锁、补鞋、刻章等工作，勉强才能维持生计。他们都是地地道道的弱势群体。而今天，在“双创”的大环境下，在政策支持、政府帮助下，他们以身残志坚的坚强品质，谱写了属于自己的创业歌谣。“双创”让弱势群体不再弱势。有了“双创”平台，年轻的夫妇可以在家里创业，不用再奔赴远方，让更多的老人、儿童得到了关爱。一些伤残人士也有更多的机会利用他们在身体以外的其他优势，去谋划自己的创业之路。全国上下风起云涌建立的“双创”平台、孵化基地，让弱势群体找到了归宿，不仅加快了经济的飞速发展，还促进了社会公平公正，切实有效地改善了民生。

2.2.4 “双创”为加快实施创新驱动战略奠定基础

“双创”能够迅速将大众需求转换为新的产品和服务，促进科技成果转化，促使创业企业不断涌现和发展壮大，不断为企业创新注入新生力量和活力，汇聚形成经济发展新动力。

1）“双创”有助于将科技成果转化为生产力

“科技创新要在‘顶天立地’上下功夫。所谓‘顶天’，就是要推动原始创新，研发高精尖技术；‘立地’，就是面向‘大众创业、万众创新’，有利于科技成果转化为现实生产力”。经济增长、社会进步不是拥有大量的知识产出、科技成果就行的，关键是要把科技成果迅速转化为现实的生产力，才能促进经济社会的发展，也让百姓共享科技成果带来的实惠。目前为了促进科技成果转化，各地都已经制定了一些政策。以北京为例，2016 年就制定了《北京市促进科技成果转移转化行动方案》，从汇集发布科技成果信息、释放创新主体科技成果转移转化活力、激发科技人员科技成果转移转化动力、强化科技成果转移转化市场化服务、建设科技成果中间性试验与产业化载体、强化央地协同推动科技成果转移转化、促进科技成果跨区域转移转化、推动科技型创新创业快速发展、建设科技成果转移转化人才队伍、健全科技成果转移转化多元化资金支持体系等方面入手，促进科技成果转化。

“双创”的重要技术源头就是科研院所的大量科技成果和智力资源，将产生于科研院所的知识产权、技术成果转化为切实的生产力，可以通过科研人员自己创办企业的直接方式，也可以通过各类中介机构实现间接转化。

2）“双创”有利于强化创新驱动发展的人才和教育基础

（1）“双创”有利于汇聚创新创业人才

作为支撑创新发展的核心要素、第一资源，人才已成为经济社会发展的宝贵资源，从企业的各种奖励政策，到各地政府的人才引进战略，无不为优秀人才营造良好的创新创业发展环境。2018 年底，我国拥有超 8 亿劳动力资源，其中受过高等教育或拥有各类专业技能的高素质人力资源不到 2 亿人。

而人才的分布和双创的发展有着紧密的联系，一方面创新创业人才的集聚会提高一个地区的双创能力，另一方面双创能力的提高对创新创业人才的需求增加更促进人才集聚。我国创新创业人才的区域集中度较高，区域配置存在较大的不均衡性，多集中在经济发达的地区，如北京、江苏、广东、山东、上海等地区，这些地区的经济收入水平相对较高，受强市场竞争力的驱动，对创新创业人才需求旺盛，再加上环境和工作条件较优厚，市场对人力资源的配置能力较强，因此，对创新创业人才的吸引力也更强。中西部由于经济发展水平较低，企业对科技创新的重视程度还不高，政府对科技的投入力度也相对较小，因而致使科研人员的工资待遇、发展机遇和科研环境及创新创业氛围等均不如东部沿海发达地区，对创新创业人才吸引力也较低。但是，随着时间的推移，这种不均衡状况有着显著的缩小趋势。这表明随着“双创”的大力推进，中西部地区也开始重视营造双创生态，积极引进人才，出现了创新创业人员开始逐渐向二三线城市移动，使得创新创业人才分布不均状况趋于缩小。

(2) “双创”有利于构筑创新驱动发展的教育基础

① 提升公民科学素质

科学素质是公民素质的重要组成部分。公民基本科学素质一般指了解必要的科学技术知识，掌握基本的科学方法，树立科学思想，崇尚科学精神，并具有一定的应用它们处理实际问题、参与公共事务的能力。提升公民科学素质，是科技进步和创新的重要基础。在“双创”背景下，社会大众广泛参与，创新创业意识显著增强，具有良好科学素质的劳动者也快速增加。2018 年 9 月，中国科学技术协会发布了第十次中国公民科学素质抽样调查的最新结果。结果显示，2018 年我国具备基本科学素质的公民比例达 8.47%，比 2015 年第九次调查的 6.2%提高了近 2.3%。这次调查显示，我国具备基本科学素质的公众比例整体已相当于欧盟 21 世纪初的水平，北京、上海已达到美国 21 世纪初的水平。

② 改革高等教育

高等教育在人才培养方面担负着重要责任，发达国家在高等教育中比较重视创新创业能力的培养，而长期以来我国高等教育以应试为主，对创新创业能力的培育不够重视。为了适应“双创”，高等教育必须进行重大改革，培养一批既具有创新创业精神，又具有创新创业能力的人才来完成创新型国家的建设任务。

国务院办公厅 2015 年就发布了《关于深化高等学校创新创业教育改革的实施意见》(国办发〔2015〕36 号)，提出要从健全创新创业教育课程体系、改革教学方法和考核方式、改革考试考核内容和方式、强化创新创业实践、加强教师创新创业教育教学能力建设、改进学生创业指导服务等方面入手，推动高等教育创新创业教育改革，近年来也取得了一定成绩。目前各大高校都将创业教育改革融入人才培养全过程，以创新创业活动为主抓手，丰富课程、创新教法、强化师资，推进教学、科研、实践紧密结合。各大高校均与一大批企业签订了共建创新创业学院协议，聘任一批优秀企业家、创投机构负责人担任创新创业导师，为学生提供个性化深度指导。这些措施在一定程度上有利于提高人才培养质量，推进高校毕业生更高质量地创业就业，为“双创”夯实了教育基础。

2.2.5 “双创”有利于推动供给侧改革

供给侧结构性改革，主要是指对要素投入侧和生产侧的重大改革、关键性改革。核心是要通过推进金融、土地等要素改革和生产端的改革，提升企业效益和竞争力，焕发企业家精神，创造出能够激发消费者需求的优质产品和服务，满足新需求，开拓新市场，推动新技术、新产业、新业态蓬勃发展，加快实现发展动力的转换。最重要的是通过政府体制改革，让更多社会资本参与投资，充分激发微观经济主体活力。

1）“双创”能够增加有效供给，缓解供需矛盾

目前，供需关系矛盾的突出问题在于有效供给不足，供给侧调整明显滞后于需求结构升级，有效供给和中高端供给不足。居民对高品质商品和服务的需求难以得到满足，出现到境外大量采购日常用品的现象，造成国内消费需求外流。习近平总书记指出：“我国一些有大量购买力支撑的消费需求在国内得不到有效供给，消费者将大把钞票花费在出境购物、‘海淘’购物上，购买的商品已从珠宝首饰、名包名表、名牌服饰、化妆品等奢侈品向电饭煲、马桶盖、奶粉、奶瓶等普通日用品延伸。”据中国旅游研究院数据，2018 年我国居民境外旅游消费超过 1 200 亿美元的境外消费，人均单次境外旅游消费达到 800 美元(约 5 500 元人民币)。事实证明，我国不是需求不足，或没有需求，而是需求变了，供给的产品却没有变，质量、服务跟不上。有效供给能力不足带来大量“需求外溢”，消费能力严重外流。

因此，要增加有效供给，而“双创”是创造新供给的重要方式和途径。近年来，随着“双创”的不断深入，在新企业、新产品、新技术、新产业供给方面表现突出。

• 新企业供给方面：2018 年前三季度全国新设市场主体 1 561.6 万户，平均每天新设 5.72 万户；新设企业 501.2 万户，平均每天新设 1.84 万户。截至 9 月底，全国实有市场主体 1.06 亿户，其中企业 3 362.8 万户。到 12 月底，全国实有市场主体 1.1 亿户，新登记市场主体 2 149.6 万户，其中新登记企业 670 万户。

• 新产品供给方面：近年来，在新技术的带动下，智能手机、新能源汽车、工业机器人等市场规模位居世界前列。据统计，2018 年我国智能手机销量 3.98 亿台；纯电动汽车产销分别完成 98.6 万辆和 98.4 万辆，比上年同期分别增长 47.9％和 50.8％；工业机器人市场累计销售 13.5 万台，年销量连续六年位居世界首位。

• 新技术供给方面：高铁、支付宝、共享单车和网购是中国新四大发明，这些的

发展离不开新技术的运用。近年来,中国科技创新的整体能力显著提升,成就有目共睹。天宫、蛟龙、天眼、悟空、墨子、大飞机等重大科技成果相继问世。

· 新产业供给方面:我国新兴产业发展势头良好,规模不断壮大。2018 年,我国战略性新兴产业增加值同比增长 8.9%,增速快于全部规模以上工业 2.7 个百分点。现代信息网络技术广泛运用,传统产业与“互联网+”加快融合,跨境电商、社交电商、智慧家庭、智慧交通、远程教育医疗等新业态快速涌现。

2) “双创”有助于完善供给侧结构性改革的制度供给

供给侧结构性改革的关键在于是否能营造良好的创新创业制度环境,消除不利于创新创业发展的制度约束。“双创”发展和供给侧结构性改革对良好制度环境的要求是相互依存的,一方面,“双创”需要良好的制度环境和双创生态才能更好地发展;另一方面,供给侧结构性改革也需要“双创”所激发的活力倒逼体制机制的改革和完善。比如,我国政府从 2013 年开始就提“简政放权”,放活了企业的活力、发展的动力和全社会的创造力。仅以注册资本登记制度改革实施以来的带动效应为例,2014 年,全国市场主体数量稳步增长,尤其是 3 月 1 日商事制度改革实施以来,市场活力进一步激发,平均每天新注册企业达到 1.06 万户。2014 年年底,全国新登记注册市场主体 1 292.5 万户,注册资本(金)20.66 万亿元,同比分别增长 14.23%和 87.86%。其中,新登记注册企业 365.1 万户,注册资本(金)19.05 万亿元,同比分别增长 45.88%和 99.02%。

3 “双创”发展现状

近年来，我国创新创业环境不断优化，各类群体创新创业活力有效激发，创新创业成效明显，推动经济不断向高质量发展迈进。

3.1 双创环境优化

3.1.1 不断创新体制机制

1）推进“放管服”和商事制度改革

简政放权、放管结合、优化服务是处理好政府与市场关系的重大改革之举，对我国近几年扩大就业、壮大新动能、经济稳中向好起到了重要支撑作用。2019 年 6 月 25 日国务院召开全国深化“放管服”改革优化营商环境电视电话会议，强调“放管服”改革、优化营商环境，要坚持市场化、法治化、国际化原则。市场化就要破除不合理体制机制障碍，更大地激发市场活力和社会创造力。法治化就要做到规则公开透明、监管公平公正、依法保护各类所有制企业合法权益。国际化就要持续扩大开放，加强与国际通行经贸规则对接，促进提高国际竞争力。政府管理和服务要行“简约”之道，程序、要件等都要删繁就简、便民利企。一是推动简政放权向纵深发展。大力缩减市场准入负面清单。二是健全制度化监管规则。规范行政执法，对所有市场主体一视同仁，促进公平竞争、优胜劣汰。三是优化政府服务。打造全国政务服务“一张网”，在更大范围内实现“一网通办”、异地可办。

“放管服”改革全国上下一盘棋，以江苏省为例，一直将打造良好的营商环境作为重中之重，对照《政府工作报告》新要求，2019 年江苏省“放管服”改革又有新举措：一是“不见面审批”再升级，“串联”变“并联”。“不见面审批”已经成为江苏省打造营商环境的一张名片。但是，在经济高质量发展过程中，开办企业仍然存在难点和堵点。更加注重改革质量、更加精准地摸排出改革“堵点”和创业“难点”，打造稳定、公平、透明、可预期的营商环境，充分激发市场活力、动力，是 2019 年江苏省商事制度改革的目标。以开办企业为例，之前的商事制度改革中，通过“全链通”平台可以实现办照、刻章、开户、纳税和社保等必需的行政事项，不需要企业一家一家跑，但要完成一个才能进入下一个。2019年将通过接入江苏省政府“一网通”平台，所有的材料同步推送到相关部门，各项手续可以同步办理，把“串联”改“并联”，直接提高办事效率。另外，还要确保公平竞争。公正监管是公平竞争的保障。在实际生产经营中，民营企业常常遭遇“弹簧门”“玻璃门”“旋转门”，迫切需要公平公正的市场环境。2016年以来，江苏省加大了公平竞争审查力度，尤其是对各地各部门在政策制定上存在的不公平内容进行审查。仅2017年，江苏省就对含有违背公平竞争内容的657份文件予以修改或废止，查处了垄断案件36件、不正当竞争案件831件、价格违法案件846件。

2）深化科技教育制度改革

近年来在高校十分重视创新创业教育。中共中央办公厅、国务院办公厅印发《关于深化教育体制机制改革的意见》，提出要把创新创业教育贯穿人才培养全过程，建立健全学科专业动态调整机制，完善课程体系，加强教材建设和实训基地建设，完善学分制，实施灵活的学习制度，鼓励教师创新教学方法。国务院印发《国家教育事业发展“十三五”规划》，提出鼓励高校通过无偿许可的方式向学生授权使用科技成果，引导学生创新创业，鼓励各省级政府统筹区域内高校、企业、产业园区、孵化基地、风险投资基金等资源，扶持大学生创业。

2017年12月国务院办公厅印发《关于深化产教融合的若干意见》，从构建教育和产业统筹融合发展格局、强化企业重要主体作用、推进产教融合人才培养改革、促进产教供需双向对接、完善政策支持体系等方面提出26项具体举措，明确用10年左右的时间，推动教育和产业相融合，形成良性互动的发展格局。

3）健全人才激励制度

2016年，中共中央印发了《关于深化人才发展体制机制改革的意见》（简称《意见》），明确了改革的指导思想、基本原则和主要目标，从管理体制和培养、评价、流动、激励机制以及组织领导等8个方面提出了一系列改革措施。作为我国第一个关于人才发展体制机制改革的综合性文件，《意见》在“强化人才创新创业激励机制”方面设专章明确要求：加强创新成果知识产权保护，加大对创新人才激励力度，鼓励和支持人才创新创业。

2017年，国务院办公厅、科技部、人力资源社会保障部等又陆续制定了一些人才制度，比如《关于深化科技奖励制度改革的方案》，从改革完善国家科技奖励制度、引导省部级科学技术奖高质量发展、鼓励社会力量设立的科学技术奖健康发展入手，提出了一些具体举措。《关于深化职称制度改革的意见》从健全职称制度体系、完善职称评价标准、创新职称评价机制、促进职称评价与人才培养使用相结合、改进职称管理服务方式等方面入手，深化职称制度改革，以激励专业技术人才职业发展，加强专业技术人才队伍建设。《中央级科研事业单位绩效评价暂行办法》中，制定了不同类型的科研事业单位绩效评价指标框架，明确了评价程序、评价内容、评价结果应用等，推动中央级科研事业单位深化管理方式改革、优化评价机制、激发创新活力。

4）深化国有企业改革

改革开放以来，中国经济的繁荣与发展，国有企业一直在其中扮演着不可替代的重要角色。在历史的大浪中前行，国有企业改革也始终是我国经济体制改革的重要环节。2017 年国务院办公厅印发《关于进一步完善国有企业法人治理结构的指导意见》《中央企业公司制改制工作实施方案》，2017 年年底国有企业公司制改革基本完成。之后，以推进股份制改革和整体上市为主导的混合所有制改革有序推进。据了解，目前中央企业子企业公司制改制面超过 92%，混合所有制企业户数占比达到 68%。董事会建设进一步深化，建设规范董事会的中央企业达到 85 家，外部董事人才库增加到 389 人，专职外部董事增加到 26 人。不仅如此，上海、广东、山东、江西等多省市都制定了相关细化方案和试点计划，加速国企改革步伐。

5）加快建设自贸试验区

自 2013 年 9 月上海自贸试验区挂牌，至今全国已有 12 个自贸试验区，根据商务部最新数据揭示，2019 年上半年，自贸试验区实现进出口总值 1.61 万亿人民币，同比增长了 4.3%，占我国同期外贸总量的 10.97%；新增设了海关注册企业 5 010家，累计的海关注册企业达到了 85 045 家；实际使用外资人民币 694.7 亿元，同比增长 20.1%，占全国比重为 14.5%。六年来，202 项制度创新成果得以复制推广，从试点经验产生的领域、类型和效果看，投资便利化涉及 81 项，贸易便利化 64 项，金融开放创新 23 项，事中事后监管 34 项，基本涵盖了世界银行营商环境报告所评估的大多数指标。

3.1.2 不断完善扶持政策

1）“大众创业，万众创新”政策措施日趋完善

国务院相继发布了一系列支持创新型国家建设的政策措施，其中 2019 年 1 月以来，国务院和国家部委就出台了《关于推进国家级经济技术开发区创新提升打造改革开放新高地的意见》等 24 份文件(表 3.1)，2012—2018 年国务院出台创新创业文件 53 份(表 3.2)。还有各级地方政府制定的配套政策，数量更多。

表 3.1　2019 年 1 月以来国家部委支持双创的文件汇总

序号	发文部门	文件名称	发文时间
1	人力资源社会保障部	《新生代农民工职业技能提升计划(2019—2022 年)》	2019.1.9
2	国家发展改革委　财政部 国家税务总局　证监会	关于创业投资企业个人合伙人所得税政策问题的通知	2019.1.10
3	财政部　国家税务总局	关于实施小微企业普惠性税收减免政策的通知	2019.1.22
4	科技部	《创新驱动乡村振兴发展专项规划(2018—2022 年)》	2019.1.22
5	国务院	关于促进综合保税区高水平开放高质量发展的若干意见	2019.1.25
6	国务院	关于实施综合保税区“四自一简”监管创新措施有关事项的公告	2019.1.29
7	财政部　退役军人事务部 国家税务总局	关于进一步扶持自主就业退役士兵创业就业有关税收政策的通知	2019.2.2
8	国务院	关于有效发挥政府性融资担保基金作用切实支持小微企业和“三农”发展的指导意见	2019.2.14
9	国务院	关于在市场监管领域全面推行部门联合“双随机、一公开”监管的意见	2019.2.15
10	科技部	关于支持北京建设国家新一代人工智能创新发展试验区的函	2019.2.20
11	教育部	关于成立提升高校自主创新能力专项工作领导小组的通知	2019.2.20
12	国家税务总局 人力资源社会保障部 国务院扶贫办　教育部	关于实施支持和促进重点群体创业就业有关税收政策具体操作问题的公告	2019.2.26
13	科技部　教育部	《关于促进国家大学科技园创新发展的指导意见》	2019.3.29
14	财政部　税务总局 证监会	关于创新企业境内发行存托凭证试点阶段有关税收政策的公告	2019.4.3
15	文化和旅游部	《公共数字文化工程融合创新发展实施方案》的通知	2019.4.16
16	国务院	关于推进国家级经济技术开发区创新提升打造改革开放新高地的意见	2019.5.28
17	人力资源社会保障部	关于开展 2019 年全国高校毕业生就业服务行动的通知	2019.7.22
18	国家知识产权局办公室	《技术与创新支持中心(TISC)建设实施办法》	2019.8.23
19	人力资源社会保障部 财政部	关于进一步精简证明材料和优化申办程序充分便利就业补贴政策享受的通知	2019.9.6
20	科技部	《关于促进新型研发机构发展的指导意见》	2019.9.12
21	财政部	关于进一步加大授权力度 促进科技成果转化的通知	2019.9.23
22	财政部　科技部	《中央引导地方科技发展资金管理办法》	2019.9.24
23	国家发展改革委 市场监管总局	关于新时代服务业高质量发展的指导意见	2019.10.2
24	工信部	《关于加快培育共享制造新模式新业态促进制造业高质量发展的指导意见》	2019.10.22

表 3.2 2012—2018 国务院创新创业文件列表

序号	标题	发文字号	发文日期
1	国务院关于批转促进就业规划(2011—2015 年)的通知	国发〔2012〕6 号	2012.1.24
2	国务院办公厅关于强化企业技术创新主体地位全面提升企业创新能力的意见	国办发〔2013〕8 号	2013.2.4
3	国务院关于开展优先股试点的指导意见	国发〔2013〕46 号	2013.11.30
4	国务院关于全国中小企业股份转让系统有关问题的决定	国发〔2013〕49 号	2013.12.14
5	国务院关于印发注册资本登记制度改革方案的通知	国发〔2014〕7 号	2014.2.18
6	国务院办公厅关于做好 2014 年全国普通高等学校毕业生就业创业工作的通知	国办发〔2014〕22 号	2014.5.13
7	国务院关于加快发展生产性服务业 促进产业结构调整升级的指导意见	国发〔2014〕26 号	2014.8.6
8	国务院关于取消和调整一批行政审批项目等事项的决定	国发〔2014〕27 号	2014.8.12
9	国务院关于加快科技服务业发展的若干意见	国发〔2014〕49 号	2014.10.28
10	国务院关于扶持小型微型企业健康发展的意见	国发〔2014〕52 号	2014.11.20
11	国务院办公厅关于促进国家级经济技术开发区转型升级创新发展的若干意见	国办发〔2014〕54 号	2014.11.21
12	国务院关于取消和调整一批行政审批项目等事项的决定	国发〔2014〕50 号	2014.11.24
13	国务院关于创新重点领域投融资机制鼓励社会投资的指导意见	国发〔2014〕60 号	2014.11.26
14	国务院关于国家重大科研基础设施和大型科研仪器向社会开放的意见	国发〔2014〕70 号	2015.1.26
15	国务院关于促进云计算创新发展培育信息产业新业态的意见	国发〔2015〕5 号	2015.1.30
16	国务院办公厅关于发展众创空间推进大众创新创业的指导意见	国办发〔2015〕9 号	2015.3.11
17	国务院关于取消和调整一批行政审批项目等事项的决定	国发〔2015〕11 号	2015.3.13
18	国务院办公厅关于创新投资管理方式建立协同监管机制的若干意见	国办发〔2015〕12 号	2015.3.19
19	国务院关于进一步做好新形势下就业创业工作的意见	国发〔2015〕23 号	2015.5.1
20	国务院关于大力发展电子商务加快培育经济新动力的意见	国发〔2015〕24 号	2015.5.7
21	国务院办公厅关于深化高等学校创新创业教育改革的实施意见	国办发〔2015〕36 号	2015.5.13
22	国务院办公厅关于加快高速宽带网络建设推进网络提速降费的指导意见	国办发〔2015〕41 号	2015.5.16
23	国务院关于大力推进大众创业万众创新若干政策措施的意见	国发〔2015〕32 号	2015.6.16
24	国务院办公厅关于促进跨境电子商务健康快速发展的指导意见	国办发〔2015〕46 号	2015.6.20

续表 3.2

序号	标题	发文字号	发文日期
25	国务院办公厅关于支持农民工等人员返乡创业的意见	国办发〔2015〕47号	2015.6.21
26	国务院办公厅关于加快推进“三证合一”登记制度改革的意见	国办发〔2015〕50号	2015.6.29
27	国务院关于积极推进“互联网+”行动的指导意见	国发〔2015〕40号	2015.7.4
28	国务院关于取消一批职业资格许可和认定事项的决定	国发〔2015〕41号	2015.7.23
29	国务院关于促进融资担保行业加快发展的意见	国发〔2015〕43号	2015.8.13
30	国务院办公厅关于同意建立推进大众创业万众创新部际联席会议制度的函	国办函〔2015〕90号	2015.8.20
31	国务院关于加快构建大众创业万众创新支撑平台的指导意见	国发〔2015〕53号	2015.9.26
32	国务院办公厅关于推进线上线下互动加快商贸流通创新发展转型升级的意见	国办发〔2015〕72号	2015.9.29
33	国务院办公厅关于促进农村电子商务加快发展的指导意见	国办发〔2015〕78号	2015.11.9
34	国务院关于“先照后证”改革后加强事中事后监管的意见	国发〔2015〕62号	2015.11.3
35	国务院关于新形势下加快知识产权强国建设的若干意见	国发〔2015〕71号	2015.12.22
36	国务院关于印发推进普惠金融发展规划(2016—2020年)的通知	国发〔2015〕74号	2016.1.15
37	国务院关于同意在天津等12个城市设立跨境电子商务综合试验区的批复	国函〔2016〕17号	2016.1.15
38	国务院关于取消一批职业资格许可和认定事项的决定	国发〔2016〕5号	2016.1.22
39	国务院办公厅关于同意建立服务业发展部际联席会议制度的函	国办函〔2016〕8号	2016.1.25
40	国务院办公厅关于加快众创空间发展服务实体经济转型升级的指导意见	国办发〔2016〕7号	2016.2.18
41	国务院关于同意开展服务贸易创新发展试点的批复	国函〔2016〕40号	2016.2.25
42	国务院关于印发实施《中华人民共和国促进科技成果转化法》若干规定的通知	国发〔2016〕16号	2016.3.2
43	国务院办公厅关于建设大众创业万众创新示范基地的实施意见	国办发〔2016〕35号	2016.5.12
44	国务院办公厅关于支持返乡下乡人员创业创新促进农村一二三产业融合发展的意见	国办发〔2016〕84号	2016.11.29
45	国务院办公厅关于建设第二批大众创业万众创新示范基地的实施意见	国办发〔2017〕54号	2017.6.21
46	国务院关于强化实施创新驱动发展战略进一步推进大众创业万众创新深入发展的意见	国发〔2017〕37号	2017.7.27
47	国务院办公厅关于推广第二批支持创新相关改革举措的通知	国办发〔2018〕126号	2017.9.7

续表 3.2

序号	标题	发文字号	发文日期
48	国务院办公厅关于推广支持创新相关改革举措的通知	国办发〔2017〕80号	2017.9.14
49	国务院办公厅转发证监会关于开展创新企业境内发行股票或存托凭证试点若干意见的通知	国办发〔2018〕21号	2018.3.22
50	国务院关于推动创新创业高质量发展打造“双创”升级版的意见	国发〔2018〕32号	2018.9.26
51	国务院关于支持自由贸易试验区深化改革创新若干措施的通知	国发〔2018〕38号	2018.11.7
52	国务院关于支持自由贸易试验区深化改革创新若干措施的通知	国发〔2018〕38号	2018.11.23
53	国务院办公厅关于推广第二批支持创新相关改革举措的通知	国办发〔2018〕126号	2018.12.23

2）创新创业税收优惠政策体系不断健全

为方便纳税人及时了解掌握税收优惠政策，更好地发挥税收助力“大众创业、万众创新”的作用，税务总局于2017年4月发布了《“大众创业 万众创新”税收优惠政策指引》。2019年6月，税务总局发布新版《“大众创业 万众创新”税收优惠政策指引》，归集了我国针对创新创业主要环节和关键领域陆续推出的83项税收优惠政策措施，覆盖企业从初创到发展的整个生命周期（表3.3）。其中，2013年以来出台的税收优惠有73项。这些税收优惠政策在减轻企业负担、扩大税收优惠政策覆盖范围等方面起到重要作用，从而为创新创业提供政策支持。

表 3.3 创新创业领域税收优惠政策

企业不同生命周期	类型	具体优惠政策
企业初创期税收优惠	小微企业税收优惠	1. 个人增值税起征点政策； 2. 企业或非企业性单位销售额未超限免征增值税； 3. 增值税小规模纳税人销售额未超限免征增值税； 4. 小型微利企业减免企业所得税； 5. 重点行业小型微利企业固定资产加速折旧； 6. 企业免征政府性基金；
	重点群体创业就业税收优惠	7. 重点群体创业税收扣减； 8. 吸纳重点群体就业税收扣减； 9. 退役士兵创业税收扣减； 10. 吸纳退役士兵就业企业税收扣减； 11. 随军家属创业免征增值税； 12. 随军家属创业免征个人所得税； 13. 安置随军家属就业的企业免征增值税；

续表 3.3

企业不同生命周期	类型	具体优惠政策
企业初创期税收优惠	重点群体创业就业税收优惠	14. 军队转业干部创业免征增值税； 15. 自主择业的军队转业干部免征个人所得税； 16. 安置军队转业干部就业的企业免征增值税； 17. 残疾人创业免征增值税； 18. 安置残疾人就业的单位和个体户增值税即征即退； 19. 特殊教育学校举办的企业安置残疾人就业增值税即征即退； 20. 残疾人就业减征个人所得税； 21. 安置残疾人就业的企业残疾人工资加计扣除； 22. 安置残疾人就业的单位减免城镇土地使用税； 23. 长期来华定居专家进口自用小汽车免征车辆购置税； 24. 回国服务的在外留学人员购买自用国产小汽车免征车辆购置税；
	创业就业平台税收优惠	25. 科技企业孵化器(含众创空间)免征增值税； 26. 符合非营利组织条件的孵化器的收入免征企业所得税； 27. 科技企业孵化器免征房产税； 28. 科技企业孵化器免征城镇土地使用税； 29. 国家大学科技园免征增值税； 30. 符合非营利组织条件的大学科技园的收入免征企业所得税； 31. 国家大学科技园免征房产税； 32. 国家大学科技园免征城镇土地使用税；
	对提供资金、非货币性资产投资助力的创投企业、金融机构等给予税收优惠	33. 创投企业投资未上市的中小高新技术企业按比例抵扣应纳税所得额； 34. 有限合伙制创业投资企业法人合伙人投资未上市的中小高新技术企业按比例抵扣应纳税所得额； 35. 公司制创投企业投资初创科技型企业按比例抵扣应纳税所得额； 36. 有限合伙制创业投资企业法人合伙人投资初创科技型企业按比例抵扣应纳税所得额； 37. 有限合伙制创业投资企业个人合伙人投资初创科技型企业按比例抵扣应纳税所得额； 38. 天使投资人投资初创科技型企业按比例抵扣应纳税所得额； 39. 以非货币性资产对外投资确认的非货币性资产转让所得分期缴纳企业所得税； 40. 以非货币性资产对外投资确认的非货币性资产转让所得分期缴纳个人所得税； 41. 金融企业发放涉农和中小企业贷款按比例计提的贷款损失准备金企业所得税税前扣除； 42. 金融机构与小型微型企业签订借款合同免征印花税；
企业成长期税收优惠	研发费用加计扣除政策	43. 研发费用加计扣除； 44. 提高科技型中小企业研发费用加计扣除比例；
	固定资产加速折旧政策	45. 固定资产加速折旧或一次性扣除； 46. 重点行业固定资产加速折旧；
	购买符合条件设备税收优惠	47. 重大技术装备进口免征增值税； 48. 内资研发机构和外资研发中心采购国产设备增值税退税； 49. 科学研究机构、技术开发机构、学校等单位进口符合条件的商品享受免征进口环节增值税、消费税；
	科技成果转化税收优惠	50. 技术转让、技术开发和与之相关的技术咨询、技术服务免征增值税； 51. 技术转让所得减免企业所得税；

续表 3.3

企业不同生命周期	类型	具体优惠政策
企业成长期税收优惠	科研机构创新人才税收优惠	52. 科研机构、高等学校股权奖励延期缴纳个人所得税； 53. 高新技术企业技术人员股权奖励分期缴纳个人所得税； 54. 中小高新技术企业个人股东分期缴纳个人所得税； 55. 获得非上市公司股票期权、股权期权、限制性股票和股权奖励递延缴纳个人所得税； 56. 获得上市公司股票期权、限制性股票和股权奖励适当延长纳税期限； 57. 企业以及个人以技术成果投资入股递延缴纳个人所得税； 58. 由国家级、省部级以及国际组织对科技人员颁发的科技奖金免征个人所得税；
企业成熟期税收优惠政策	高新技术企业税收优惠	59. 高新技术企业减按 15%的税率征收企业所得税； 60. 高新技术企业职工教育经费税前扣除； 61. 技术先进型服务企业享受低税率企业所得税； 62. 技术先进型服务企业职工教育经费税前扣除；
	软件企业税收优惠	63. 软件产业增值税超税负即征即退； 64. 新办软件企业定期减免企业所得税； 65. 国家规划布局内重点软件企业减按 10%的税率征收企业所得税； 66. 软件企业取得即征即退增值税款用于软件产品研发和扩大再生产的企业所得税优惠； 67. 软件企业职工培训费用应纳税所得额扣除； 68. 企业外购的软件缩短折旧或摊销年限；
	动漫企业税收优惠	69. 动漫企业增值税超税负即征即退；
	集成电路企业税收优惠	70. 集成电路重大项目增值税留抵税额退税； 71. 集成电路线宽小于 0.8 微米(含)的集成电路生产企业定期减免企业所得税； 72. 线宽小于 0.25 微米的集成电路生产企业减按 15%的税率征收企业所得税； 73. 投资额超过 80 亿元的集成电路生产企业减按 15%的税率征收企业所得税； 74. 线宽小于 0.25 微米的集成电路生产企业定期减免企业所得税； 75. 投资额超过 80 亿元的集成电路生产企业定期减免企业所得税； 76. 新办集成电路设计企业定期减免企业所得税； 77. 国家规划布局内的集成电路设计企业减按 10%的税率征收企业所得税； 78. 集成电路设计企业计算应纳税所得额时扣除职工培训费用； 79. 集成电路生产企业生产设备缩短折旧年限； 80. 集成电路封装、测试企业定期减免企业所得税； 81. 集成电路关键专用材料生产企业、集成电路专用设备生产企业定期减免企业所得税； 82. 集成电路企业退还的增值税期末留抵税额在城市维护建设税、教育费附加和地方教育附加的计税依据中扣除；
	研制大型客机、大型客机发动机项目和生产销售新支线飞机企业	83. 研制大型客机、大型客机发动机项目和生产销售新支线飞机增值税期末留抵退税

3）创新创业人才新政不断推出

近年来全国各地以创新驱动发展战略，以加强科技人才队伍建设为切入点，以创新科技体制机制为重要抓手，以激发人才创新创业活力为重点，着力打造了一支素质优良、结构合理、创新能力强、覆盖领域广的科技人才队伍，为推动“双创”建设和创新型国家建设提供了强有力的人才保障和智力支持。

以江苏省为例，2018 年 8 月出台《省政府关于深入推进大众创业万众创新发展的实施意见》，针对创新创业人才建设提出了措施：一是深化高等院校双创教育改革。整合双创教育课程资源，建立双创教育课程资源共享平台，推行在线开放课程和跨校学习的认证、学分认定制度，鼓励双创教育专家、知名企业家进课堂，推动高水平双创讲座、高品位双创活动进课程。鼓励建立弹性学制，支持在校学生保留学籍休学创业。将双创教育纳入教师专业技术职务评聘标准和绩效考核指标体系，支持教师以对外转让、合作转化、作价入股、自主创业等形式将科技成果产业化，鼓励教师带领学生双创。二是开展江苏大学生创业培育计划。依托省内高校设立的大学科技园、软件园、产业园、创业园（街）等，支持建设一批大学生双创示范基地。举办“创青春”大学生创业大赛、江苏青年双创大赛等各类双创活动，支持奖励一批大学生优秀创业项目。鼓励地方设立大学生双创天使投资基金，对符合产业政策和发展方向的大学生创业项目提供股权融资支持。三是鼓励科研院所专业技术人员双创。在履行所承担的公益性研发服务职能的前提下，进一步扩大科研院所自主权，强化激励导向，支持科研院所符合条件的专业技术人员携带科技成果以在职创业、离岗创业等形式开展双创活动，切实解决离岗创业人员的人事关系、基本待遇、职称评聘、考核管理等问题，提高科研院所成果转化效率。四是引进高层次人才来江苏创业。灵活制定引才引智政策，采取不改变人才的户籍、人事关系等方式，解决关键领域高素质人才稀缺等问题。加大对海内外高层次人才或团队来江苏创业的政策支持力度，简化事业单位引进高层次和急需紧缺人才招录程序。深入实施“双创计划”“凤还巢计划”和留学人员回国双创启动支持计划，对拥有先进技术和自主知识产权的人才或团队到江苏实施成果转化的项目，在同等条件下给予倾斜支持。对回国领军人才、高端人才创办的科技型中小企业，在同等条件下给予优先支持。五是加强外国人才制度保障。完善外国高端人才居住证制度。推动外国人签证审批权限下放至县级公安机关，放宽来苏外国高端人才永久居留证办理条件，对列入江苏省“双创人才”的外国高端人才，其本人及其外籍配偶和未满 18 周岁外籍子女，可申请办理永久居留手续，拥有永久居留身份证，享受与中国公民同等待遇。简化外国高层次人才办理在华工作许可和居留证件程序，开展安居保障、子女入学和医疗保健等服务“一卡通”试点。允许外国留学生凭高校毕业证书、创业计划申请加注“创业”的私人事务类居留许可。依法申请注册企业的外国人，可凭创办企业注册证明等材料向有关部门申请工作许可和工作类居留许可。

2017 年至今，很多地区都出台了人才新政，见表 3.4，表明各个地区对人才引进的重视程度不断提高。

表 3.4 2017 年至今出台的人才新政城市数量分布表

所在城市群	代表城市	占比
山东半岛、京津冀	青岛、济南、烟台、聊城、淄博、济宁、临沂、潍坊、泰安新泰市、滨州惠民县、北京、天津、石家庄、秦皇岛、邢台、承德、沧州、廊坊、保定、唐山、张家口	39%
中西部	长沙、新余、南昌、武汉、西安、郑州、成都、重庆、洛阳、兰州、呼和浩特、太原	23%
泛长三角	南京、杭州、无锡、扬州、宁波、滁州、合肥、昆山、徐州	18%
泛珠三角	深圳、广州、中山、珠海、佛山、东莞、福州、厦门	16%
东北地区	沈阳	4%

3.1.3 营造创新创业文化氛围

优良的创新创业生态离不开浓郁的创新创业文化。近年来，顺应创新创业持续向纵深推进的大环境、大趋势，相关部门持续举办“双创”活动周、开展创新创业大赛，更加重视国际交流合作[101]。

1) 成功举办全国大众创业、万众创新活动周

为进一步营造良好的社会氛围，在更大范围、更高层次、更深程度上推进“双创”，国务院决定从 2015 年起设立“全国大众创业万众创新活动周”，定于每年 10 月举行，具体时间根据年度安排确定，每年设置不同主题。通过搭建“双创”展示平台，推动形成新一轮创业创新热潮，为实现创新驱动发展汇聚智慧和力量。活动周期间在全国各地举办政策宣传、展览展示、经验交流、信息发布、文化传播、互动对接、投资交易、成果转化等活动，促进各类创业创新要素聚集交流对接，在全社会营造良好的创业创新氛围。2019 年全国双创活动周于 6 月 13 日至 19 日举行，主题是“汇聚双创活力，澎湃发展动力”。全国双创周期间，杭州梦想小镇主会场参与主题展示的创新企业涉及全国 30 个省(区、市)，累计对接项目 300 余个。

2) 多方开展创新创业大赛

(1) “互联网＋”大学生创新创业大赛

2015 年，首届中国“互联网＋”大学生创新创业大赛召开，2019 年已经是第五届。大赛旨在深化高等教育综合改革，激发大学生的创造力，培养造就“大众创业，万众创新”的生力军；推动赛事成果转化，促进“互联网＋”新业态形成，服务经济提质增效升级；以创新引领创业、创业带动就业，推动高校毕业生更高质量创业就业。

(2) “创客中国”创新创业大赛

工信部信息中心于 2015 年 5 月 5 日正式推出了“创客中国”公共服务平台，旨在为创客和中小微企业提供涵盖任务众包、项目众筹、成果交易、技术培训、协同创新、产业聚集等多项应用服务，并支持中小微企业参与线上创新活动，开展包括产业链上下游参与的“协同制造”活动，实现政府与大中小微企业“协同发展”。2016 年开始每年举办“创客中国”创新创业大赛，同时，还举办面向行业和专业领域的系列“专题赛”，大赛成效显著。“创客中国”品牌引起社会广泛关注，发掘和培育了一批“双创”优秀项目和团队，项目累计 23 000 多个，涌现了诸多创新成果，多个项目获得超过 500 万元投资或近亿元订单，与部分国家小型微型企业创业创新示范基地和产业小镇建立了合作关系，在制造强国建设、制造业和互联网深度融合、大中小企业融通发展等方面发挥了积极的促进作用，切实推动了中小企业高质量发展。

(3) “创青春”中国青年创新创业大赛

自 2014 年起，“创青春”中国青年创新创业大赛已连续举办 5 届，累计吸引近 40 万支青年创业团队、180 多万名青年创业者参赛，发掘了一批科技含量高、前瞻性好、示范带动作用强的项目，涌现了一批思维活跃、敢于挑战、走在时代前沿的创新创业人才，营造了全社会重视、关心、支持青年创新创业的良好氛围。

(4) 中国创新创业大赛

中国创新创业大赛是由科技部、财政部、教育部、国家网信办和全国工商联共同指导的，共青团中央、致公党中央、招商银行共同支持的，国家级最高规格的创新创业赛事。中国创新创业大赛聚集和整合各种创新创业资源，引导社会各界力量支持创新创业，搭建服务创新创业平台，弘扬创新创业文化，激发全民创新创业的热情，掀起创新创业的热潮，打造推动经济发展和转型升级的强劲引擎。2019 年已经开始举办第八届，在激发全民创新创业的热情、引领创新创业文化的形成、营造良好的创新创业氛围方面起到了较好的作用。

此外，还有全国农村创业创新项目创新意大赛、中国深圳创新创业大赛、中国妇女创业创新大赛、中央企业熠星创新创意大赛等。

3)开展创新创业国际交流合作

(1) “双创”全球影响力不断提升。2017 年 4 月，联合国大会将“大众创业，万众创新”理念写入相关决议，呼吁世界各国大力支持创业创新。2017 年夏季达沃斯论坛开幕式上，世界经济论坛主席施瓦布认为：“中国正向世界展示出更加强大的引领第四次工业革命的能力，这一新时期成功的秘诀，就是大众创业、万众创新。”

(2) 推动中小企业国际交流合作。中小微企业是实施大众创业、万众创新的重要载体。2017 年 4 月 6 日，联合国大会决定每年 6 月 27 日为“中小微企业日”，旨在肯定中小微企业在经济发展中所发挥的重要作用。自2004年起，工业和信息化部会同相关单位共同举办了十六届中国国际中小企业博览会，为中小企业搭建了“展示、交易、交流、合作”的平台，成为世界各国中小企业进入中国、中国中小企业走向世界的重要桥梁。2019年中小企业博览会共有境内外2 960家企业报名参展，总展位数达7 315个，超出原计划展位数近30%；另外通过行业商协会、专业招商机构、线上宣传报名等方式报名参会的采购商超过4万人。中小企业博览会已经成为我国规模最大、规格最高、影响最广，专门服务中小企业发展的国际性展会，在推动我国中小企业与“一带一路”沿线国家中小企业交流与合作方面取得了丰硕成果。截至2019年6月25日，共有40多个“一带一路”沿线国家参展，11个“一带一路”沿线国家成为中小企业博览会联合主办国。

(3) 创新创业研究和服务机构更加重视国际交流合作。人力资源和社会保障部与清华大学共建了二十国集团创业研究中心，推动二十国集团创业活动的发展。以瀚海控股集团和启迪控股集团为代表的中国科技孵化企业相继在美国、德国等发达国家建立科技园和孵化器，将适应中国市场的创业服务体系与全球资源对接。同时，国外知名的创业服务机构也越来越重视中国市场，以Plug&Play Tech Center、500 startups等为代表的硅谷孵化器也积极与中国合作，在中国建立孵化器。

3.2 双创主体发展

3.2.1 企业

1) 企业数量增长较快，结构不断优化

2018年是商事制度改革全面实施的第五年，根据市场监管总局发布的2018年前三季度全国市场环境形势分析报告，全国新设市场主体1 561.6万户，平均每天新设5.72万户；新设企业501.2万户，平均每天新设1.84万户。私营企业数量保持增长，新设私营企业469.4万户。截至9月底，全国实有市场主体1.06亿户，其中企业3 362.8万户。在新登记企业中，近八成从事第三产业，2018年第三产业增加值同比增长7.6%，占国内生产总值比重达52.2%，第三产业成为稳定经济增长的重要动能。同时可以看到，私营企业指标逐年提升，在带动就业、增加创新创业活力方面起到了很好的作用。

2) 大力培育科技型企业，创新创业主体不断壮大

截至2018年年末(表3.5)，全国共认定高新技术企业约13.33万家，其中广东近3.34万家，占全国的25%，排名全国第一。

表 3.5　2018 年 31 省份高新技术企业数量排行榜

排名	省份	数量	排名	省份	数量
1	广东	33 356	17	江西	2 134
2	北京	20 297	18	云南	1 250
3	江苏	13 278	19	广西	1 229
4	浙江	9 174	20	山西	1 198
5	上海	7 668	21	重庆	1 182
6	湖北	5 177	22	黑龙江	939
7	安徽	4 325	23	贵州	702
8	山东	4 246	24	甘肃	623
9	天津	4 129	25	内蒙古	566
10	四川	3 595	26	新疆	543
11	湖南	3 211	27	吉林	526
12	河北	3 199	28	海南	277
13	福建	3 097	29	青海	145
14	辽宁	2 600	30	宁夏	96
15	河南	2 329	31	西藏	27
16	陕西	2 229			

3.2.2　高等学校和科研院所

近年来，高校也在稳步发展，不管是从高校的数量、师资力量、培养学生规模，还是创办研发机构数量(表 3.6)，都在稳步提高，为创新创业活动培养和输送了大量创新创业人才。

表 3.6　2014—2017 年高校相关指标变化

年份	普通高等学校数量/所	普通高等学校专任教师数量/万人	普通本专科在校学生数量/万人	普通本专科毕业生数量/万人	研究生在校学生数/人	出国留学人员/人	学成回国留学人员/人	高校 R&D 机构/个
2014	2 529	153.5	2 547.7	659.4	1 847 689	459 800	364 800	10 632
2015	2 560	157.3	2 625.3	680.9	1 911 406	523 700	409 100	11 732
2016	2 596	160.2	2 695.8	704.2	1 981 051	544 500	432 500	13 062
2017	2 631	163.3	2 753.6	735.8	2 639 561	608 400	480 900	14 971

不仅是规模扩大，高校和科研院所的科研实力也有很大提升。根据 *Nature* 杂志最新发布的《2019 自然指数》年度榜单，以在全球 82 种顶级期刊发表论文的数量为依据，评估全球各国家科研机构、高校的科研实力。中国科学院在综合榜单中

稳居第一，北大、清华也都进入前十，更有 17 所高校进入总榜 Top 100，见表 3.7。中国是 2017—2018 年间分数上升最多的。

表 3.7 《2019 自然指数》全球排名 Top 100 的中国高校和研究机构

全球排名	高校/研究机构	分数	文章数
1	中国科学院	1 678.64	4 768
10	北京大学	403.74	1 396
13	清华大学	386.15	1 278
15	南京大学	381.32	919
17	中国科学技术大学	338.94	970
24	中国科学院大学	315.01	1 791
27	浙江大学	281.56	680
34	复旦大学	247.11	641
41	上海交通大学	247.11	667
51	南开大学	196.36	526
55	苏州大学	187.76	344
56	中山大学	185.99	448
59	武汉大学	180.91	354
62	四川大学	178.96	310
75	厦门大学	149.34	282
78	华中科技大学	147.16	377
99	湖南大学	117.73	228

另外，根据 2007 年至 2017 年中国科研院所近 11 年的 ESI(基本科学指标数据库，Essential Science Indicators，简称 ESI)各学科表现，截至 2018 年 3 月底，共有 120 多家科研院所(包含科学院及其下属研究单位)进入相关学科的 ESI 全球前 1%行列。中科院在整个 ESI 22 个学科中均跻身至全球前 1%行列，而医科院和农科院紧随其后，分别有 10 个和 7 个 ESI 前 1%学科。中国科学院共发表 5 359 篇高被引论文，其次为医科院、农科院以及中国疾控中心。可见，我国的高校和科研院所实力有了很大提升。

3.2.3 双创载体

1) 众创空间发展迅速

自 2015 年中央提出支持发展“众创空间”以来，历经四年发展，众创空间在全国遍地开花，实现了创新、创业、就业的有机结合与良性循环，有力支撑了“双创”发展。

从数量上来看,中国众创空间发展迅速,数量跃居全球第一,且仍然呈迅速增长态势。数据显示,截至 2017 年年底,全国纳入火炬统计的众创空间已达5 739家,与 2016 年相比增幅超过 33%。众创空间提供的工位数超过 105 万个,当年服务的创业团队和初创企业超过 41 万个,当年空间内新注册企业超过 8.7 万家,举办的各类创业活动和创业培训超过 25 万场,众创空间内创业和就业人数超过 170 万人。

从投融资能力来看,“投资+孵化”成为发展新重心,吸引大量资本参与。2017 年,全国众创空间帮助 1.8 万个团队和企业获得投资,总额约 670 亿元人民币,其中社会资本投资占比高达 85%,成为助推众创空间发展的中坚力量。全国众创空间帮助团队和企业获得投资的同时,还帮助近 3 万家创业企业享受财政资金支持 32 亿元。

此外,优质众创空间深受资本市场青睐。截至 2017 年年底,共有优客工场、创新工场、银江孵化器、苏河汇、因果树等 1 091 家众创空间获得社会资本投资,222 家众创空间自身就是上市/挂牌企业,占比 3.9%。

2) 孵化体系日益完善

根据《中国特色空间白皮书 2019》披露的数据,2018 年我国创孵机构数量为 11 808家,其中专业孵化器 1 429 家,孵化领域聚焦于人工智能、新能源等前沿产业。截至 2018 年,孵化器内累计毕业企业 13.9 万家,孵化机构内共有上市(挂牌)企业 1 565 家。2018 年创孵机构内共有 6 512 家团队或企业获得投融资,孵化基金支持或财政资金支持,获得总资金 2 500 亿元。随着创新创业的发展,形式更加多元,内容更加丰富,孵化模式也在不断创新,更加精准、更加专业的孵化模式持续涌现,助推企业高速成长。

2019 年刚刚实施了新版《科技企业孵化器管理办法》(简称《办法》),对科技企业孵化器(含众创空间等各类科技创业孵化载体)包含的内容、国家级科技企业孵化器的要求等做了规定。《办法》首次将众创空间纳入管理,同时进行孵化服务体系升级,对单位面积孵化强度和从业人员职业化要求提出了更高标准,近万家众创平台面临新的洗牌。我国双创平台正在围绕从服务初创企业到培育新兴产业源头的提升、从集聚创新要素到促进开放共享的提升、从注重综合服务能力到专业服务能力的提升、从注重服务供给导向到需求导向的提升、从推动国际合作到融入全球创新创业网络的提升、从营造局部的创新氛围到引领全社会创新创业文化的提升等六个方面的提升,形成以“众创—孵化—加速—产业”为标志的科技创新创业生态链条。

3) 企业创新创业平台发展良好

(1) 大企业创新创业平台

大企业创新创业平台通常是由行业领军大企业依托自身资源整合能力、技术创新能力，所创设的创新创业服务平台。大企业创新创业平台按照市场机制为创业者提供数据、市场、资金、检验检测设备等创新资源，有助于促进其他创业主体集中积聚。目前大企业创新创业平台主要包括央企“双创”平台、国家专业化众创空间、“双创”示范基地等。

以央企“双创”平台为代表的大企业创新平台在促进技术研发、推进产业高质量发展、带动全社会创新创业、激发企业内部创新创业活力等方面具有较强的示范作用。在促进技术研发方面，央企“双创”平台利用互联网、云计算、大数据等新技术，打造开放协同的平台，聚合了海量创新资源，有力推动了长期困扰企业发展的重大创新问题的解决，使得创新效率不断提升。在推进产业高质量发展方面，央企“双创”平台广泛开展技术服务，大力推进制造业信息化、绿色化、智能化改造，加快生产模式、管理模式、营销模式变革和流程再造，有力地推动了传统产业转型升级。在带动全社会创新创业方面，央企“双创”平台注重发挥人才、资金、资源等优势，引领和带动各类创新主体协同发力，形成了良性互动格局，在提升企业自身竞争力的同时，也带动了一大批中小企业的发展。在激发企业内部创新创业活力方面，央企“双创”平台为广大职工参与“双创”提供了空间，同时还积极探索一系列鼓励内部创新创业的激励机制，有效调动了广大职工特别是150多万科技人员参与“双创”、投身“双创”的积极性。

截至2017年10月底，中央企业已搭建各类“双创”平台970个，同比增加561个，包括“双创”示范基地、互联网平台、孵化器和产业园区以及各类创新创业活动等。其中，中央企业正在建设的13个国家级“双创”示范基地，所在行业覆盖了航天航空、船舶、电子、电网、通信、钢铁、科研等重点领域，充分发挥了中央企业在创新创业中的主力军、领头羊作用。

(2) 中小企业创新创业平台

中小企业公共服务平台与小微企业创业创新基地是我国中小企业公共服务体系的主要组成部分，更是支撑我国中小企业“双创”的重要载体。2017年，为适应中小企业“双创”发展需求，中小企业“双创”平台不断向专业化、网络化和多元化等方向发展。

截至2018年，已认定国家中小企业公共服务示范平台473家，为中小企业提供信息、技术、创业、培训、融资等公共服务，同时充分发挥示范带动作用，引导和推动各省市加强中小企业公共服务示范平台的培育和认定，各地认定的省级示范平台达3 200多家，配备服务人员19万人。平台围绕满足中小企业创新创业服务需求，构建专业化“双创”载体、开展专业化“双创”服务、改善中小企业“双创”环境、解决中小企业创新创业难题。

截至2018年，已认定四批416家国家小型微型企业创业创新示范基地，为中小企业创新创业提供载体以及创新支持、创业辅导、人员培训、投融资、管理咨询、信息服务、市场营销、专业服务等八大类服务，各省市支持培育小微企业创业创新基地 4 000 多家，认定省级示范 3 000 家左右，共入驻企业近 30 万家，从业人员 600 万人左右。小微企业创业创新基地秉承“以创业促进创新，以创新推动创业”的理念，充分利用配套政策与措施，内设“双创”平台，提供多元化“双创”服务，为入驻中小企业提供了更加优质的创新创业环境。

3.2.4　社会大众

在一系列支持创新创业政策的激励下，全社会各类群体踊跃投身创新创业浪潮，创新创业的群众队伍不断壮大。

1）科技人员创新创业积极性提高

2017 年 3 月，国家人社部出台了新政——《关于支持和鼓励事业单位专业技术人员创新创业的指导意见》，对支持和鼓励事业单位专业技术人员创新创业提出了四个方面的措施：一是支持和鼓励事业单位选派专业技术人员到企业挂职或者参与项目合作，其间与原单位在岗人员同等享有参加职称评审、项目申报、岗位竞聘、培训、考核、奖励等方面权利；二是支持和鼓励事业单位专业技术人员兼职创新或者在职创办企业，取得的成绩可以作为职称评审、岗位竞聘、考核等的重要依据；三是支持和鼓励事业单位专业技术人员离岗创新创业，离岗创业期间依法继续在原单位参加社会保险，享有工资、医疗等待遇，执行原单位职称评审、培训、考核、奖励等管理制度，取得的业绩、成果等可以作为其职称评审的重要依据；四是支持和鼓励事业单位设置创新型岗位，可根据创新工作需要设置开展科技项目开发、科技成果推广和转化、科研社会服务等工作岗位，通过调整岗位设置难以满足创新工作需求的，可按规定申请设置特设岗位，绩效工资分配应当向在创新岗位做出突出成绩的工作人员倾斜。这些措施有利于激发高校、科研院所等事业单位专业技术人员科技创新活力和创业热情，促进人才在事业单位和企业间合理流动，从而推动创新创业。

2）大学生成为创新创业生力军

大学生创业规模稳定增长，2018 年首次登记注册的青年创业者为 758.0 万人，比 2017 年增加 41.9 万人，增长 5.8%。2014—2018 年，新登记注册的大学生创业者总人数达 297.5 万人，五年年均增长 9.2%，累计增长 42.2%。根据《2019 年中国大学生就业报告》中披露的数据，2018 届大学毕业生自主创业的比例为 2.7%，较 2014 届(2.9%)略有下降。2015 届毕业即自主创业的大学毕业生中，三年后有 44.8%的人仍坚持自主创业，说明大学生已经成为创新创业中不可忽视的力量(表 3.8)。

表 3.8 2013—2018 年大学生创业人数变化

年份	大学生创业者人数(万人)	大学生创业者增幅(%)
2013	35.8	—
2014	47.8	33.3
2015	55.8	16.9
2016	61.5	10.2
2017	64.4	4.8
2018	68.0	5.6

3) 留学人员回国创新创业热潮显现

近年来,在党中央、国务院的重视关怀下,人力资源和社会保障部会同有关部门积极完善政策,营造良好环境,支持留学人员回国创新创业,目前已出台和完善出入境、社保、税收、知识产权保护、落户等十几个方面的政策支撑体系。改革开放至 2018 年年底,40 年间我国累计有 585 万人出国留学,其中 432 万人已完成学业,365 万人选择在完成学业以后回国发展。十八大以来,已有累计 283 万人学成归国,占改革开放以来回国总人数的 77.6%。

人社部持续推进留学人员创业园建设,在各地区促进就业创业、引领和推动企业自主创新、带动区域经济发展中发挥着重要的作用。目前全国共有留学人员创业园 367 个,其中省部共建留学人员创业园 49 家,入园企业 2.3 万余家,9.3 万名留学回国人员在园创业,与 2012 年相比规模有了很大提高,七年来稳步发展(表 3.9)。

表 3.9 留学人员创业园发展情况

年份	创业园数量(个)	入园企业数量(万家)	在园创业人员数量(万名)
2012	260	1.7	4
2013	280	2	5
2014	305	2.2	6.3
2015	321	2.4	6.7
2016	347	2.7	7.9
2017	351	2.3	8.6
2018	367	2.3	9.3

4) 农民工返乡创新创业日益活跃

2015 年国务院发布了《关于支持农民工等人员返乡创业的意见》,2016 年又发布了《关于支持返乡下乡人员创业创新促进农村一二三产业融合发展的意见》,为农民工、中高等院校毕业生、退役士兵和科技人员等返乡下乡人员到农村创业创新,给予政策支持。2016—2017 年间,发改委等 10 个部门公布了三批 300 多个结合新型城镇化开展支持农民工等人员返乡创业试点县(市、区)名单(第一批 2016 年 3 月 90 个,第二批 2017 年 1 月 116 个,第三批 2017 年 11 月 135 个),积极探索优化鼓励返乡创业的体制机制环境,打造良好创业生态系统。

各地方政府也配合国家政策出台各自的扶持政策。如河南省在 2018 年将扶持外出务工人员返乡下乡创业 20 万人,共发放创业担保贷款 50 亿元,农民合作社最高可获 300 万元贷款。除此以外,河南还成立了总规模 100 亿元的“农民工返乡创业投资基金”,截至 2018 年 5 月,该基金已经通过政府出资 5 亿元和社会资本 45 亿元,共筹集了 50 亿元。

据国家统计局监测数据显示,2018 年农民工总量为 28 836 万人,比上年增加 184 万人,增长 0.6%,截至 2019 年 6 月,341 个试点地区返乡创业人员达 200 万,带动的就业人数超过 700 万。在试点地区带动下,全国返乡创业人员已超 800 万,带动的就业人数达 3 000 万左右。

3.3　双创融资渠道丰富

1) 政府资金投入稳定增长

研发经费投入是衡量一个地区自主创新能力的重要指标。2018 年我国研究与试验发展经费支出为 19 657 亿元,比 2017 年增长 11.6%,投入总量稳居世界第二位。同年,研发投入强度为 2.18%,比上年提高 0.05 个百分点,投入强度已经超过欧盟初创 15 国的平均水平,与美国、日本等发达国家的差距逐年缩小。

在研发投入不断增长的同时,我国研发投入结构也持续向好,资源配置进一步优化。由于基础研究难有经济效益,结果具有不确定性,因此我国基础研究投入长期以来处于较低水平。不过,近几年,随着国家创新战略的实施,变化正在悄然发生。2018 年,我国基础研究经费为 1 118 亿元,比上年增长 14.61%,基础研究经费占 R&D 经费的比重为 5.69%,延续了 2014 年以来稳步回升的态势,达到 2005 年以来的最高水平。

由此可以看到,我国对创新的资金投入总量不断增加,结构不断优化,而政府资金的支持是其中很重要的一个方面。

2) 政府引导基金规范化程度提高

2015—2016 年政府引导基金经历了高速增长期后,2017 年开始放缓设立步伐,开启规范化运作阶段。2016 年 12 月国家发展改革委印发关于《政府出资产业投资基金管理暂行办法》的通知(发改财金规〔2016〕2800 号),对政府出资产业投资基金的募集、投资、管理、退出等环节做出规定,以信息登记、绩效评价和信用评价等方式对政府出资产业投资基金进行监督管理。2017 年 4 月，国家发展改革委出台的《政府出资产业投资基金信用信息登记指引》(发改办财金规〔2017〕571 号)将这一规定落地，为政府引导基金的信息披露完善和透明化管理打下了重要基础。2018 年 8 月，发改委发布了《国家发展改革委办公厅关于做好政府出资产业投资基金绩效评价有关工作的通知》(发改办财金〔2018〕1043 号)，提出了政府引导基金投资期、退出期进行绩效考核的主要考核维度。

根据清科研究中心旗下私募通数据显示，截至 2018 年年底，国内共设立1 636 支政府引导基金，基金目标规模总额为 9.93 万亿元人民币，已到位资金规模为 4.05万亿元人民币。从整体上来看，超八成政府引导基金的基金总规模集中在 100 亿元以内；而超过 100 亿元的大型政府引导基金在基金数量上仅占总体的 13.8%，即基金规模位居市场前 13.8%的政府引导基金占据了全国 82.2%的市场规模。江苏、广东、浙江、山东、安徽等省设立的政府引导基金数量较多，而中西部地区政府引导基金设立数量相对较少。

3) 融资担保体系逐步完善

2015 年 8 月国务院发布了《关于促进融资担保行业加快发展的意见》，要求加快发展主要为小微企业和“三农”服务的新型融资担保行业，促进“大众创业，万众创新”。2016 年，国务院发布普惠金融发展五年规划，规划提出，大力发展一批以政府出资为主的融资担保机构或基金，推进建立重点支持小微企业和“三农”的省级再担保机构，研究论证设立国家融资担保基金。2017 年 8 月，国务院发布《融资担保公司监督管理条例》，使得监管制度基本完善、监管手段基本健全，标志着行业监管体系基本建立。2018 年 3 月 28 日召开的国务院常务会议提出，决定设立国家融资担保基金，基金由中央财政发起、联合有意愿的金融机构共同设立，首期募资不低于 600 亿元，采取股权投资、再担保等形式支持各省(区、市)开展融资担保业务，带动各方资金扶持小微企业、“三农”和创业创新。据初步测算，之后 3 年，基金累计可支持相关担保贷款 5 000 亿元左右，约占现有全国融资担保业务的 1/4，着力缓解小微企业、“三农”等普惠领域融资难、融资贵，支持发展战略性新兴产业，为企业的创新创业提供支持。

4) 创业投资规模持续增长

在创新创业的早期阶段面临的不确定性最高，死亡率也最高，有人称之为“死亡之谷”。这使得大量社会资本不愿意投资，成为投资的市场失灵时期。但正是这些企业和个人早期的构思阶段、开发阶段、初创阶段成为日后新兴产业或商业模式不可或缺的基础和条件。因此，必须解决创新创业企业“最先一公里”的资金来源问题。创新创业企业早期往往是轻资产型，具有高风险高投入的特点，而天使资金、创投资金等风投的发展可以弥补银行融资的局限性。

近年来，创投机构数量和募资呈现增长态势。截至 2018 年年底，我国创投机构超过 3 500 家，管理资本量约为 2.4 万亿元，居世界第二位。截至 2019 年 4 月底，国家新兴产业创业投资引导基金已决策参股 356 支创业投资基金，累计支持 4 445家新兴产业领域的早中期、初创期创新型企业。创业资金投资规模也持续上升，投资领域内信息技术、生物医疗等产业聚焦，投资区域北上深的中心地区继续保持，中西部地区呈现明显的上升态势。

5) 多层次资本市场健康发展

党中央、国务院高度重视发挥资本市场服务创新的作用，出台了一系列政策举措。(1) 建立和改革创业板制度，放宽上市准入门槛，扩大行业覆盖面。2018 年年末在创业板近 739 家上市公司当中，高新技术企业已经占到了 91%。截至 2018 年 12 月 31 日，全国股转系统挂牌公司 10 691 家，其中创新层挂牌公司 914 家，基础层挂牌公司 9 777 家，总市值 3.45 万亿元。2018 年共完成 1 402 次股票发行，融资 604.43 亿元。同时，社会资本对创新创业企业支持前移，有私募股权参股的挂牌公司占比达到 50%。(2) 大力培育私募市场，支持私募资金规范发展，进一步壮大服务创新创业的民间资本力量。截至 2018 年年底，中国证券投资基金业协会已登记私募基金管理人 24 448 家，较 2017 年年末存量机构增加 2 002 家，同比增长 8.92%；已备案私募基金 74 642 支，较 2017 年年末在管私募基金数量增加 8 224 支，同比增长 12.38%；管理基金规模 12.78 万亿元，较 2017 年年末增加 1.68 万亿元，同比增长 15.12%；私募基金管理人员工总人数 24.57 万人，较 2017 年年末增加 7 422 人，同比增长 3.12%。(3) 2019 年 6 月 13 日科创板在上海证券交易所开板，并试点注册制，是提升服务科技创新企业能力、增强市场包容性、强化市场功能的一项资本市场重大改革举措。通过发行、交易、退市、投资者适当性、证券公司资本约束等新制度以及引入中长期资金等配套措施，增量试点、循序渐进，新增资金与试点进展同步匹配，力争在科创板实现投融资平衡、一二级市场平衡、公司的新老股东利益平衡，并促进现有市场形成良好预期。

6) 非股权融资方式不断创新

(1) 投贷联动加强试点力度。2016 年，十家试点银行在五个国家自主创新示范区开展对科技创新创业型小微企业的投贷联动融资服务。此次试点银行包括：国家开发银行、中国银行、恒丰银行、北京银行、天津银行、上海银行、汉口银行、西安银行、上海华瑞银行、浦发硅谷银行。试点地区包括：北京中关村国家自主创新示范区、武汉东湖国家自主创新示范区、上海张江国家自主创新示范区、天津滨海国家自主创新示范区、西安国家自主创新示范区。以上海华瑞银行为例，截至

2017年年末，华瑞银行与40多家VC机构建立合作，两年累计服务了400户左右的科创企业，累计放款金额超过100亿元，通过协议方式持有认股期权42笔。根据上海银监局披露，截至2017年年末，上海辖区内投贷联动贷款余额60.90亿元，自2016年以来，银行机构累计为391家科创企业提供投贷联动服务，累计发放贷款139.22亿元。再以国家开发银行为例，截至2018年2月末，国开行陕西分行实现了全省首单"投＋贷＋保"联动新模式落地，带动社会投资机构和担保公司投资3 330.6万元，完成了4家初创期和成长期科创型企业的投贷联动工作，涉及治污减霾、环境治理、新型材料等行业，分别实现投资4 500万元和贷款3 600万元人民币、276万美元。此外，北京银行以投贷联动为代表的直接融资产品也有显著进展。该行"贷款＋期权"融资规模较快增长，成为投贷联动主要业务模式。截至2017年年末，累计办理认股权贷款业务49.76亿元，接近内外部投贷联动业务规模的一半，服务科创企业客户404户。

(2) 传统银行业创新金融服务"双创"。商业银行针对创业企业轻资产、有效抵押物缺乏的特点，开发适合的信贷产品，并稳步推行信用贷款。部分银行还向创业企业提供结算、融资、理财、咨询等一站式金融服务，并在申请流程、贷款审批、还款方式等多方面创新，精简贷款申请材料，缩短审批链条，优化还款方式。

(3) 开发性和政策性银行支持"双创"发展。国家开发银行发挥开发性金融优势支持科创企业发展，2018年发放科技型企业贷款467亿元，通过投贷联动创新业务模式累计支持45家科创企业，支持产业发展和自主创新水平提高；进出口银行积极扶持"双创"企业，截至2017年年末，进出口银行小微企业信贷业务贷款余额3 238.81亿元，较年初增加了751.58亿元，增幅为30.22%；农业发展银行重点支持农业科技成果推广应用，2017年共投放农业科技贷款56.09亿元。

(4) 银行间债券市场扩大对创业投资和战略性新兴产业企业发债融资规模。2016年起，创业投资企业可在银行间债券市场以公募的方式发债融资，募资用途扩大至补充创投基金的资本金和股权投资，创投类企业已累计发行债务融资工具35.4亿元；战略性新兴产业企业在银行间债券市场融资规模不断扩大，2016年年底累计有769家战略性新兴产业企业，募资规模达7.2万亿元。

3.4 双创成效明显

3.4.1 科技创新势头强劲，发展水平不断提升

1) 科技创新投入不断增加

政府对科技创新的支持力度持续加大，市场主体创新发展自觉性明显提高。

2018 年我国研究与试验发展经费支出为 19 657 亿元，投入总量稳居世界第二位，研发投入强度为 2.18%。财政科技投入也不断加大。2018 年，国家一般公共预算中科学技术支出为 8 321.74 亿元，比上年增长 14.5%。企业研发投入资金占比大幅提高。欧盟委员会的官方网站上给出了《2018 年欧盟工业研发投资排名》，在该名单中，日本有 339 家公司上榜(其中跻身百强榜有 13 家)，美国和欧盟分别是 778 家和 577 家。而中国则有 438 家公司上榜(其中跻身百强榜有 11 家)，华为以 113 亿欧元的研发投入排名中国第一、世界第五。2018 年，国家重点研发计划共安排 55 个重点专项，国家自然科学基金共资助 40 855 个项目。

2) 重大科技创新成果层出不穷

基础研究方面，量子反常霍尔效应、铁基高温超导、外尔费米子、暗物质粒子探测卫星、热休克蛋白 90α、CIPS 干细胞等研究领域取得重大突破。战略高技术方面，神舟十一号载人飞船与天宫二号空间实验室实现自动交会对接，航天员遨游太空 30 天；大推力新一代运载火箭长征五号发射升空，首颗量子科学实验卫星“墨子号”、首颗全球二氧化碳监测科学实验卫星成功发射；采用自主研发芯片的世界首台 10 亿亿次/秒超算系统“神威 · 太湖之光”居世界之冠；海斗号无人潜水器最大潜深达 10 767 米，我国成为第三个研制出万米级无人潜水器的国家。重大装备和战略产品方面，高速铁路、水电装备、特高压输变电、杂交水稻、对地观测卫星、北斗导航、电动汽车等快速发展，部分产品和技术开始走向世界。

3) 科技创新能力稳步提高

2018 年，我国专利申请受理数达到 432.3 万件，其中发明专利申请受理数达到 154.2 万件，较上年同期增长 5.8%，共授权发明专利 43.2 万件。截至 2018 年年底，我国国内(不含港澳台)发明专利拥有量共计 160.2 万件，每万人口发明专利拥有量达 11.5 件。我国有专利申请企业较上年新增 6.0 万家，对国内发明专利申请增长的贡献率达到 73.2%。企业在国内发明专利申请中所占比重为 64.3%，较上年提高 1.1 个百分点。世界知识产权组织发布的全球创新指数显示，我国创新能力综合排名由 2012 年的第 34 位上升到 2018 年的第 17 位，首次跻身最具创新力经济体 20 强。技术交易市场更加活跃，截至 2018 年底，全国技术市场成交金额为17 697.42亿元，同比增长 31.83%。科技创新对经济增长的贡献不断提高，2018 年科技进步贡献率达到 58.5%。

3.4.2　新产业新产品快速成长，发展潜力有效释放

1) 新兴产业持续发展壮大

在一系列鼓励和促进新兴产业发展的政策措施作用下，我国新兴产业发展势

头良好，规模不断壮大。2018 年，我国战略性新兴产业增加值同比增长 8.9%，增速快于全部规模以上工业 2.7 个百分点。信息产业快速崛起。2018 年，互联网宽带接入端口数量达到 8.86 亿个，比上年末净增 1.1 亿个；全年净增移动通信基站 29 万个，总数达 648 万个；年末全国固定互联网宽带接入用户 40 738 万户，比上年末增加 5 884 万户。移动网络覆盖范围和服务能力继续提升。2018 年，移动宽带用户（即 3G 和 4G 用户）总数达 13.1 亿户，全年净增 1.74 亿户，占移动电话用户的 83.4%。移动互联网快速发展，接入流量消费达 711 亿 GB，比上年增长 189.1%，增速较上年提高 26.9 个百分点。全年移动互联网接入月户均流量达 4.42 GB，是上年的 2.6 倍。全国互联网普及率达 57.7%，相比 2017 年增长 4 个百分点，其中，八成以上的省份互联网普及率超过 50%，中国农村网民规模达 2.22 亿，互联网普及率为 38.4%。智能手机、新能源汽车、工业机器人等市场规模位居世界前列。据统计，2018 年我国智能手机销量 3.98 亿台；纯电动汽车产销分别完成 98.6 万辆和 98.4 万辆，比上年同期分别增长 47.9%和 50.8%；工业机器人市场累计销售 13.5 万台，同比下降 3.75%，市场销量首次出现下滑，但年销量连续第六年位居世界首位，自主品牌机器人销量保持稳定增长。

2）新产品层出不穷

市场主体开发新产品热情高涨，供给创新不断加大。2018 年，规模以上工业企业开发新产品经费支出 14 987.22 亿元，比上年增长 24.76%。高附加值、高技术含量的新产品快速增长，比如工业机器人、新能源汽车等。在航空航天、轨道交通装备、高档数控机床、船舶和海洋工程装备等领域涌现出一大批战略性新产品。

3.4.3 新业态新模式层出不穷，发展动能持续增强

1）新业态发展步伐加快

现代信息网络技术广泛运用，传统产业与“互联网＋”加快融合，推动产业链、供应链和价值链重塑，生产、管理和营销模式变革加快，电子商务等新业态异军突起，网上零售成为消费增长新引擎。2018 年，中国网络零售市场规模持续扩大，全国网上零售额突破 9 万亿元，其中实物商品网上零售额 7 万亿元，同比增长 25.4%，对社会消费品零售总额增长的贡献率达到 45.2%，较上年提升 7.3 个百分点。2018 年双十一当天，全国网络零售交易额超过 3 000 亿元，其中天猫交易总额就达 2 135 亿元，京东累计成交额达 1 598 亿元，交易金额数据年年攀新高。网络销售火爆带动了快递业等相关行业的增长。2018 年，快递业务量达到 500 亿件，连续五年稳居世界第一，是第二名美国的 3 倍多，超过美、日、欧等发达经济体总和。跨境电商、社交电商、智慧家庭、智慧交通、远程教育医疗等新业态快速涌现，

数字化、智能化生活方式步入寻常百姓家庭。截至 2019 年 6 月，在线教育用户数达到 2.32 亿人，较 2018 年底增长 3 122 万，手机在线用户达 1.99 亿，较 2018 年底增长 530 万，2018 年互联网医疗市场规模达到 491 亿元，同比增长 51.08%。

2) 新模式迅猛发展

随着技术进步和商业模式创新不断加快，线上线下融合进程加快，互联网金融、移动支付、新型零售业等新商业模式迅速涌现。2018 年，银行业金融机构共处理电子支付业务 1 751.92 亿笔，金额 2 539.70 万亿元。其中，网上支付业务 570.13亿笔，金额 2 126.30 万亿元，同比分别增长 17.36%和 2.47%；移动支付业务 605.31 亿笔，金额 277.39 万亿元，同比分别增长 61.19%和 36.69%；电话支付业务 1.58 亿笔，金额 7.68 万亿元，同比分别下降 0.99%和 12.54%。非银行支付机构发生网络支付业务 5 306.10 亿笔，金额 208.07 万亿元，同比分别增长 85.05%和 45.23%。截至 2018 年 12 月，我国网络支付用户规模达 6.00 亿，较 2017 年年底增加 6 930 万，年增长率为 13.0%，使用比例由 68.8%提升至 72.5%。零售业进入加速融合发展阶段，银泰商业、三江购物、百联集团、永辉超市等百货商场和综合超市与阿里、京东等达成战略合作协议，如京东便利店、淘宝小店等各个细分线下场景均加速向线上融合，开展全业态、全渠道的商业合作。阿里的盒马鲜生、永辉的超级物种等均主打“高端超市＋食材餐饮”新型大卖场模式；以便利蜂为代表的注重发展会员服务体系，并提供预定自提和送货到家等多种服务的新型便利店模式；还有无人超市、货架等的出现对零售业的发展产生了巨大的影响。

3) 分享经济广泛渗透

网络预约拼车、房屋共享、车辆租赁等分享经济快速发展，已渗透到社会生活的各个领域，创造了新的经济价值和社会效益。根据经济研究中心发布的《中国共享经济发展年度报告(2019)》显示，2018 年共享经济市场交易额为 29 420 亿元，比上年增长 41.6%；平台员工数为 598 万，比上年增长 7.5%；共享经济参与者人数约 7.6 亿人，其中提供服务者人数约 7 500 万人，同比增长 7.1%。2015—2018 年，出行、住宿、餐饮等领域的共享经济新业态对行业增长的拉动作用分别为每年1.6、2.1 和 1.6 个百分点。行业保持高速增长的同时，涌现出了一批具有代表性的平台企业，以共享单车为例，截至 2018 年 11 月，摩拜、ofo、哈啰单车 3 个排名前三品牌的月活保持 1 861 万、1 760 万、686 万的规模，目前全国每天共享单车的使用量仍然在 1 000 万人次以上，表明市场需求较强。

3.4.4 推动区域经济转型发展，助力高质量发展

1）引领带动区域产业高水平集聚

创新创业催生了一大批创新型产业集群，在大数据、互联网、电子信息、新能源、新材料、高端装备、生命健康等领域形成了一大批要素集聚、高效联结、开放合作、互惠共赢的创新型产业集群。根据《中国火炬统计年鉴 2018》披露的数据，2017 年，国家 109 个创新型产业集群，集群内大中小微企业 20 388 家，吸纳就业人员 392.7 万人，实现营业收入 5.2 万亿元，净利润 4 082.2 亿元，上缴税费 3 017.6 亿元，出口创汇达 1 210.4 亿美元，各项指标和 2016 年相比都有大幅提高（表 3.10）。

表 3.10 创新型产业集群发展情况

年份	统计集群数	集群内企业数	营业收入（亿元）	工业总产值（亿元）	净利润（亿元）	上缴税额（亿元）	出口创汇（亿美元）	年末从业人员（万人）
2014	71	12 757	34 546.8	31 517.5	2 902.1	1 785.3	1 432.8	296
2015	71	13 322	37 382.2	32 457.6	2 726.3	2 245.8	1 188.5	289.7
2016	70	13 929	40 429.9	33 835.1	2 924.3	2 417.1	992.7	336.9
2017	109	20 388	52 233.7	43 442.6	4 082.2	3 017.6	1 210.4	392.7

2）培育形成若干创新创业高地

京津冀、长三角、粤港澳大湾区等创新创业高地表现突出。从创新来看，《中国区域创新能力评价报告 2019》中披露，广东、北京、江苏、上海、浙江的创新能力综合指数分别为 59.49、53.22、49.58、45.63、38.80，排名稳居全国前五位。从创业来看，创业风险投资机构和资金主要集中在北京、上海、深圳、浙江、江苏等区域，2018 年上半年，五个地区创业投资案例数量分别为 593 个、417 个、244 个、203 个和 133 个，远高于其他省份。此外，安徽、河南、湖北、湖南、四川、重庆等中西部地区也正在崛起，形成新一轮创新创业高地。以湖北省为例，2018 年，湖北综合创新能力由 2016 年全国排名第 12 位上升至第 9 位。湖北省集聚了大量的高校和研究院所，也积累了丰富的科技成果。从新登记企业来看，2018 年全省新登记市场主体 89.30 万户，其中，新登记私营企业 23.27 万户，新登记个体工商户 63.12 万户，超过北京、天津等东部发达地区。

3）打造区域协调发展新格局

创新创业带动区域创新发展差距不断减小，协调发展新格局正在形成。一是中西部地区呈现出加速发展的态势。《中国区域科技创新评价报告（2018）》显示，中部地区的科技创新水平进一步提升。比如，安徽综合科技创新水平排在全国第

11位，比去年上升4位，是2016年地方财政科技支出增长最快的地区；湖北综合科技创新水平排在第7位，其中科技创新环境指数和科技促进经济社会发展指数均比去年上升两位，输出技术成交额紧随北京排在全国第2位。根据报告，西南的重庆和四川、西北的陕西已成为西部地区的区域科技创新中心，并构成彼此相连的地带，在区域科技与经济发展中发挥着创新引领、带动和示范的作用。二是创新创业带动中西部地区新兴产业发展步伐加速。根据《中国战略性新兴产业发展报告(2018)》，中部地区成为新增长极，2017年上半年中部地区上市公司营业收入增速达到37.2%，远高于总体19.8%的水平，在四大区域中排名第一。从自身变化来看，中部地区的行业景气指数在2017年上半年快速攀升，并创下近四年同期的最高水平。2017年上半年行业景气指数最高的五个省份中有三个省份在中部地区。安徽在平板显示和人工智能领域、江西在通用航空和中药制造领域、湖南在智能装备和数字创意领域，分别形成国内具有比较优势的产业集聚发展区。而西部和东北地区有所回升。2017年上半年，西部和东北地区的行业景气指数也在全面回升，尤其是东北地区初步摆脱了前期的阴霾，整个地区战略性新兴产业上市公司的营收增速从2016年同期的0.2%回升到2017年上半年的8.3%。

3.4.5 促进就业质量提升

1) 新兴产业发展促进就业质量提升

“十三五”以来，战略性新兴产业增速持续快于总体经济增速水平。2018年前三季度全国战略性新兴产业工业增加值同比增长8.8%，高于同期规模以上全国工业增加值增速。在发展的同时，战略性新兴产业带动了就业的增长和质量的提升。根据中国社会科学院数量经济与技术经济研究所课题组的研究，基于1 320家战略性新兴产业相关的企业样本数据，分析了2015—2016年七大核心新兴产业的就业增长情况，以及新兴产业对就业带动的效应。结果显示：2015年1 320家企业总就业人数约为163.8万，2016年总就业人数约为187.3万，就业增速约为14.3%。新兴产业的发展对人才要求比较高，因此对较高学历人员就业有着显著的带动作用，促进了就业结构的优化。

2) 高校创新创业教育助推大学生自主创业

早在2010年，教育部就发布了《关于大力推进高等学校创新创业教育和大学生自主创业工作的意见》，2015年，又发布了《国务院办公厅关于深化高等学校创新创业教育改革的实施意见》。近年来，各大高校通过建立和完善大学生创新创业的政策制度和服务体系，全面推进高校创业学院建设，完善人才培养质量标准，制订创新创业教育实施方案，推进协同育人，深化产教融合、校企合作等措施深入推进大学生创新创业教育改革，为大学生创业打下基础。根据麦可思 2019 年中国大学生就业报告，2018 届大学毕业生自主创业比例为 2.7%，较 2014 届(2.9%)略有下降，其中本科毕业生 1.8%。有 6.2%的 2015 届大学毕业生三年内自主创业。2015 届毕业即自主创业的大学毕业生中，三年后有 44.8%的人仍坚持自主创业(即存活率为 44.8%)。2015 届本科毕业生半年后自主创业人群的月收入为5 131 元，三年后为 11 882 元，涨幅为 132%，明显高于 2015 届本科毕业生平均水平(半年后为 4 042 元，三年后为 7 441 元，涨幅为 84%)。

3) 海归回国创业带动就业

根据《2018 中国海归就业创业调查报告》，改革开放四十年来，我国出国留学人员累计达 519.49 万人，其中 313.20 万人在完成学业后选择回国发展。十八大以来，已有 231.36 万人学成归国，占改革开放以来回国总人数的 73.87%。根据 2018 年《中国海归人才吸引力报告》中披露的数据，特别是从 2015 年以来，30 岁至 40 岁的成熟职场人才回国比例有极为明显的攀升。如今，越来越多的海归活跃在中国经济快速增长的各个领域。海归创业行业选择排名前三位的分别为：信息传输、软件和信息技术服务业(17%)、批发和零售业(15%)、教育(11%)，从就业行业来看，高科技行业逐渐超越并取代了制造业第二名的地位。

我国对留学归国创业人员给予了大力支持，比如北京，对留学人员来京创业、工作，不受出国前户籍所在地限制，可长期居留或短期工作，来去自由。对在中关村科技园区创业并符合园区发展需要的回国留学人员，可按北京有关规定办理“工作寄住证”或常住户口，不受进京指标限制。留学人员在子女入学、购房等方面享受北京市市民待遇。此外，还设立“北京市留学人员创业奖”和“归国留学人员创业专项资金”，奖励在首都经济建设中做出突出贡献的留学人员。因此，北上广深仍然是海归人才就业的首选城市，尤其是成熟的经济氛围和便利的政策。不过上海和北京所占比例明显下降，而以杭州和成都为代表的新一线城市的吸引力逐年上升。中西部地区中，成都作为国家级中心城市，近年来迅速发展，对海归的吸引力最大，甚至超越了一些沿海城市。越来越多的海归从一线城市转向二线城市，从事云计算、人工智能、区块链等高科技领域，带动了科技前沿领域的创新突破和就业增长。

4) 返乡创业带动就业

2018 年，国家发改委、工信部、人社部等十部委联合印发《关于结合新型城镇化开展支持农民工等人员返乡创业试点工作的通知》，进一步加大政策支持，破解农民工返乡创业的政策壁垒。试点以来，全国 341 个试点地区返乡创业人员已经达到近 200 万，带动的就业人数超过 700 万；在试点地区带动下，全国返乡创业人员已超过 800 万人,带动约 3 000 万人就业。农民工返乡创业形成了人才回归、技术回乡、资金回流的"集合效应",以及能人回归带动相关上下游产业和其他人员一起回归的"头雁效应"。沿海地区产业加速转移,乡村振兴战略深入实施,中西部地区基础设施和公共服务极大改善,为返乡创业提供了历史机遇、广阔空间和良好条件。返乡创业具有多重叠加的巨大发展效应,对工业化、城镇化、乡村振兴、脱贫攻坚等起到了有力的推动作用。

4 国内外“双创”发展评价经验借鉴

创新并不是一个新的命题，早在1912年经济学家熊皮特在《经济发展概论》中就提出了经济学中的“创新”概念。国内外对创新、创业的研究已经有了比较丰富的研究成果。全球关于创新、创业的研究成果颇丰，比较权威的国际创新指数主要有全球创新指数、全球创新城市指数、硅谷指数、欧盟创新指数等。国际创业指数主要包含全球创业观察指数、考夫曼创业活动指数、全球创业指数、全球创业生态系统指数、营商环境便利指数等。时至今日，创新、创业的浪潮已经在中国兴起，国内对创新能力的研究也已经屡见不鲜，对创业能力的研究相对比较缺乏。本章对国内外创新、创业指数的研究进行了系统梳理，为后续“双创”发展评价指标体系的构建奠定基础。

4.1 创新相关

4.1.1 国际创新指数研究

1）全球创新指数

全球创新指数(Global Innovation Index, GII)最早于2007年由欧洲工商管理学院(INSEAD)首次研究发布，至今已经出版11版。《全球创新指数(2018)》由Cornell University(康奈尔大学)、INSEAD(欧洲工商管理学院)、WIPO(世界知识产权组织)联合发布，为全世界126个国家和经济体的创新表现提供了详细的衡量指标。

《全球创新指数报告》顺应时代变化，根据当前全球创新的发展状况和关注点，每期报告的主题侧重点不同，比如2017年的主题为“Innovation Feeding the World”，侧重于生态环境的可持续性，2018年的主题为“Energizing the World with Innovation”，分析了今后十年的能源创新前景，并指出在能源生产、储存、分配和消费等领域可能出现的突破。

《全球创新指数(2018)》提供了80项指标探讨了广泛的创新图景，其中包括政治环境、教育、基础设施和商业成熟度等[1]79，具体指标体系见表4.1。

表 4.1　全球创新指数指标体系

一级指标	二级指标	三级指标
制度	政治环境	政治稳定性和安全
		政府有效性
	监管环境	监管质量
		法治
		遣散费用，带薪周数
	商业环境	创业的容易程度
		解决破产的难易程度
人力资本与研究	教育	教育支出占 GDP 比例
		中小学生人均政府支出在人均 GDP 中的占比
		受教育的平均年限
		阅读、数学和科学 PISA 量表得分
		学生教师比
	高等教育	高等教育入学率
		科学和工程专业毕业生占比
		高等教育入境留学生占比
	研发	全职研究人员/百万人口
		研发总支出在 GDP 中的占比
		全球研发企业平均支出排名前三位
		QS 世界大学排名前三名的平均成绩
基础设施建设	信息与通信技术(ICT)	ICT 普及率
		ICT 利用率
		政府网络服务
		电子参与
	一般基础设施建设	发电量
		物流表现
		资本形成总额在 GDP 中的占比
	生态可持续性	每单位 GDP 的能源消耗
		环境表现
		ISO 14001 环境认证/十亿购买力平价美元 GDP
市场成熟度	信贷	获得信贷的难易程度
		私营部门获得的国内信贷在 GDP 中的占比
		小额信贷总量在 GDP 中的占比

续表 4.1

一级指标	二级指标	三级指标
市场成熟度	投资	易于保护中小投资者
		国内上市公司市值在 GDP 中的占比
		风险投资交易/十亿购买力平价美元 GDP
	贸易、竞争和市场规模	适用税率加权平均百分比
		当地竞争强度
		国内市场规模
商业成熟度	知识工人	知识密集型就业占比
		提供正规培训的企业占比
		企业进行 GERD 在 GDP 中的占比
		企业供资 GERD 占比
		高级学位女性员工在就业中的占比
	创新关联	大学/行业研究合作
		产业集群发展状态
		研发支出中有国外融资部分
		合资战略联盟交易/十亿购买力平价美元 GDP
		多局同族专利/十亿购买力平价美元 GDP
	知识吸收	知识产权支付在贸易总额中的占比
		高技术进口净额在贸易总额中的占比
		ICT 服务进口在贸易总额中的占比
		FDI 流入净值在 GDP 中的占比
		研究人才在企业中的占比
知识和技术产出	知识创造	本国人专利申请量/十亿购买力平价美元 GDP
		本国人 PCT 专利申请量/十亿购买力平价美元 GDP
		本国人实用新型申请量/十亿购买力平价美元 GDP
		科技论文/十亿购买力平价美元 GDP
		引用文献 H 指数
	知识影响	人均 GDP 增长率
		新企业密度
		计算机软件开支在 GDP 中的占比
		ISO9001 质量认证
		高端、中高端技术生产占比

续表 4.1

一级指标	二级指标	三级指标
知识和技术产出	知识传播	知识产权收入在贸易总额中的占比
		高科技出口净额在贸易总额中的占比
		ICT 服务出口在贸易总额中的占比
		FDI 流出净值在 GDP 中的占比
创意产出	无形资产	本国商标申请
		按本国工业品外观设计
		ICT 和商业模式创造
		ICT 和组织模式创造
	创意产品及服务	文化创意服务出口在贸易总额中的占比
		国产电影/百万人口 15～69 岁
		娱乐和传媒市场/千人口 15～69 岁
		印刷和其他媒体在制造中的占比
		创意产品出口在贸易总额中的占比
	网络创意	通用顶级域名/千人口 15～69 岁
		国家代码顶级域名/千人口 15～69 岁
		维基百科每月编辑次数/千人口 15～69 岁
		移动应用开发/十亿购买力平价美元 GDP

2）全球创新城市指数

全球创新城市指数(Innovation Cities Index，ICI)由澳大利亚的一家智库公司 2 Think Now 发布，2006 年构建了该指数衡量城市的创新能力，并于 2007 年首次公布，随后每年发布一期报告，至今已经出版 11 份报告。不同于全球创新指数针对国家层面创新能力的评估，全球创新城市指数主要针对创新型城市的评价研究。2 Think Now 在评价城市创新能力时，不仅考察传统科技类指标，还十分重视人文、文化方面指标的构建。

全球创新城市指数(2018)设计了 3 个因素，31 个门类，162 项指标，针对全球 500 个城市进行分类和排名。影响创新过程的三大因素是：文化资产，即创意的源头(如设计师、美术馆、体育运动、博物馆、舞蹈、大自然等)；实施创新所需的软硬基础设施(如交通、大学、企业、风险投资、办公空间、政府、技术等)；发生网络联系的市场，这是创新所需要的基础条件和关联(如区位、军事国防力量、经济基础等)，具体指标见表 4.2。通过对这些指标的考察对特定城市的创新能力进行评价，根据创新能力的强弱将城市分为支配型城市、中心城市、节点城市、新兴城市四类。

表 4.2 全球创新城市指数指标体系

因素	具体指标
文化资产	建筑划分
	建筑的装饰性特征
	绿色建筑
	邻里街区的可步行性和相互连通性
	历史
	电影院和电影
	文化性节日
	舞蹈公司和芭蕾舞公司的情况
	对本地手工艺的支持程度
	私人艺术画廊
	公共艺术画廊
	公共场所艺术品
	公共博物馆
	对讽刺喜剧活动的支持程度
	剧场
	青少年可参加的活动
	设计师
	绿色经济
	影视生产能力和成就
	各类宾馆的情况
	入境游客
	国际会议
	国际学生
	访问者入境难易
	旅游信息
	空气洁净率
	气候和天气
	排放物
	自然灾害
	自然环境资产
	噪音限制
	公共绿地面积

续表 4.2

因素	具体指标
文化资产	水资源特征
	时装设计师
	纺织业
	咖啡馆和茶馆数量
	餐馆质量
	菜系的多样性
	是否有便宜的简易餐饮店
	书店
	杂志供应情况
	媒体管制
	新闻来源
	公共图书馆
	广播电视网
	地下出版物
	网络管制
	自行车友好
	街道宽度与布局
	可安全步行的城市
	古典音乐
	音乐活动场所
	夜生活场所的质量、品种和管理
	歌剧院
	流行音乐
	非常住人口
	受教育程度
	男女平等
	人口数
	礼拜场所
	健身场所
	体育热衷度
	体育场馆

续表 4.2

因素	具体指标
基础设施	电力和煤气的供应
	食品供应
	公共自来水供应
	废弃物管理
	企业发展
	信用卡接受程度
	银行与金融
	公司所得税
	兑换货币的方便性
	跨国公司总部入驻的情况
	会计、咨询、法务等专业服务机构的情况
	各类会展空间
	销售税
	全球机场联系
	语言
	游客入境容易程度
	旅游忠告
	人均 GDP
	房价
	失业率
	财富分配
	艺术教育
	工商管理教育
	科学与工程
	学生总人数
	大学教育覆盖面
	大学商业化
	政府响应性
	政府稳定性
	政治透明性
	公务员的专业水平
	一般医疗状况

续表 4.2

因素	具体指标
基础设施	医院
	婴儿死亡率
	期望寿命
	候诊名单
	产业集群
	工业制造活动的广度
	制造品的质量
	出版业
	酒类酿造
	国家拥有的各类资源状况
	文员薪资水平
	劳动力
	外国人获取工作签证所需时间和成本
	公民权利
	社区警力配备
	分权
	集装箱码头效率
	多模态货运及其集成
	邮政系统
	铁路运输
	城市交通基础设施
	城际连接
	国际机场
	交通服务的可靠性和适宜性
	交通服务的频次
	出租车服务
	交通服务覆盖范围
	机场换乘模式和城市交通网络的直接集成与支持
	道路质量和广阔程度
	非暴力犯罪
	暴力犯罪
	百货公司

续表 4.2

因素	具体指标
基础设施	电子商务销售
	本地小市场
	当地对逛街族的吸引力
	开零售店的容易程度
	小型零售店集群
	成立公司的难易程度
	成长型企业筹资
	创业经济
	初创公司办公空间
	宽带网普及率
	固定电话网的情况
	政府的信息技术政策
	网民数量
	移动电话网的情况
	无线网的情况
网络市场	多语言城市
	社会媒体
	城市品牌化
	智能设备
	大使馆与贸易使节
	与邻国的关系
	本地市场健康状况
	本地市场的规模
	出口量
	外商直接投资
	进口量
	邻国市场规模
	储备金
	贸易多样性
	主要贸易伙伴的经济健康状况
	对外来货物的依赖度
	地理位置

续表 4.2

因素	具体指标
网络市场	贸易路线
	相对军事实力
	战略力量

3）硅谷指数

硅谷指数(Silicon Valley Index)由硅谷联合投资(Joint Venture Silicon Valley)首创，后和硅谷社区基金会(Silicon Valley Community Foundation)联合制定并发布的综合性区域发展评价报告。1995 年首次发布，往后每年年初进行发布，最新的报告于 2019 年 2 月 13 日发布，但是完整报告还未能找到相关资源。硅谷指数从人口、经济、社会、生活区域、政府治理五个方面构建指标，对硅谷地区经济与社会发展情况进行定量分析。硅谷指数的评价指标体系具有较大的灵活性，除了一级指标相对固定外，每年的二级和三级评价指标不完全一致。2018 年硅谷指数构建的指标体系见表 4.3。

表 4.3　2018 硅谷指数指标体系

一级指标	二级指标	三级指标
人口	人才流动与多样性	人口构成变化；人口及百分比变化；净移民流动
		年龄分布；年龄组别的人口变化
		出生率
		按受教育程度，每名妇女第一次生育时的年龄和生育子女的数量
		受教育程度
		所授科学及工程学位总额；授予妇女的科学和工程学位份额
		外国出生人口占总人口的百分比；外国出生的就业人口比例
		5 岁以上在家中使用英语以外的其他语言的比例
经济	就业	与前一年相比工作数量变化的百分比
		相对就业增长
		按主要经济活动领域划分的总就业份额；平均年就业；按主要经济活动领域划分的硅谷就业增长
		按层级划分的总就业人数、就业变化的百分比、占总就业人数的百分比
		月度失业率
		失业居民占劳动年龄人口的比例
	收入	人均收入
		按种族和民族划分的人均收入；经通货膨胀调整后的人均收入变动百分比
		家庭收入中值；经通货膨胀调整后的家庭收入中值变化百分比

续表 4.3

一级指标	二级指标	三级指标
经济	收入	平均工资
		各类职业的工资中位数
		按层级划分的工资中位数
		贫困状态;贫困儿童的比例;按种族/民族划分的贫穷状况
		自给自足;按户主的种族/民族划分,低于自给自足标准的家庭所占比例
		按收入类别划分的住户数目的改变;年收入超过 15 万美元的家庭所占比例
		按教育程度划分的个人收入中位数;最高和最低教育程度之间收入中值的差距
		按性别划分的全职工人平均工资、全职员工工资差异
		免费或减价的学校餐
		粮食不安全人口的比例
		提供给弱势家庭和缺失食物家庭的食物
	创新和企业家精神	每位员工的增值;经通货膨胀调整后的每名雇员的增加值变化百分比
		专利登记;人均专利;按技术领域划分的专利注册
		风险资本投资;顶级风险投资交易
		按行业划分的风险投资
		天使投资
		首次公开发行(IPO);按行业分类的 IPO 定价
		合并与收购;按参与类型划分的并购交易百分比
		无职工企业的相对增长;没有员工的公司数;按行业划分的非雇主百分比
	商业空间	新的商业发展;办公用地供应的变化;商业空置;商业租金
社会	经济腾飞基础	高中毕业和辍学率;高中毕业率;符合加州大学/加州州立大学要求的毕业生比例
		数学能力
		拥有电脑及宽频上网的住户比例;按收入范围计算没有上网的家庭所占比例
	早期教育与护理	幼儿园招生
		英语语言艺术熟练程度
		儿童保健费用
	艺术与文化	文化艺术从业人员;消费支出;成年人共同观看电影;向公共广播或艺术机构捐款的家庭比例
	卫生质量	18~64 岁人口享有医疗保险的比例;按年龄和就业状况划分的有医疗保险的个人百分比;按年龄和就业状况划分的有医疗保险的个人比例的变化
		成人超重或肥胖的数量
		学生超重或肥胖的数量
		怀孕期间的贫困和粮食不安全

续表 4.3

一级指标	二级指标	三级指标
社会	卫生质量	婴儿死亡率
		幼儿园免疫比率
	安全	暴力犯罪率;暴力犯罪的分类
		重罪犯罪
		公共安全官员;硅谷公共安全官员总数的变化
生活区域	住房	住宅销售趋势
		房屋库存
		居住建筑
		区域住房需求分配;2015—2023 区域住房需求分配进展情况
		平均家庭规模和需要适应人口增长的附加单位
		退休人员重新安置住所
		建设保障性住房
		租金支付能力
		住房负担
		家庭负担能力
		多代家庭
		和父母住在一起的年轻人
		无家可归者占有庇护者和无庇护者的比例和百分比;无家可归的个人原因
	交通	人均汽车行驶里程和汽油价格
		上下班的方式;上班所需时间
		通勤方式
		骑自行车上班的通勤者比例;每天骑自行车上下班的次数
		按严重程度划分的单车碰撞;每年每 10 000 名每日通勤者发生自行车碰撞事故数
		自行车设施里程
		与自行车或行人总体规划共享管辖权
		每日因交通堵塞而延误的车辆小时数
		通勤模式;跨县通勤者数量的改变;按居住地划分跨越县线的通勤者比例
		运输使用量;人均运输使用量
		每日穿梭旅行;航天飞机的客流量
	土地使用	居住密度
		住房附近的交通;非住宅开发

续表 4.3

一级指标	二级指标	三级指标
生活区域	环境	水资源
		电力产量;人均用电量
		太阳能装置
		电动汽车基础设施
		采用电动汽车
政府治理	城市财政	按来源计算的收入、费用;收入减去费用
	公民参与	党派归属;投票参与度
		按年龄划分的符合资格投票率;符合资格青年选民投票率(18～24 岁)

4) 欧盟创新指数

欧盟创新指数(European Innovation Scoreboard,EIS)报告由欧盟委员会从 2001 年开始正式发布,从人力资源、知识生产、知识传播与应用以及创新金融、创新产出和创新市场四个方面,运用 17 个指标定量分析欧盟 15 国的创新绩效。之后,指标体系不断完善。《2018 欧洲创新记分牌(European Innovation Scoreboard)》采用 27 项指标对欧盟 28 个成员国及中国、美国、日本、韩国等国的创新绩效进行了比较,所采用的指标体系见表 4.4。根据各成员国组合指标得出平均绩效分,报告将成员国划分为四类:领先创新国家、强劲创新国家、中等创新国家和一般创新国家。

表 4.4 2018 欧洲创新记分牌评价指标体系

一级指标	二级指标	三级指标
企业外部创新绩效	人力资源	新的博士毕业生
		25～34 岁接受高等教育人口
		终身学习
	有吸引力的研究体系	国际合著科学出版物
		10%高被引出版物
		外国博士生
	有利于创新的环境	宽带普及
		机会驱动型创业
投资	金融支持	公共部门研发支出
		风险投资
	企业投资	产业部门研发支出
		非研发创新支出
		为培养和提升员工 ICT 技能提供培训的企业

续表 4.4

一级指标	二级指标	三级指标
创新活动	创新者	中小企业开展产品、工艺创新
		中小企业开展营销、组织创新
		中小企业内部创新
	联系	创新型中小企业对外合作
		公司合著出版物
		公共研发支出中私人资金投入
	知识资产	PCT 专利申请
		商标申请
		设计申请
影响	就业影响	知识密集型活动吸纳就业
		创新部门快速成长型企业吸纳就业
	销售影响	中高技术产品出口
		知识密集型服务业出口

5）世界知识竞争力指数

世界知识竞争力指数(World Knowledge Competitiveness Index,WKCI)由英国咨询机构罗伯特·哈金斯协会于2002年提出,包括人力资本、知识资本、金融资本、知识支持、经济产出等有关的19个指数,在全球范围内遴选了90个主要都市(圈),对其知识竞争力指数进行测评并据此排定名次。2003年开始所遴选的地区增加到125个。目前能够收集到的资料为该指数的2002年、2003年、2004年、2005年和2008年的报告。2010年之后亚太知识竞争力指数作为该指数的一个板块,更加为人所熟悉。《亚太知识竞争力指数报告》是在总部位于英国的国际竞争力中心支持下,由上海市知识竞争力与区域发展研究中心、国际竞争力中心亚太分中心、中国城市治理研究院等单位联合研制完成的。该指数对亚太33个领先地区用19项指标进行评估,综合反映了各地区将知识资本转化为经济价值和居民财富的能力。该指数使用的指标体系见表4.5。

表 4.5 世界知识竞争力指数指标体系

一级指标	具体指标
人力资本	经济活动比率
	每千名居民中管理人员数量
	每千名居民中从事信息技术和计算机制造业就业人数
	每千名居民中从事生物和化学行业就业人数

续表 4.5

一级指标	具体指标
人力资本	每千名居民中从事自动化和机械制造业行业就业人数
	每千名居民中从事仪器和电力机械行业就业人数
	每千名居民中从事高技术服务业就业人数
知识资本	人均政府 R&D 投入
	人均企业 R&D 投入
	每百万居民注册专利数
金融资本	人均私人股票投资
地区经济产出	劳动生产率
	月均总收入
	失业率
知识支持	在初、中等教育上的人均公共支出
	在高等教育上的人均公共支出
	每百万居民中可靠服务器数
	每千名居民中互联网主机数
	每千名居民中宽带网络数

4.1.2 国内创新指数研究

1）中国区域创新能力评价

《中国区域创新能力评价报告》是以中国区域创新体系建设为主题的综合性、连续性的权威发布年度研究报告。自 1999 年以来，科技部已经连续 19 年对全国 31 个省（自治区、直辖市）的创新能力进行了评价分析。报告构建了包括知识创造、知识获取、企业创新、创新环境、创新绩效 5 个指标及下辖的百余个指标，见表 4.6，对不同地区的区域创新能力进行评价，揭示了不同区域经济发展的内在动因。

表 4.6 中国区域创新能力评价指标体系

一级指标	二级指标	三级指标
知识创造	研究开发投入	研究与试验发展全时人员当量
		每万人平均研究与试验发展全时人员当量
		研究与试验发展全时人员当量增长率
		政府研发投入
		政府研发投入占 GDP 的比例
		政府研发投入增长率

续表 4.6

一级指标	二级指标	三级指标
知识创造	专利	发明专利申请受理数(不含企业)
		每万名研发人员平均发明专利申请受理数
		发明专利申请受理数(不含企业)增长率
		每亿元研发经费内部支出产生的发明专利申请数
		发明专利授权数
		每万名研发人员平均发明专利授权数
		发明专利授权数增长率
		每亿元研发经费内部支出产生的发明专利授权数
	科研论文	国内论文数
		每十万研发人员平均发表的国内论文数
		国内论文数增长率
		国际论文数
		每十万研发人员平均发表的国际论文数
		国际论文数增长率
知识获取	科技合作	作者同省异单位合作科技论文数
		每十万研发人员作者同省异单位合作科技论文数
		同省异单位合作科技论文数增长率
		作者异省合作科技论文数
		每十万研发人员作者异省合作科技论文数
		作者异省合作科技论文数增长率
		作者异国合作科技论文数
		每十万研发人员作者异国合作科技论文数
		作者异国合作科技论文数增长率
		高校和科研院所研发经费内部支出额中来自企业的资金
		高校和科研院所研发经费内部支出额中来自企业资金的比例
		高校和科研院所研发经费内部支出额中来自企业资金增长率
	技术转移	技术市场交易金额(按流向)
		技术市场企业平均交易额(按流向)
		技术市场交易金额的增长率(按流向)
		规模以上工业企业购买国内技术经费支出
		规模以上工业企业平均购买国内技术经费支出
		规模以上工业企业购买国内技术经费支出增长率

续表 4.6

一级指标	二级指标	三级指标
知识获取	技术转移	规模以上工业企业引进技术经费支出
		规模以上工业企业平均引进技术经费支出
		规模以上工业企业引进技术经费支出增长率
	外资企业投资	外商投资企业年底注册资金中外资部分
		人均外商投资企业年底注册资金中外资部分
		外商投资企业年底注册资金中外资部分增长率
企业创新	企业研究开发投入	规模以上工业企业 R&D 人员数
		规模以上工业企业就业人员中 R&D 人员比重
		规模以上工业企业 R&D 人员增长率
		规模以上工业企业 R&D 经费内部支出总额
		规模以上工业企业 R&D 经费内部支出总额占销售收入的比例
		规模以上工业企业 R&D 经费内部支出总额增长率
		规模以上工业企业有研发机构的企业数
		规模以上工业企业有研发机构的企业占总企业数的比例
		规模以上工业企业有研发机构的企业数量增长率
	设计能力	规模以上工业企业发明专利申请数
		规模以上工业企业每万名研发人员平均发明专利申请数
		规模以上工业企业发明专利申请增长率
		规模以上工业企业有效发明专利数
		每万家规模以上工业企业平均有效发明专利数
		规模以上工业企业有效发明专利增长率
	技术提升	规模以上工业企业 R&D 经费外部支出
		规模以上工业企业平均 R&D 经费外部支出
		规模以上工业企业 R&D 经费外部支出增长率
		规模以上工业企业技术改造经费支出
		规模以上工业企业平均技术改造经费支出
		规模以上工业企业技术改造经费支出增长率
		有电子商务交易活动的企业数
		有电子商务交易活动的企业数占总企业数的比重
		有电子商务交易活动的企业数增长率

续表 4.6

一级指标	二级指标	三级指标
企业创新	新产品销售收入	规模以上工业企业新产品销售收入
		规模以上工业企业新产品销售收入占销售收入的比重
		规模以上工业企业新产品销售收入增长率
创新环境	创新基础设施	电话用户数
		电话普及率
		电话用户数增长率
		互联网上网人数
		互联网普及率
		互联网上网人数增长率
		科技企业孵化器数量
		平均每个科技企业孵化器创业导师人数
		科技企业孵化器增长率
	市场环境	按目的地和货源地划分进出口总额
		按目的地和货源地划分进出口总额占 GDP 比重
		按目的地和货源地划分进出口总额增长率
		科技服务业从业人员数
		科技服务业从业人员占第三产业从业人员比重
		科技服务业从业人员增长率
		居民消费水平
		居民消费水平增长率
	劳动者素质	教育经费支出
		教育经费支出占 GDP 的比例
		教育经费支出增长率
		6 岁及 6 岁以上人口中大专以上学历人口数(抽样数)
		6 岁及 6 岁以上人口中大专以上学历所占的比例
		6 岁及 6 岁以上人口中大专以上学历人口增长率
	金融环境	规模以上工业企业研发经费内部支出额中获得金融机构贷款额
		规模以上工业企业研发经费内部支出额中平均获得金融机构贷款额
		规模以上工业企业研发经费内部支出额中获得金融机构贷款额增长率
		科技企业孵化器当年获风险投资额
		科技企业孵化器当年风险投资强度
		科技企业孵化器当年获风险投资额增长率

续表 4.6

一级指标	二级指标	三级指标
创新环境	金融环境	科技企业孵化器孵化基金总额
		平均每个科技企业孵化器孵化基金额
		科技企业孵化器孵化基金总额增长率
	创业水平	高技术企业数
		高技术企业数占规模以上工业企业数的比重
		高技术企业数增长率
		科技企业孵化器当年毕业企业数
		平均每个科技企业孵化器当年毕业企业数
		科技企业孵化器当年毕业企业数增长率
创新绩效	宏观经济	地区 GDP
		人均 GDP 水平
		地区 GDP 增长率
	产业结构	第三产业增加值
		第三产业增加值占 GDP 的比例
		第三产业增加值增长率
		高新技术产业主营业务收入
		高新技术产业主营业务收入占 GDP 的比例
		高新技术产业主营业务收入增长率
	产业国际竞争力	高技术产品出口额
		高技术产品出口额占地区出口总额的比重
		高技术产品出口额增长率
	就业	城镇登记失业率
		城镇登记失业率增长率
		高技术产业就业人数
		高技术产业就业人数占总就业人数的比例
		高技术产业就业人数增长率
	可持续发展与环保	万元地区生产总值能耗(等价值)
		万元地区生产总值能耗(等价值)降低率
		电耗总量
		每万元 GDP 电耗量
		电耗总量增长率
		工业污水排放总量

续表 4.6

一级指标	二级指标	三级指标
创新绩效	可持续发展与环保	每万元 GDP 工业污水排放量
		工业污水排放总量增长率
		废气中主要污染物排放量
		每亿元 GDP 废气中主要污染物排放量
		废气中主要污染物排放量增长率

2）中关村指数

2005 年，北京市统计局和中关村科技园区管理委员会首次发布“中关村指数”，其主要目的是综合描述北京市高新技术产业发展状况，总体评价北京市高新技术产业发展水平。该指数由五个分类指数构成，即：经济增长指数、经济效益指数、技术创新指数、人力资本指数和企业发展指数。各分类指数均由 3 个指标构成，共计 15 个指标。之后，指标体系每年不断修改完善，形成新的指标体系。

2008 年起，受中关村管委会委托，北京市社会科学院、中关村创新发展研究院、北京方迪经济发展研究院对“中关村指数”进行改版设计和编制研究，形成了独特的、开放式的指标体系，包括创新创业企业、产业发展、创新能力、创新创业环境、国际化、中关村 300 强和上市公司 100 强等 6 个一级指标，涵盖 20 个二级指标以及 122 个三级指标。

中关村指数 2013 中，对指标体系进行了进一步完善，并首次对中关村指数进行合成，形成了 “创新环境、创新能力、产业发展、企业成长、辐射带动、国际化”6 个一级指标、14 个二级指标及 38 个三级指标。选取中关村国家自主创新示范区批复前的 2008 年作为基期，基期值为 100。

2018 年“中关村指数”又进一步改进，包含 5 个一级指标、11 个二级指标，加上三级指标及监测指标[102]，多角度多维度进行动态分析，以 2013 年为基期，基期数为 100。具体指标体系见表 4.7。

表 4.7　中关村指数 2018 指标体系

一级指标	二级指标	三级指标
创新引领	创新投入	全球顶尖科学家数量
		全球 TOP500 高校和科研机构
		企业研发经费投入强度
	创新产出	顶级科技奖项获奖数量(当量)
		ESI 高被引论文数量

续表 4.7

一级指标	二级指标	三级指标
创新引领	创新产出	累计主导创制国际标准数
		PCT 专利申请量
		每万名从业人员当年发明专利授权数
双创生态	创业活力	全球杰出双创人才数量
		29 岁及以下从业人员数
		创新创业服务机构数
		新注册科技型企业数
	成果转化与孵化	技术合同成交额
		全球独角兽企业数
		孵化机构毕业企业数量
		企业当年获得股权投资额
高质量发展	创新经济	高技术产业收入占比
		国家高新技术企业总收入增速
		科技型上市企业和新三板挂牌企业总市值
	质量效益	世界一流创新型领军企业数
		劳动生产率
		企业收入利润率
		地均产出
		人均税收
开放协同	国际拓展	上市企业海外收入
		出口总额
		流向境外的技术交易合同成交额
		企业境外直接投资额
	资源引入	留学归国人员和外籍从业人员数
		外商实际投资额
		跨国公司地区总部数
	区域辐射	流向外省市的技术交易合同成交额
		企业外省市设立分子公司数量
宜居宜业	营商环境	全球营商环境综合评价
	生活品质	全球城市品质综合评价

3）中国 31 省区市创新指数研究报告

2007 年中国人民大学课题组编制的《2006 年度中国三十一省区市创新指数研

究报告》正式发布。创新指数包含创新资源、攻关能力、技术实现、价值实现、人才实现、辐射能力、持续创新和网络能力 8 个创新要素方面，下设 39 个创新能力指标和 130 个创新支撑力指标，对中国 31 个省区市创新指数进行了测算和分析。从收集的资料来看，该报告仅发布 2006、2007 年度两份报告，没有披露具体指标体系内容。

4）张江创新指数

上海市统计局于 2005 年正式推出代表科技创新水平的上海“硅谷指数”，取名张江创新指数。张江创新指数是为定量反映张江园区自主创新的综合情况而编制的一个指数，由创新环境、创新主体、创新人才、创新投入、创新成果和创新水平六大分类共 22 个指标来综合反映张江高科技园区的创新能力和水平，为科学评价园区自主创新能力提供依据，为园区未来的可持续发展指明方向。张江创新指数从 2004 年开始启动、2005 年推出以后，一直没有对外公布过具体数值，一直在对该指数如何评估、分析进行研究测算，不断完善统计方法和具体细化指标的测算方法，直到 2007 年 11 月，才首次对外披露，对于具体的指标体系也难以收集到完整的资料。

5）中国城市创新能力指数

中国城市发展研究会从 2006 年开始组织相关专家学者，开展了城市创新能力科学评价的课题研究。《中国城市创新报告（2015）》从创新基础条件与支撑能力、技术产业化能力和品牌创新能力三个维度（见表 4.8），选取了 25 项指标来构建城市创新能力评价体系；然后通过对全国 659 个城市的相关指标数据的采集、处理和计算分析，按照副省级以上城市、地级市、县级市三大类进行了创新能力综合测评和 3 个单项创新能力测评，对 2014—2015 年中国城市创新能力综合评测结果及三个创新能力维度评测结果进行了分析[103]。《中国城市创新报告（2019）》于 2019 年 11 月发布，从创新环境、创新支撑能力、创新文化力和科技转化能力四个维度，选取 32 项指标，对 668 个城市相关数据进行计算分析。

表 4.8　中国城市创新报告指标体系

一级指标	具体指标
创新基础条件与支撑能力	财政预算教育支出占 GDP 比重
	财政预算科学支出占 GDP 比重
	科学技术人员占从业人员比重
	信息技术人员占从业人员比重
	每万人国际互联网用户数

续表 4.8

一级指标	具体指标
创新基础条件与支撑能力	每万人移动电话用户数
	每万人图书馆藏书量
	每万人剧场影院数
	每万人博物馆数
	建成区绿化覆盖率
	污水集中处理率
技术产业化能力	每千人工业企业数
	每万人吸引外商投资额
	人均地区生产总值
	沪深 A 股数量及市值
	每万人专利实施许可数
	电信业务收入
	第三产业占 GDP 比重
	人均工业总产值
品牌创新能力	城市综合知名度
	A 级景区数量及知名度
	驰名商标数量及知名度
	非物质文化遗产数量及知名度
	中国历史文化名村镇数量及知名度
	全国重点文物保护单位数量及知名度

6）杭州创新指数

杭州创新指数由杭州市科技局、市科技信息研究院 2008 年首次发布。杭州创新指数指标体系由创新基础、创新环境和创新绩效三个基本维度，下辖 7 个二级指标，23 个三级指标构成[104]，是以统计数据测算而得出的一个指数，用来衡量和评价杭州的创新水平和进展，具体指标见表 4.9。

表 4.9　杭州创新指数指标体系

一级指标	二级指标	三级指标
创新基础	科教投入	全社会 R&D 占 GDP 比重
		地方财政科技拨款
		企业技术开发费用占销售收入的比重
		人均财政性教育经费支出

续表 4.9

一级指标	二级指标	三级指标
创新基础	人才资源	每万人专业技术人员数
		每万人高校在校学生数
		企业科技活动人员数
创新环境	经济社会环境	人均 GDP
		信息化水平
		城市空气综合污染指数
	创业环境	国家级、省级科技企业孵化器数
		政府创业投资资金总额
	创新载体	国家级、省级企业研发中心和技术中心数
		省级以上高新技术企业数
		国家级、省部级重点实验室和工程研究中心数
创新绩效	成果产出	每百万人拥有发明专利授权量
		欧美日发明专利授权量
		国家级、省级名牌和驰名(著名) 商标数
	经济社会发展	高新技术产业产值占工业总产值的比重
		高新技术产品出口占出口总额的比重
		工业新产品产值率
		文化创意产业增加值占服务业增加值的比重
		万元 GDP 综合能耗

7) 国家创新指数

中国科学技术发展战略研究院 2011 年正式发布《国家创新指数报告》,2019 年 7 月发布的《国家创新指数报告(2018)》从创新资源、知识创造、企业创新、创新绩效、创新环境五个方面,构建了指标体系(表 4.10),对全球 40 个国家的创新能力进行评价分析,将其分为三个集团。第一集团主要为欧美发达经济体,第二集团为其他发达国家和少数新兴经济体,第三集团多为发展中国家。

表 4.10　国家创新指数指标体系

一级指标	具体指标
创新资源	研究与发展经费投入强度
	研发人力投入强度
	科技人力资源培养水平
	信息化发展水平
	研究与发展经费占世界比重

续表 4.10

一级指标	具体指标
知识创造	学术部门百万研究与发展经费的科学论文引证数
	万名科学研究人员的科技论文数
	知识服务业增加值占 GDP 的比重
	亿美元经济产出的发明专利申请数
	万名研究人员的发明专利授权数
企业创新	三方专利总量占世界比重
	企业研究与发展经费与工业增加值的比例
	万名企业研究人员拥有 PCT 专利数
	综合技术自主率
	企业 R&D 研究人员占全部 R&D 研究人员的比重
创新绩效	劳动生产率
	单位能源消耗的经济产出
	有效专利数量
	高技术产业出口占制造业出口的比重
	知识密集型产业增加值占世界比重
创新环境	知识产权保护力度
	政府规章对企业负担影响
	宏观经济环境
	当地研究与培训专业服务状况
	反垄断政策效果
	员工收入与效率挂钩程度
	企业创新项目获得风险资本支持的难易程度
	产业集群发展状况
	企业与大学研究与发展协作程度
	政府采购对技术创新的影响

8）中国创新指数

2012 年，国家统计局社科文司《中国创新指数(CII)研究》课题组研究设计了评价我国创新能力的指标体系和指数编制方法，并对 2005—2011 年中国创新指数及 4 个分指数(创新环境指数、创新投入指数、创新产出指数、创新成效指数)进行了初步测算[14]26，具体指标体系见表 4.11。

表 4.11 中国创新指数指标体系

一级指标	具体指标
创新环境	经济活动人口中大专及以上学历人数
	人均 GDP
	信息化指数
	科技拨款占财政拨款的比重
	享受加计扣除减免税企业所占比重
创新投入	每万人 R&D 人员全时当量
	R&D 经费占 GDP 比重
	基础研究人员人均经费
	R&D 经费占主营业务收入的比重
	有研发机构的企业所占比重
	开展产学研合作的企业所占比重
创新产出	每万人科技论文数
	每万名 R&D 人员专利授权数
	发明专利授权数占专利授权数的比重
	每百家企业商标拥有量
	每万名科技活动人员技术市场成交额
创新成效	新产品销售收入占主营业务收入的比重
	高技术产品出口额占货物出口额的比重
	单位 GDP 能耗
	劳动生产率
	科技进步贡献率

不同地区也有不同程度的研究，构建了地区或城市创新能力评价指标体系，比如2018年，中国(河南)创新发展研究院、河南新经济研究院联合撰写了《河南创新创业发展报告(2018)》，介绍了河南省2017年创新创业发展情况，从业态发展、要素供给、政策保障、生态环境、双创案例五个方面进行了具体介绍。其中在分析河南省城市创新能力时，设计了包含5个一级指标、36个二级指标的城市创新能力评价指标体系[105]，见表4.12。

表 4.12 河南创新能力评价指标体系

一级指标	具体指标
创新投入	科技活动人员数
	科技活动人员中本科及以上学历人员数
	研发活动人员折合全时当量

续表 4.12

一级指标	具体指标
创新投入	研究和试验发展机构数
	一般公共预算中对于科学技术的支出
	一般公共预算支出中科学技术支出的比例
创新产出	发明专利申请数
	发明专利授权数
	形成国家或行业标准数
	发表科技论文数
企业创新	规模以上工业企业研发人员数
	规模以上工业企业研发人员折合全时当量
	规模以上工业企业研发经费支出总额
	规模以上工业企业研发经费支出占利润总额的比重
	规模以上工业企业新产品销售收入
	规模以上工业企业办科技机构数
	规模以上工业企业专利申请数
创新环境	高等学校数
	高等学校教职工数
	规模以上信息传输、软件和信息技术服务企业单位数
	规模以上科学研究和技术服务业企业单位数
	技术市场成交合同数
	技术市场成交金额
	国际互联网用户数
	金融机构贷款年底余额
创新绩效	地区生产总值
	人均生产总值
	第三产业增加值
	第三产业增加值占地区生产总值的比重
	信息传输、软件和信息技术服务业增加值
	居民家庭人均可支配收入
	每万元地区生产总值废水排放量
	每亿元地区生产总值废水 COD 排放量
	每亿元地区生产总值二氧化硫排放量
	每亿元地区生产总值氮氧化物排放量
	单位 GDP 能耗

9) 城市创新竞争力

2018年，首部《中国城市创新竞争力发展报告(2018)》蓝皮书由社会科学文献出版社正式出版并向社会公布。从创新基础竞争力、创新环境竞争力、创新投入竞争力、创新产出竞争力、创新可持续发展竞争力等五个方面构建了中国城市创新竞争力指标评价体系[106]（表4.13），对我国274个城市创新竞争力进行综合评价分析。

表4.13 城市创新竞争力指标体系

一级指标	具体指标
城市创新基础竞争力	GDP
	人均GDP
	财政收入
	人均财政收入
	外商直接投资
	金融存款余额
城市创新环境竞争力	千人因特网用户数
	千人手机用户数
	国家高新技术园区数
	国家高新技术企业数
	高等院校数
	电子政务发展指数
城市创新投入竞争力	R&D经费支出总额
	R&D经费支出占GDP比重
	人均R&D经费支出
	R&D人员
	研发人员占从业人员比重
	财政科技支出占一般预算支出比重
城市创新产出竞争力	专利授权数
	高新技术产业产值
	高技术产品出口总额
	高技术产品出口比重
	全社会劳动生产率
	注册商标数
	单位工业产值污染排放量

续表 4.13

一级指标	具体指标
城市创新可持续发展竞争力	公共教育支出总额
	公共教育支出占 GDP 比重
	人均公共教育支出额
	科技人员增长率
	科技经费增长率
	城镇居民人均可支配收入

4.2　创业相关

4.2.1　国际创业指数研究

1）考夫曼创业活动指数

考夫曼活动指数(Kauffman Index of Entrepreneurial Activity，KIEA)是美国最有影响力的新创企业指数，由考夫曼基金会创立，从 1996 年开始每年发布美国的年度创业活动指数。该指数特别关注新创企业在第一个月的重要商业活动，为美国的创业早期发展提供一个重要的参考来源。2019 年发布了两个报告，2017 *National Report on Early-Stage Entrepreneurship*，介绍了 1996—2017 年美国早期创业的国家趋势[107]；2017 *State Report on Early-Stage Entrepreneurship*，分析了美国 50 个州和哥伦比亚特区 2017 年的创业早期发展情况[108]。报告运用的指标体系见表 4.14。

表 4.14　考夫曼创业活动指数评价指标体系

指标	具体说明
新企业家比率	从较广口径计算的新企业家与成年人口的比重
新企业家的机会份额	出于选择而不是需要创立新公司的企业家的占比
初创企业创造的就业	按人均计算的初创企业第一年创造的就业数量
初创企业存活率	衡量初创企业能在运营第一年存活下来的比例

2）全球创业观察指数

全球创业观察(Global Entrepreneurship Monitor，GEM)由国际上著名的英国伦敦商学院和在创业教育上全美排名第一的美国百森学院共同发起成立的国际创业研究项目。首份全球创业板年度报告于 1999 年发表，迄今为止一共发布了 20 个报告，旨在跟踪调查全球创业活动状况和趋势。《全球创业观察 2018/2019 报告》建立了由 12 个创业框架要素组成的创业生态系统[46]57，具体见表 4.15。

表 4.15 全球创业观察指数指标体系

要素	具体说明
创业融资	反映创业者是否较为容易地获得创业资本
政府相关支持政策	考察政府是否在企业设立或运营中给予支持与帮助
政府税收和管理体制	评价政府对创业活动是否有比较优惠的税收政策
政府创业计划	例如政府在不同情况下的补贴情况等
学校创业教育和培训	衡量学校针对学生进行的创业培训、创业大赛等形式的创业教育与培训情况
离校后创业教育和培训	衡量在大学、商学院和职业中心等校外项目中纳入创业课程的情况。它包括校外教育体系在培养学生创业技能和价值观方面的有效性
研发转化	评价 R&D 的成果转化情况
商业与法律基础服务的可得性	反映诸如会计、审计、法律之类专业性服务的可获取程度
基础设施建设	通过高速互联网和手机服务、房地产（土地、建筑）、可靠的公用事业、先进的高速公路、铁路、港口和机场等方面促进了国内外的通信、交通和商业运作
内部市场动态性	分析是否存在一个自由开放的市场，在这个市场中没有实体施加影响或定价的权利，需求的变化与供应的变化相互满足
内部市场压力与准入管制	考察市场中是否有较多的管制和许可
社会与文化规范	评价社会文化对于创业活动的影响

3）营商环境便利指数

世界银行于 2003 年首次推出《营商环境报告》，该报告使用各种指标衡量每个经济体对中小企业的监管法规，并跟踪法规的变化。《营商环境报告》主要对两方面加以衡量：一方面是关于商业监管所涉法律制度的力度，另一方面是关于监管程序的复杂性和成本[47]23。衡量指标覆盖了企业生命周期的 11 个领域，见表 4.16。

表 4.16 营商环境便利指数衡量指标

指标	具体说明
开办企业	男性和女性开办有限责任公司的手续、时间、成本和最低实缴资本
办理施工许可	完成建造仓库的所有手续、时间和费用以及施工许可证制度中的质量控制和安全机制
获得电力	连接电网的手续、时间和成本，电力供应的可靠性以及电费的透明度
登记财产	办理土地转让的手续、时间和费用及男性和女性在土地管理制度方面的质量
获得信贷	动产抵押法律和信用信息系统
保护投资者	少数股东在关联交易和公司治理中的权利

续表 4.16

指标	具体说明
交税	公司在遵守所有税收法规的经营过程中的缴税次数、时间、税及派款总额以及报税后流程
跨境贸易	出口有相对优势的产品和进口汽车零部件的时间和成本
执行合同	解决商业纠纷的时间和成本及男性和女性在履行司法程序时的质量
办理破产	商业破产的时间、成本、结果和回收率以及破产法律框架的力度
劳动力市场监管	就业监管的灵活性和工作质量的各个方面

4）全球创业指数

全球创业指数(Global Entrepreneurship Index,GEI)由“全球创业精神暨发展机构”(The Global Entrepreneurship and Development Institute)自 2011 年开始发布，衡量经济体和地区层面创业生态系统质量与发展动态方面的突破性进展，同时也是一种确定适当政策与计划以加速经济增长与就业创造的有力工具。《2018 年全球创业指数报告》于 2017 年 11 月 29 日发布。GEI 由三个子指数构成，即：创业态度、创业能力以及创业愿望。这三个子指数又基于 14 个领域(又称“支柱”)，具体见表 4.17。

表 4.17　全球创业指数指标体系

一级指标	二级指标	三级指标
创业态度	机遇感知	机会认知
		自由度(经济自由、财产权)
	创业技能	技能感知
		教育(高等教育、教育质量)
	风险接受度	风险感知
		国家风险
	建立关系网	已知企业家
		集聚度(城镇化、基础设施)
	文化支持	职业地位
		腐败
创业能力	创业机遇	机会动因
		监管(税收、良好治理)
	科技吸收	技术水平
		技术吸收

续表 4.17

一级指标	二级指标	三级指标
创业能力	人力资本	教育水平
		劳动力市场(员工培训、劳动自由)
	竞争力	竞争对手
		竞争力(市场主导地位、监管)
创业愿望	产品创新	新产品
		技术转让
	流程创新	新技术
		科学(研发支出总量、科技机构的平均质量+科学家和工程师的可利用度)
	高增长	高增长企业所占的比例
		财务战略(风险投资、业务复杂度)
	国际化	出口
		经济复杂性
	风险资本	非正式投资
		资本市场深度

5) 全球创业生态系统指数

全球创业生态系统指数(Global Startup Ecosystem Index,GSEI)最早于 2012 年由全球知名调查机构 Startup Genome 发布,根据全球范围内使用 Startup Genome(创业基因)公司的 Startup Compass 创业指南针产品的 50 000 多家初创企业的数据编制而成。Startup Compass 创业指南针是通过基准数据和可执行的建议帮助企业改善决策的云端自动分析工具。该数据集几乎包括了财务状况、团队情况、产品、销售、营销、商业模式、市场领域、创始人的基本资料和心理统计信息等创业企业各个方面的广泛匿名数据。由八大权重成分指数综合成一个总指数,八个指数包括:创业输出指数、资金指数、业绩指数、人才指数、支持指数、心态指数、趋势引领指数、与硅谷相比的生态分化指数。迄今为止,发布了 2012 年、2015 年、2017 年、2018 年四份报告。前三份报告中,设计了指标体系为全球城市的创业生态系统进行排名。2017 年的报告中通过对 6 个主要维度进行量化分析,评价全球以主要城市为代表的创业生态系统的现状与发展潜力[48]25-26,应用的指标体系见表 4.18。

表 4.18 2017 年全球创业生态系统指数指标体系

指标	具体说明
业绩	50%创立估值;25%转售价值;25%产出
融资	90%融资可获得性(90%早期资助和 10%早期资助增长率);10%质量(经验丰富的风险投资公司)

续表 4.18

指标	具体说明
市场覆盖率	50%覆盖率(40%当地覆盖率和60%全球覆盖率);50%全球连通性(50%全球市场、40%全球联系和10%本地建立的全球联系)
人才	80%人才可获得性(37.5%有经验的软件工程师、12.5%能聘请到软件工程师的时间、25%有创业经验的团队、12.5%工作签证申请的答复时间和12.5%工作签证成功率);10%质量;10%成本
创业经验	60%生态系统经验;40%团队经验
成长性	33.3%产出指标;33.3%早期资助的平均年增长率;33.3%转售价值两年移动平均年增长率

2018年4月,全球创业网络(Global Entrepreneurship Network)与Startup Genome合作发表了《2018年全球创业生态系统报告:在技术新时代制胜》,揭示了全球创业最新图景。但内容与之前版本不一样,没有为全球城市的创业生态系统进行排名,而是围绕全球创业趋势、创业者背景、各地区的创业生态等内容,进行了广泛调查和深度采访。

4.2.2　国内创业指数研究

1) 中国城市创业指数

2016年,中国人民大学中国调查与数据中心、前海国际资本管理学院和上海汇航商务资讯有限公司联合发布《中国城市创业指数》,设计了中国城市创业总指数,对4个直辖市、15个副省级城市、1个经济特区和1个长三角地区城市,共21个城市进行了调查和研究,对城市的创业总体水平、创新水平和创业产业发展水平进行了综合评估。报告中提出了创新型创业指数与产业型创业指数,具体指标体系见表4.19。

表 4.19　中国城市创业指数指标体系

一级指标	创新型创业指数		产业型创业指数	
	二级	三级	二级	三级
政策支持	贷款政策	小额贷款	政策扶持	审批流程
	办事效率	五证合一	办事效率	五证合一
	创业补贴	房租补贴	创业补贴	房租补贴
	创业孵化	众创空间		

续表 4.19

一级指标	创新型创业指数		产业型创业指数	
	二级	三级	二级	三级
市场环境	融资情况	天使风投	融资情况	天使风投
	支持机构	孵化指导	人力资本	R&D 支出
	人力资本	R&D 支出	市场规模	工业发展
	市场网络	高技术产业	市场网络	市场开放
	生活条件	通勤时间	生活环境	空气质量
			基础设施	话机数量
			交通设施	机车数量
文化环境	创业多元化	人口流动性	创业氛围	私营发展
	人文环境	法制观念	创业多元化	人口流动性
	创业文化	创新意识	创业文化	闯荡意识
创业者活动	创业主体	创业龙头	创业活力	新创企业
	创新能力	科技新创	创业密度	新创密度
	创业选择	创业机会	创业选择	创业机会
	创业驱动	创业动机	创业能力	创业技能

2）中国大众创业指数

该指数由西南交通大学创新创业研究中心编制，于 2015 年首次对外发布，对中国大陆各省域的大众创业情况进行了排名，迄今为止发布了四份报告。2018 年中国大众创业指数共包括 4 个一级指标（创业需求、创业服务、创业人才、创业产出）、8 个二级指标（省域消费力指数、省域经济指数、省域公共服务指数、省域金融服务指数、省域创业人才数量、省域创业人才质量、省域创新产出、省域创业产出）和 38 个三级指标。

4.3 “双创”相关

1）中国大众创业万众创新发展报告

2016 年，由国家发改委组织编写、人民出版社出版的《2015 年中国大众创业万众创新发展报告》发布，这是中国首部“双创”白皮书，目前已出版三份年度报告。《2017 年中国大众创业万众创新发展报告》对我国 2017 年创业环境、创业服务、创业融资、创业主体、创业成效、典型案例和经验、发展展望等进行了描述，但是该报告没有设计相关的指标体系进行定量分析。

2）北京大众创业、万众创新统计监测指标体系

2016年北京市统计局研究建立了北京大众创业、万众创新统计监测指标体系，以双创环境、双创资源、双创活力、双创成效为主体架构，设置了28个重点监测指标（表4.20），测算北京市双创发展指数，客观分析了北京双创发展特点与问题，对推动北京双创健康发展提出建议。

表4.20　北京大众创业、万众创新统计监测指标体系

一级指标	二级指标
双创环境	新注册企业所需时间
	创业服务业专业化服务覆盖率
	企业和院校研究机构开展创新合作的比率
	享受政府支持政策的小微企业覆盖面
	促进中小微企业发展政策满意度
	知识产权一审结案量
	简政放权满意度
双创资源	小微企业R&D经费投入强度
	小微企业贷款余额占各项贷款余额比例
	天使投资、VC/PE投资额
	外籍人士和留学人员占创业者比率
	万人发明专利拥有量
	万名研发人员技术合同成交额
双创活力	新设立科技型企业密度
	中关村规模以下企业开展科技活动比例
	网络创业活跃度
	科技企业孵化器在孵企业活跃度
	众创空间活跃度
	中关村企业法人平均就职年龄
	众创空间高端创业团队 ——大学生创业团队和企业个数 ——留学归国创业团队和企业个数 ——科技人员创业团队和企业个数 ——大企业高管离职创业团队和企业个数

续表 4.20

一级指标	二级指标
双创成效	新产品销售收入占产品销售收入比重
	小微企业专利申请量
	中关村新产业新业态收入增长率
	中关村高新技术企业利润增长率
	中关村高新技术企业新增就业人数
	规模以上小微企业利润总额
	新注册企业成活率
	中关村独角兽企业个数

3）中国双创发展报告

2018 年，深圳大学中国经济特区研究中心、社会科学文献出版社发布了《双创蓝皮书：中国双创发展报告（2017—2018）》，通过定量分析较为全面地评估了我国大部分主要城市的创新环境与创新能力，从城市的环境支持、资源能力和绩效价值三个维度构建了双创指数评价模型[79]9，具体指标见表 4.21。

表 4.21　中国双创发展指标体系

一级指标	二级指标	三级指标
环境支持	市场结构	非公有制企业数量比重
		小微企业数量比重
		外商投资占 GDP 比重
	产业基础	对外进出口总额
		规模以上工业企业总产值
		民间资本固定资产投资总额占 GDP 比重
	制度文化	政府效率指数
		商业信用环境指数
		每万人图书馆数
	配套支持	公共陆路交通效率
		物流业指数
		互联网宽带普及率
		综合医院占医疗机构比重
		国家级科技企业孵化器数量

续表 4.21

一级指标	二级指标	三级指标
资源能力	人力资源	净流入常住人口
		高等教育学历人口比例
		知识密集型服务业占从业人员比例
		普通高校在校生数量
	资本投入	科学技术支出占 GDP 比重
		规模以上工业企业新产品开发经费支出
		年度 IPO 规模
		年度新三板上市数量
绩效价值	产业绩效	人均 GDP
		高技术产业增加值占 GDP 比重
		规模以上工业企业新产品产值
	创新绩效	专利授权量
		每万人国内发明专利申请量
		中国“互联网+”数字经济指数
	可持续发展	单位 GDP 能耗
		空气质量优良(二级及以上)天数占比

4) 四川省“大众创业、万众创新”蓝皮书

2016 年四川省“双创”政策措施落实情况第三方评估工作小组、四川省科学技术协会、西安交通大学出版社发布了四川省“大众创业、万众创新”蓝皮书，对四川省开展“双创工作”的背景意义、总体情况、存在问题和对策进行了阐述[80]7-30。其中，构建了四川省“双创”综合评价指标体系，见表 4.22。

表 4.22 四川省“双创”综合评价指标体系

一级指标	二级指标	三级指标
双创配套政策	政策评估	专家对政策出台情况评分
		专家对政策落实情况评分
双创环境	经济基础	人均 GDP
	社会关注	政策知晓程度
		创业意愿
		成果转化意愿

续表 4.22

一级指标	二级指标	三级指标
双创条件	硬件条件	孵化器数量
		各类孵化器人均面积
		科研基础设施开放数量
	金融服务	本级人均财政扶持资金
		各类创投基金人均额
		各类创业担保基金人均额
		各类创业贷款贴息人均额
		知识产权融资人均额
双创活力	人才投入	海外高层次人才回国创业人数
		年度创新创业人才工作经费
	创新活力	研发资金投入强度
		每万人专利申请量
双创产出	创新产出	科技成果转让交易额占 GDP 比重
		专利授权数量
	创业产出	每万人科技型中小企业数量
		每万人新增科技型中小企业数量
		电子商务交易额占 GDP 比重
		每万人新增电子商务企业数量

5）中国城市创新创业环境评价研究报告

2011 年启迪创新研究院发布了中国城市创新创业环境评价研究年度报告，到目前为止已经发布了 8 个年度报告。《2018 中国城市创新创业环境评价研究报告》以“政、产、学、研、金、介”六大创新创业环境要素为关注点，对以往指标体系做了进一步的优化调整，新指标体系由 6 个一级指标、12 个二级指标和 17 个三级指标构成。在此基础上，分析评价了 2017 年度百强城市体现的规律和特点，并对北京、上海、深圳、杭州、武汉、西安等创新创业环境发展具有代表性的城市开展专题研究。

6）中国创业创新指数

2015 年 7 月，36 氪发布的“氪指数”，从创业企业的 Web 流量、App 下载排名、搜索引擎指数、媒体微博关注指数及企业融资、规模、招聘信息等多维度综合分析，反映创业企业的基本面和发展形势，帮助投资人发现优质企业，降低投资风险。2015 年 10 月，36 氪在多个部门的指导下，联合中国经济研究院、中国科学院大学大数据挖掘与知识管理重点实验室共同编制，推出了中国创新创业指数 1.0。2016 年 10 月，36 氪携手中关村科技园区管理委员会发布了中国创业创新指数 2.0，从产出、投入和生态三个维度，选取了区域的创业企业、融资、就业、技术成果、服务平台、政府基金、科技投入、生态、氪指数等相关指标，用大数据抓取综合分析了全国及区域创业创新的活跃程度和发展形势。

4.4 创新、创业、双创评价方法借鉴

常用的评价指标权重系数确定方法有德尔菲法、逐级等权法、层次分析法、熵值法、因子分析法等。

4.4.1 德尔菲法

德尔菲法又称专家咨询法，其特点在于集中专家的经验与意见，来确定各评价指标的权重，并在不断地反馈和修改中得到比较满意的结果。

基本步骤如下：

(1) 选择专家。专家水平的高低直接影响评价的结果。一般情况下，选择本专业领域中既有渊博的知识又有丰富的实践经验的专家，并征得专家的同意。

(2) 将待确定权重的指标、相关资料及确定权重的规则发放给各位专家，各自独立地给出指标的权重。

(3) 回收专家评价结果。应计算指标的权重的均值和标准差。

(4) 将计算结果及补充资料反馈给各位专家，重新确定各指标的权重。

(5) 重复步骤(3)～(4)直至得到满意的指标权重，指标权重与其均值的离差不超过预定标准。

4.4.2 逐级等权法

大部分我国国内发布的创新、创业指数都采用该种方法。假设评价对象的指标分为 m 个领域，每个领域有 n 个指标(每个领域的指标个数不一定相等)，则每个领域赋予的权重为 $1/m$，在某一领域内，指标对所属领域的权重为 $1/n$，即每个指标的权重为 $1/mn$。

4.4.3 层次分析法

层次分析法，简写为 AHP，是美国著名运筹学家于 20 世纪 70 年代提出的一种定性分析与定量分析相结合的多目标决策分析方法。最大特点是通过把复杂问题中的各种因素划分为相互联系的有序层次使之条理化，根据对客观现实的主观

判断，把专家意见和分析者的客观判断结果直接而有效地结合起来，将同一层次元素两两比较的重要性进行定量描述，然后利用数学方法计算出反映每一层元素相对重要性的权重。

大体可分为以下三个步骤：

(1) 分析系统中各因素间的关系，对同一层次各元素关于上一层次中某一准则的重要性进行两两比较，构造两两比较的判断矩阵。

(2) 由判断矩阵计算被比较元素对于该准则的相对权重，并进行判断矩阵的一致性检验。

(3) 计算各层次对于系统的总排序权重，并进行排序，最后得到各方案对于总目标的总排序。

4.4.4 熵值法

熵是对不确定性的一种度量。信息量越大，不确定性就越小，熵也就越小；信息量越小，不确定性就越大，熵也越大。根据熵的特性，我们可以通过计算熵值来判断一个事件的随机性及无序程度，也可以用熵值来判断某个指标的离散程度。指标的离散程度越大，该指标对综合评价的影响就越大。

熵值赋权的基本思路如下：设 n 为待评价的样本个数，m 为评价指标个数。

(1) 将指标数据进行标准化，以消除不同量纲的影响。具体方法如下：

正向评价指标处理公式为：$X'_{ij}=\dfrac{x_{ij}-x_j^{\min}}{x_j^{\max}-x_j^{\min}}$

反向评价指标处理公式为：$X'_{ij}=\dfrac{x_j^{\max}-x_{ij}}{x_j^{\max}-x_j^{\min}}$

式中：x_{ij} 表示第 i 个样本第 j 个评价指标的原始数据；$x_j^{\max}$ 表示各个样本中第 j 个评价指标原始数据的最大值；$x_j^{\min}$ 表示各个样本中第 j 个评价指标原始数据的最小值；X'_{ij} 表示第 i 个样本第 j 个评价指标的标准化数据。

(2) 计算三级指标熵值，公式如下：

$$e_j=-\frac{1}{\ln(n)}\sum_{i=1}^{n}f_{ij}\ln(f_{ij})；f_{ij}=\frac{X'_{ij}}{\sum\limits_{i=1}^{n}X'_{ij}}$$

式中：e_j 为第 j 个指标的熵值；f_{ij} 为第 j 个指标下第 i 个样本的特征比重。

(3) 计算指标权重，公式如下：

$$w_j=\frac{1-e_j}{m-\sum\limits_{j=1}^{m}e_j}$$

(4) 综合评价值的计算。将指标数据乘以计算出的权重得到综合评价值。

4.4.5　神经网络模型

BP 神经网络模型的基本思想是：首先赋予网络初始权值，对每一个学习样本在网络中做两次传递计算：一次向前传播计算，从输入层开始，传递给各层并经处理后产生一个输出，得到一个输出与目标输出之差——误差值；另一次向后传播计算，从输出层到输入层，利用误差值对权值进行逐层修改[109]（见图 4.1）。学习过程分正向学习过程和反向学习过程，具体介绍如下。

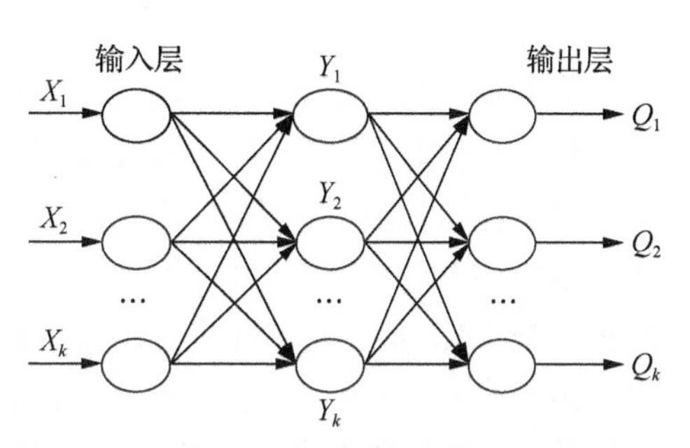

图 4.1　BP 神经网络结构

正向学习过程：

(1) 分别赋予各节点彼此之间的连接权值w_{ji}、w'_{kj}和隐层、输出层节点阈值θ_j、θ'_k。以随机小量作为初始值（一般为−1.0～1.0 或者−0.5～0.5）。

(2) 从网络输入节点输入学习样本，并向前传播。

(3) 在隐节点和输出节点处，传播信号都经过 S 型激活函数作用：

$$f(x)=\frac{1}{1+\mathrm{e}^{-x}}$$

在隐节点和输出节点的输出结果分别为：

隐节点：$y_i = f\left[\sum_{i=1}^{m} w_{ji}\, x_i + \theta_j\right]$

输出节点：$O_k = f\left[\sum_{i=1}^{n} w'_{kj} y_i + \theta'_j\right]$

逆向学习过程：

(4) 若第 1 个学习样本的期望输出为 $T_k(1)$，定义输出节点的误差信号为：

$$D_k(1)=[O_k(1)-T_k(1)]O_k(1)[1-O_k(1)]$$

(5) 将 $D_k(1)$逆向传播，并按下式计算在隐节点产生的误差：

$$\delta_j = \sum D_k\, w'_{kj}\, y_i(1-y_i)$$

(6) 由 D_k计算输出节点调整后的阈值θ'_k和权值w'_{kj}，$\theta'_k=\theta'_k+\alpha D_k$；$w'_{kj}=w'_{kj}+\beta D_k y_i$。

(7) 由δ_j计算隐节点调整后的阈值θ_k和权值w_{ji}，$\theta_k=\theta_k+\alpha\delta_k$；$w_{ji}=w_{ji}+\delta_j x_i$。式中：$\alpha$、$\beta$ 均为学习参数，取值范围为 0.1～0.5 之间。按上述学习过程，将 n 个学习样本依次输入 BP 网络模型中学习，待全部 n 个样本学习完一遍后，计算其均

方差：

$$E = \frac{1}{n}\sum_{i=1}^{n}[O_k(1) - T_k(1)]^2$$

取定某一精度 ε，若 $E<\varepsilon$，则学习结束，输出调整后的权值与阈值；否则更新学习次数，返回(2)，重复上述学习过程，直到满足 $E<\varepsilon$ 为止。

利用该模型进行评价时，首先应利用已有的评价对象的资料，选择出三组资料作为学习样本进行学习，就可得到最终的权值和阈值。这三组资料中，一组为每一指标的最大值，所对应的期望输出值为 1；一组为每一指标的平均值，所对应的期望输出值为 0.5；一组为每一指标的最小值，所对应的期望输出值为 0。利用得到的权值和阈值就可对所需评价的对象进行评价了。

4.4.6 因子分析法

因子分析的基本目的就是用少数几个因子去描述许多指标或因素之间的联系，即将相对比较密切的几个变量归在同一类中，每一类变量就成为一个因子，以较少的几个因子反映原资料的大部分信息。因子分析法的基本步骤如下：

(1) 将原始数据标准化，以消除变量间在数量级和量纲上的不同。

(2) 求标准化数据的相关矩阵。

(3) 求相关矩阵的特征值和特征向量。

(4) 计算方差贡献率与累积方差贡献率。

(5) 确定因子。设 $F_1, F_2, \cdots, F_p$ 为 p 个因子，其中前 m 个因子包含的数据信息总量(即其累积贡献率)不低于 80%时，可取前 m 个因子来反映原评价指标。

(6) 因子旋转。若所得的 m 个因子无法确定或其实际含义不是很明显，这时需将因子进行旋转以获得较为明显的实际含义。

(7) 用原指标的线性组合来求各因子得分。

(8) 以各因子的方差贡献率为权，由各因子的线性组合得到综合评价指标函数：

$$F = (w_1F_1 + w_2F_2 + \cdots + w_mF_m)/(w_1 + w_2 + \cdots + w_m)$$

此处 w_i 为旋转前或旋转后因子的方差贡献率。

(9) 利用综合得分可以得到得分名次。

4.4.7 TOPSIS 法

TOPSIS (Technique for Order Preference by Similarity to an Ideal Solution) 法是 C. L. Hwang 和 K. Yoon 于 1981 年首次提出，是根据有限个评价对象与理想化目标的接近程度进行排序的方法，是在现有的对象中进行相对优劣的评价。其基本原理是，通过检测评价对象与最优解、最劣解的距离来进行排序。若评价对象最靠近最优解同时又最远离最劣解，则为最好；否则不为最优。其中最优解的各指标值都达到各评价指标的最优值，最劣解的各指标值都达到各评价指标的最差值。TOPSIS 法基本步骤如下：

(1) 统一各项评价指标的单调性，正向指标数值越高越好，通常对于反向单调的指标可采用倒数法，即 $X'_{ij}=\frac{1}{X_{ij}}$，而对于居中型指标可采用公式 $X'_{ij}=|X_{ij}-\text{标准中值}|$ 进行转换。

(2) 对各项指标进行归一化处理，运用公式 $a_{ij}=\frac{x_{ij}}{\sqrt{\sum_{i=1}^{n}x_{ij}^2}}$，其中 x_{ij} 表示第 i 个对象在第 j 个指标上的取值，由此可以得到归一化矩阵。

(3) 进行加权处理，即依据各项指标的重要程度分配权值 w_{ij}，得到各项指标加权矩阵值 $Z_{ij}=W_{ij}\times A_{ij}$。

(4) 确定最优方案和最差方案，从矩阵 $\boldsymbol{Z}$ 中选出各项指标的参数值的最大值和最小值，可以得到最优方案 $\boldsymbol{Z}^+=(Z_{i1}^+,Z_{i2}^+,\cdots,Z_{in}^+)$ 和最差方案 $\boldsymbol{Z}^-=(Z_{i1}^-,Z_{i2}^-,\cdots,Z_{in}^-)$。

(5) 分别计算各个评价对象与最优方案及最差方案的距离 D_i^+ 与 D_i^-。

用欧几里得范数作为距离的测度，则任意可行解 Z_i 到 $\boldsymbol{Z}^+$ 的距离为：

$$D_i^+=\sqrt{\sum_{j=1}^{n}(Z_{ij}-Z_j^+)^2}$$

式中：Z_{ij} 为第 j 个目标对第 i 个方案(解)的规范化加权值。

同理，任意可行解 Z_i 到负理想解 $\boldsymbol{Z}^-$ 之间的距离为：

$$D_i^-=\sqrt{\sum_{j=1}^{n}(Z_{ij}-Z_j^-)^2}$$

(6) 计算相对接近度。

某一可行解对于理想解的相对接近度为：

$$C_i=\frac{D_i^-}{D_i^-+D_i^+},0\leqslant C_i\leqslant 1,i=1,2,\cdots,n$$

若 Z_i 是理想解，则相应的 $C_i=1$；若 Z_i 是负理想解，则相应的 $C_i=0$。Z_i 愈靠近理想解，C_i 愈接近于 1；反之，Z_i 愈接近负理想解，C_i 愈接近于 0。

5 "双创"发展评价指标体系构建

"大众创业，万众创新"区别于普通的创新和创业，它是通过创新激发创业，创业支持创新形成的良性循环机制，在研究创业创新理论依据的基础上，借鉴国内外关于创新创业指标体系和评价的实际经验，建立两者兼顾又具有实践意义的指标体系。

5.1 评价指标体系设计原则

(1) 可操作性原则　"双创"发展指标体系应在理论依据的基础上，提高其实践的可行性，每一项指标都应在明确其具体含义的基础上，考虑其自身的特性以及其在整个评估中的作用。

(2) 系统性原则　"双创"发展指标体系作为整体评估指标体系，是由多个子系统构成的综合系统，各子系统之间以及子系统内部各因素之间相互联系、相互影响。在设计指标时，应考虑环境、资源等与双创发展相关的各种因素，只有这样才能较为全面有效地评估各地区创新创业水平。

(3) 代表性原则　应选取代表性较强的典型指标，尽可能以最少的指标包含最多的信息，避免选取意义相近、重复、关联性过强的指标，力求使指标体系简洁易用。

(4) 可行性原则　现阶段，环境指标和创新创业能力指标体系尚处于研究阶段，相关信息还相当缺乏，可行性是指标体系研究的最大制约因素。构建指标体系时，应在充分考虑数据可获取性、可量化性以及公正性的基础上建立，应以一定的显示统计数据为基础，可以通过统计资料整理、抽样调查或典型调查或直接从有关部门获得。

(5) 可比性原则　可比性包括两层含义，应在纵向和横向上都具有可比性。在纵向上，所设置指标应反映各地区动态变化情况；在横向上，考虑在不同区域间的可比性，双向兼顾，促进评价的合理性。统计指标口径的可比性也是指标体系研究必须注意的重要环节，研究一般选用正式出版的《中国统计年鉴》《中国科技统计年鉴》等综合性统计出版物以及相关部门和产业的权威性出版物。

5.2 “双创”发展评价指标体系构建

根据指标体系设计的原则，设计“双创”发展评价指标体系，主要由4个一级指标组成，下设14个二级指标和54个三级指标，具体指标如表5.1所示。

表5.1 “双创”发展评价指标体系

一级指标	二级指标	三级指标	符号
双创环境	经济基础	人均GDP	A1
		人均可支配收入	A2
		人均地方一般公共预算收入	A3
	市场环境	进出口总额	A4
		高技术产品出口额	A5
		居民消费水平	A6
	金融支持	年末金融机构贷款余额	A7
		银行业法人机构数	A8
		当年A股筹资额	A9
	政府扶持	出台的双创政策数量	A10
		规模以上工业企业R&D经费内部支出中政府资金所占比重	A11
		研发机构R&D经费内部支出中政府资金所占比重	A12
	基础设施	每百人互联网宽带接入用户数	A13
		百人移动电话用户数	A14
		人均全年用电量	A15
		人均全年供水量	A16
		人均邮电业务总量	A17
		每万人拥有道路面积	A18
		商品房平均销售价格	A19
	科教文化	对教育投资占GDP比重	A20
		每十万人口高等学校平均在校生数	A21
		人均科普经费支出	A22
		人均图书馆藏书量	A23

续表 5.1

一级指标	二级指标	三级指标	符号
双创主体	企业	万人规模以上工业企业办研发机构数	B1
		万人高新技术企业数量	B2
		高新技术企业数量在全国高新技术企业数量中占比	B3
		创业板上市公司数量	B4
		私营企业单位数占总企业数的比重	B5
	学校	万人拥有高等院校数量	B6
		高等学校 R&D 课题数	B7
		平均每所高等学校拥有国家级大学科技园区数	B8
	科研院所	研发机构数	B9
	双创载体	孵化器数量	B10
		国家级科技企业孵化器数量	B11
双创投入	人力资本投入	万名就业人员中研发人员数	C1
		每万人 R&D 人员全时当量	C2
		每万人专业技术人员	C3
	财力投入	R&D 经费投入强度	C4
		科学技术支出占一般公共预算支出比重	C5
		规模以上工业企业新产品开发经费支出	C6
		规模以上工业企业 R&D 经费支出占主营业务收入的比重	C7
双创产出	创新创业直接产出	每万人发表科技论文数	D1
		每万人专利授权量	D2
		发明专利授权数占专利授权数的比重	D3
		新产品销售收入占工业企业总销售收入的比重	D4
		每百家企业商标拥有量	D5
		每万人技术合同成交额	D6
	创新创业间接产出	万元 GDP 综合能耗	D7
		人口城镇化率	D8
		非农化率	D9
		第三产业增加值占 GDP 比重	D10
		空气质量优良(二级及以上)天数占比	D11
		失业率	D12
		重点高校毕业生自主创业比例	D13

5.3 具体指标解释

5.3.1 双创环境

建立健全双创环境，培育人才、资金、技术和信息等创新要素，有效发挥市场配置资源的作用，才能使双创发展更加顺畅，真正形成新的经济增长点和转型发展新引擎。该领域主要反映驱动双创发展所必备的经济基础、市场环境、金融支持、政府扶持、基础设施和科教文化环境的支撑情况。

1）经济基础

(1) 人均 GDP：这是反映一个国家或地区经济实力最具代表性的指标，可以反映经济增长与双创发展之间相互依存、相互促进的关系。

(2) 人均可支配收入：人均可支配收入用来反映人民生活水平，也可以从一定程度上体现创新创业的活力和潜力。

(3) 人均地方一般公共预算收入：一般公共预算收入是指国家财政参与社会产品分配所取得的收入，是实现国家职能的财力保证。该指标越高，地方政府的财政可支配能力越强，支持双创发展才能得到保障。

2）市场环境

(1) 进出口总额：该指标用以观察一个国家或地区在对外贸易方面的总规模，体现了该地区对外经济联系的开放性。

(2) 高技术产品出口额：高技术产业与创新具有互动关系。该指标通过高技术产品出口额的变化情况，反映创新对产业国际竞争力的影响效果。

(3) 居民消费水平：该指标体现居民在物质产品和劳务的消费过程中，对满足生存、发展和享受需要方面所达到的程度。可以从侧面反映该地区人民生活水平，从而在一定程度上体现创新创业的活力和潜力。

3）金融支持

(1) 年末金融机构贷款余额：金融机构贷款是企业重要的筹资方式之一，该指标反映某一国或地区的金融中介发展程度，也是为创新创业提供资金能力的体现。

(2) 银行业法人机构数：银行是我国最为重要的金融中介机构，与企业的关系最为密切，该指标反映某一国家或地区银行业发展水平。

(3) 当年 A 股筹资额：发行股票是上市公司筹集资金的重要方式，该指标反映某一国或地区在某一年度内通过发行股票筹集资金的规模，衡量证券市场的发达程度。

4）政府扶持

(1) 出台的双创政策数量：收集某地区政府、发改委、人社局、税务局、财政局、银行部门等发布的关于双创的文件，以创新创业人才、众创空间、大学生创新创业、税收优惠、专项资金、补助等作为关键词，收集和整理某年度出台的双创政策数量。

(2) 规模以上工业企业 R&D 经费内部支出中政府资金所占比重：政府资金支持对全社会双创活动的开展具有带动和导向作用，企业是双创活动的主要主体之一，该指标反映政府对企业创新活动的支持程度。受数据来源限制，该指标的数据口径为规模以上工业企业。

(3) 研发机构 R&D 经费内部支出中政府资金所占比重：研发机构也是双创活动的活跃主体，该指标反映政府对研发机构创新活动的支持程度。

5）基础设施

(1) 每百人互联网宽带接入用户数：该指标反映了宽带的普及水平。

(2) 百人移动电话用户数：该指标反映了移动电话普及率。

(3) 人均全年用电量：在一定程度上反映一个国家或地区经济发展水平和人民生活水平。

(4) 人均全年供水量：在一定程度上反映一个国家或地区居民生活水平。

(5) 人均邮电业务总量：该指标反映了通信基础设施水平。

(6) 每万人拥有道路面积：该指标反映了城市基础设施水平。

(7) 商品房平均销售价格：房价一般会受到当地经济发展水平、经济增长状况、居民收入水平等因素的影响，房价越高增加了双创的成本，越不利于创新创业的发展。

6）科教文化

(1) 对教育投资占 GDP 比重：教育投入是支撑国家长远发展的基础性、战略性投资，是双创人才培养的基础。该指标可以衡量一个国家或地区对教育的重视程度和投入力度。

(2) 每十万人口高等学校平均在校生数：该指标用来衡量潜在的劳动力综合素质和创新创业人力资源情况。

(3) 人均科普经费支出：科普为创新提供了良好的环境和市场保障，该指标反映一个国家或地区公民科学素质状况。

(4) 人均图书馆藏书量：公共图书馆对于提高全民科学和文化素养，推进科技创新和进步发挥着基础性保障作用。该指标反映了一个国家或地区的文化软实力。

5.3.2 双创主体

多元的创新创业主体是实现大众创业、万众创新的基础，也是形成创新创业浪潮持久动力的重要保障。该领域主要反映企业、高校、科研院所等双创主体情况。

1）企业

（1）万人规模以上工业企业办研发机构数：企业办研发机构是企业开展R&D活动的专门机构，是企业持续、稳定开展创新活动的重要保障。该指标从一个侧面反映企业持续开展创新活动的能力。受数据来源限制，该指标的数据口径为规模以上工业企业。

（2）万人高新技术企业数量：高新技术企业是创新的重要主体之一，该指标反映某一国家或地区开展创新活动的能力。

（3）高新技术企业数量在全国高新技术企业数量中占比：和万人高新技术企业数类似，以相对数反映高新技术企业规模。

（4）创业板上市公司数量：创业板是专为暂时无法在主板上市的创业型企业、中小企业和高科技产业企业等需要进行融资和发展的企业提供融资途径和成长空间的证券交易市场，是对主板市场的重要补充，在资本市场中有着重要的位置。在创业板上市的企业规模可以从侧面反映创新创业主体和活力。

（5）私营企业单位数占总企业数的比重：有研究认为私营企业有着更大的创新活力和创业激情，该指标用来反映某地区企业创新创业的活力。

2）学校

（1）万人拥有高等院校数量：高校是创新创业的主体之一，也是培养创新创业后备人才的主要场所，该指标可以从一定程度上反映某地区高等院校发展水平。

（2）高等学校R&D课题数：该指标可以从一定程度上反映高等学校进行研发的能力，体现某地区学校这一创新主体的发展情况。

（3）平均每所高等学校拥有国家级大学科技园区数：该指标从一定程度上反映高等学校从事科技创新活动的能力和水平。

3）科研院所

研发机构数：研发机构也是创新创业主体之一，是科技创新和科技转化的实现和完成者，它的数量和质量可以反映该地区的科技创新能力和转换能力。

4）双创载体

（1）孵化器数量：孵化器是指一个集中或虚拟的空间，能够在企业创办初期举步维艰时，提供资金、管理等多种便利，旨在对高新技术成果、科技型企业和创业企业进行孵化，以推动合作和交流，使企业“做大”。该指标在一定程度上体现了对企业创新创业的支持作用。

(2) 国家级科技企业孵化器数量:科技企业孵化器是以促进科技成果转化、培养高新技术企业和企业家为宗旨的科技创业服务载体,该指标体现了区域创新创业支撑体系的发展水平。

此外,众创空间数也是一个重要指标,和孵化器数量指标类似,体现了对企业创新创业的支持作用。众创空间主要服务于“大众创新”,重点关注创意,协助创业者将想法变成样品。而孵化器更加注重创业。众创空间更像是孵化器的前端,为孵化器的有效创业提供创新支撑。但是该指标在《中国科技统计年鉴》上从2016年才开始披露数据,因此设计的指标体系中未选择该指标。

5.3.3 双创投入

创新创业活动离不开人力、财力的支持,该领域从人力资本投入、财力投入两个角度设计指标。

1) 人力资本投入

(1) 万名就业人员中研发人员数:研发人员包括企业、科研机构、高等学校的R&D人员,是全社会各种创新主体的R&D人力投入合力。该指标反映创新创业人力资本投入的规模和强度。

(2) 每万人R&D人员全时当量:R&D人员全时当量是指按工作量折合计算的R&D人员。该指标同样反映创新创业人力的投入规模和强度。

(3) 每万人专业技术人员:专业技术人员指依照国家人才法律法规,经过国家人事部门全国统考合格,并经国家主管部委注册备案,颁发注册执业证书,在企业或事业单位从事专业技术工作的技术人员及具有前述执业证书并从事专业技术管理工作的人员。该指标能从一定程度上反映人力资本的质量。

2) 财力投入

(1) R&D经费投入强度:该指标是国际上通用的、反映国家或地区科技投入水平的核心指标。

(2) 科学技术支出占一般公共预算支出比重:该指标反映了财政资金对科学技术的投入,也从一定程度上体现了某地区政府部门对创新的重视程度。

(3) 规模以上工业企业新产品开发经费支出:该指标反映了制造业领域新技术推广转化以及产业升级的投入规模。受数据来源限制,该指标的数据口径为规模以上工业企业。

(4) 规模以上工业企业R&D经费支出占主营业务收入的比重。企业是创新活动的主体,该指标反映创新活动主体的经费投入情况。受数据来源限制,该指标的数据口径为规模以上工业企业。

5.3.4 双创产出

双创产出是衡量创新创业活动的重要标准,该领域通过论文、专利、商标、技术成果成交额反映创新创业中间产出结果。通过产品结构调整、节约能源、保护环境、经济增长等方面,反映创新创业对经济社会发展的影响。

1) 创新创业直接产出

(1) 每万人发表科技论文数:科技论文是创新活动中间产出的重要成果形式之一。该指标反映研发活动的产出水平和效率。受数据来源限制,用国外主要检索工具收录的论文来代表发表的科技论文数。由于检索工具检索需要较长时间,因此在年鉴中该指标滞后一期。比如《中国科技统计年鉴 2018》中该指标数据为 2016 年的,以此类推。

(2) 每万人专利授权量:专利授权数是创新活动中间产出的又一重要成果形式,该指标也是反映研发活动的产出水平和效率的重要指标。

(3) 发明专利授权数占专利授权数的比重:发明专利在三种专利中的技术含量最高,能够体现专利的水平,也体现了研发成果的市场价值和竞争力。该指标是反映专利质量的关键指标。

(4) 新产品销售收入占工业企业总销售收入的比重:该指标反映新产品推向市场的成功情况,用于反映创新对产品结构调整的效果。受数据来源限制,该指标的数据口径为规模以上工业企业。

(5) 每百家企业商标拥有量:该指标在一定程度上反映企业自主品牌拥有情况和自主品牌的经营能力,同样也是创新能力的体现。

(6) 每万人技术合同成交额:该指标反映技术转移和科技成果转化的规模。

2) 创新创业间接产出

(1) 万元 GDP 综合能耗:该指标反映创新对降低能耗的效果,创新能够节约能源的使用,该指标为负指标。

(2) 人口城镇化率:城镇化是一个国家或地区现代化的重要标志,可以带来创新要素集聚和知识传播扩散,有利于增强创新活力,驱动传统产业升级和新兴产业发展。反过来,创新创业的发展,吸引了更多创新创业人才,推动了新型城镇化建设。

(3) 非农化率:该指标反映了创新创业对就业结构的影响。

(4) 第三产业增加值占 GDP 比重:该指标反映了创新创业对产业结构的影响。

(5) 空气质量优良(二级及以上)天数占比:该指标反映了创新创业对环境保护的影响程度。由于《中国统计年鉴》中披露的是环保重点城市空气质量情况,因此选择各地区省会城市作为代表。

(6) 失业率:该指标反映了创新创业对解决就业的影响程度。

(7) 重点高校毕业生自主创业比例:该指标反映了高校本科生、研究生的创业情况,能从一定程度上反映该地区的创业情况。

5.4 指标数据来源

考虑到数据的权威性,设计的指标主要来源于正式出版的《中国统计年鉴》《中国科技统计年鉴》等综合性统计出版物以及相关部门和产业的权威性出版物。有的指标数据可以直接从年鉴获得,有的需要根据相关指标进行计算。具体见表5.2。

表 5.2　指标数据来源及计算方法

数据来源	指标	计算公式	符号
根据《中国统计年鉴》直接取得	人均 GDP	——	A1
	人均可支配收入	——	A2
	居民消费水平	——	A6
	每万人拥有道路面积	——	A18
	商品房平均销售价格	——	A19
	每十万人口高等学校平均在校生数	——	A21
	人均图书馆藏书量	——	A23
	规模以上工业企业新产品开发经费支出	——	C6
	人口城镇化率	——	D8
	失业率	——	D12
根据《中国科技统计年鉴》直接取得	高技术产品出口额	——	A5
	高等学校 R&D 课题数	——	B7
	研发机构数	2016 年、2017 年根据《中国科技统计年鉴》直接取得	B9
	孵化器数量	2015 年根据科技部公布的科技企业孵化器主要经济指标取得数据	B10
	R&D 经费投入强度	——	C4

续表 5.2

数据来源	指标	计算公式	符号
根据《中国金融统计年鉴》《中国区域金融运行报告》直接取得	进出口总额	——	A4
	年末金融机构贷款余额	——	A7
	银行业法人机构数	——	A8
	当年A股筹资额	——	A9
	创业板上市公司数量	2015、2016年数据根据《中国金融年鉴》直接取得，2017年数据根据证券交易所数据统计	B4
根据各个年鉴数据计算得到	人均地方一般公共预算收入	根据《中国统计年鉴》计算(一般公共预算收入/总人口)	A3
	规模以上工业企业R&D经费内部支出中政府资金所占比重	根据科技统计年鉴计算(规模以上企业R&D经费内部支出中政府资金/规模以上工业企业R&D经费内部支出)	A11
	研发机构R&D经费内部支出中政府资金所占比重	根据《中国科技统计年鉴》计算(研发机构R&D经费内部支出中政府资金/研发机构R&D经费内部支出)	A12
	每百人互联网宽带接入用户数	根据《中国统计年鉴》计算(互联网宽带接入用户/总人口×100)	A13
	百人移动电话用户数	根据《中国统计年鉴》计算(移动电话用户数/总人口×100)	A14
	人均全年用电量	根据《中国统计年鉴》计算(电力消费量/总人口)	A15
	人均全年供水量	根据《中国统计年鉴》计算(全年供水总量/总人口)	A16
	人均邮电业务总量	根据《中国统计年鉴》计算(邮电业务总量/总人口)	A17
	对教育投资占GDP比重	根据《中国统计年鉴》计算(财政支出中教育支出金额/GDP)	A20
	人均科普经费支出	根据《中国科技统计年鉴》《中国统计年鉴》计算(年度科普经费筹集额/总人口)	A22
	万人规模以上工业企业办研发机构数	根据《中国科技统计年鉴》《中国统计年鉴》计算(规上工业企业研发机构数/总人口×10 000)	B1
	私营企业单位数占总企业数的比重	根据中国统计年鉴计算(私营企业数量/企业单位数)	B5
	万人拥有高等院校数量	根据《中国统计年鉴》计算(高等院校数量/总人口×10 000)	B6
	万名就业人员中研发人员数	根据各地统计年鉴、科技统计年鉴(R&D人员数/就业人员数×10 000)	C1
	每万人R&D人员全时当量	根据《中国统计年鉴》《中国科技统计年鉴》(R&D人员全时当量/总人口×10 000)	C2

续表 5.2

数据来源	指标	计算公式	符号
根据各个年鉴数据计算得到	每万人专业技术人员	根据《中国统计年鉴》《中国科技统计年鉴》(各地区公有经济企事业单位专业技术人员/总人口×10 000)	C3
	科学技术支出占一般公共预算支出比重	根据《中国统计年鉴》计算(财政支出中科技支出金额/一般公共预算支出)	C5
	规模以上工业企业 R&D 经费支出占主营业务收入的比重	根据《中国统计年鉴》计算(规上工业企业 R&D 经费支出/主营业务收入)	C7
	每万人发表科技论文数	根据《中国科技统计年鉴》计算(国外主要检索工具收录我国科技论文/R&D 人员数×10 000)	D1
	每万人专利授权量	根据中国科技统计年鉴计算(专利授权量/R&D 人员数×10 000)	D2
	发明专利授权数占专利授权数的比重	根据中国科技统计年鉴计算(专利授权量中发明数量/专利授权量)	D3
	新产品销售收入占工业企业总销售收入的比重	根据《中国统计年鉴》计算(规模以上工业企业新产品销售收入/规模以上工业企业主营业务收入)	D4
	每百家企业商标拥有量	根据《中国统计年鉴》《中国科技统计年鉴》计算(核准注册商标数/企业单位数×100)	D5
	每万人技术合同成交额	根据《中国统计年鉴》计算(技术市场成交额/总人口×10 000)	D6
	万元 GDP 综合能耗	根据各地区统计年鉴计算(能源消耗总量/GDP×10 000)	D7
	非农化率	根据《中国统计年鉴》计算(从事二、三产业的人口/总人口)	D9
	第三产业增加值占 GDP 比重	根据《中国统计年鉴》计算(第三产业增加值/GDP)	D10
	空气质量优良(二级及以上)天数占比	根据《中国统计年鉴》计算(各省会城市空气质量优良天数/365×100)	D11
根据其他公布资料整理	出台双创政策数量	收集各地区双创相关政策后整理得到	A10
	万人高新技术企业数量	根据科技部火炬中心公布的各地区关于拟认定高新技术企业名单公示的通知、《中国统计年鉴》计算(高新技术企业数/总人口×10 000)	B2
	高新技术企业数量在全国高新技术企业数量中占比	根据科技部火炬中心公布的各地区关于拟认定高新技术企业名单公示的通知、《中国统计年鉴》计算(某地区高新技术企业数/全国高新技术企业数)	B3
	平均每所高等学校拥有国家级大学科技园区数	根据科技部网站公布的十批国家大学科技园名单、《中国统计年鉴》计算(各地区国家级科技园区数/高等学校数)	B8

续表 5.2

数据来源	指标	计算公式	符号
根据各个年鉴数据计算得到	国家级科技企业孵化器数量	根据科技部关于公布 2015 年度、2016 年度、2017 年度国家级科技企业孵化器的通知分地区整理数据得到	B11
	重点高校毕业生自主创业比例	根据重点高校就业质量报告数据整理得到	D13

其中,出台的双创政策数量和重点高校毕业生自主创业比例这两个指标的数据比较困难,以下做具体说明。

出台的双创政策数量以“大众创业,万众创新”、自主创新、创新创业、众创空间、大学生创新、大学生创业、创业优惠、高等学校创新创业、企业技术创新、就业创业、自主创新、创新投融资、返乡创业等作为关键词,对各省、自治区、直辖市的人民政府、人力资源保障部、教育厅、发改委等文件进行搜索,以在网上通过搜索引擎能够收集到的相关省级政府层面发布的文件数量作为评价指标(由于通过各个政府网站收集文件工作量较大,本书主要通过搜索引擎经过筛选得到,不排除有的地区的文件未能在搜索引擎上搜索到。但是通过该方法收集到的政策数量具有一定的代表性,能够体现该地区对创新创业的支持作用)。收集到的每个地区的相关文件见表 5.3。

表 5.3 各地区双创政策汇总

年份	地区	政策数量	具体文件
2015	北京	10	(1)《北京高校大学生就业创业项目管理办法》;(2) 关于大力推进大众创业万众创新的实施意见;(3) 关于积极推进“互联网+”行动的实施意见;(4) 关于加快首都科技服务业发展的实施意见;(5)《中关村国家自主创新示范区创业服务平台支持资金管理办法》;(6) 中关村国家自主创新示范区社会组织发展支持资金管理办法;(7) 关于做好普通高等学校毕业生求职创业补贴发放工作的通知;(8) 关于进一步做好新形势下就业创业工作的实施意见;(9) 2015 年推进简政放权放管结合转变政府职能工作方案;(10) 关于进一步加强大学生村官工作的意见
2015	天津	6	(1) 市教委关于贯彻落实深化高等学校创新创业教育改革的实施意见的通知;(2) 关于进一步做好新形势下就业创业工作的实施意见;(3) 关于发展众创空间推进大众创新创业政策措施;(4) 关于落实支持和促进重点群体创业就业税收政策有关事宜的公告;(5) 市教委关于构建高校众创空间促进大学生创新创业的实施意见;(6) 市教委关于做好 2016 届普通高等学校毕业生就业创业工作的通知
2015	河北	8	(1)《关于发展众创空间推进大众创新创业的实施意见》;(2)《关于深化高等学校创新创业教育改革的若干意见》;(3) 关于支持农民工等人员返乡创业的实施意见;(4) 关于大力推进大众创业万众创新若干政策措施的实施意见;(5) 关于创新重点领域投融资机制鼓励社会投资的实施意见;(6) 关于创新投资管理方式建立协同监管机制的实施意见;(7) 关于促进全省经济开发区转型升级创新发展的实施意见;(8) 关于进一步做好新形势下就业创业工作的实施意见

续表 5.3

年份	地区	政策数量	具体文件
2015	山西	6	(1) 关于实施科技创新的若干意见;(2) 关于进一步做好新形势下就业创业工作的实施意见;(3) 山西省大力推进大众创业万众创新的实施方案;(4) 关于支持农民工等人员返乡创业的实施意见;(5) 关于发展众创空间推进大众创新创业的实施意见;(6) 山西省人民政府关于创新重点领域投融资机制鼓励社会投资的实施意见
2015	内蒙古	6	(1) “创业内蒙古”行动计划(2016—2020 年);(2) 关于大力推进大众创业万众创新若干政策措施的实施意见;(3) 深化高等学校创新创业教育改革的实施方案;(4) 关于开展大学生万人创业行动的实施意见;(5) 关于加快发展众创空间的实施意见;(6) 关于进一步做好新形势下就业创业工作的实施意见
2015	辽宁	5	(1) 辽宁省科技创新驱动发展实施方案;(2) 关于支持大中专学生和复员转业退伍军人创业创新的若干意见;(3) 关于推进“大众创业,万众创新”的若干政策措施;(4) 关于大力推进中小微企业创业基地建设的指导意见;(5) 关于进一步做好新形势下就业创业工作的实施意见
2015	吉林	4	(1) 关于发展众创空间推进大众创新创业的实施意见;(2) 关于支持农民工等人员返乡创业的实施意见;(3) 关于深化高等学校教育教学改革促进大学生创新创业的实施意见;(4) 关于推进“大众创业,万众创新”若干政策措施的实施意见
2015	黑龙江	5	(1) 黑龙江省千户科技型企业三年行动计划(2015—2017 年);(2) 关于促进大学生创新创业的若干意见;(3) 黑龙江省加快构建“大众创业,万众创新”支撑平台工作方案;(4) 关于进一步做好新形势下就业创业工作的实施意见;(5) 关于支持农民工等人员返乡创业的实施意见
2015	上海	5	(1) 关于进一步做好新形势下本市就业创业工作的意见;(2) 上海市鼓励创业带动就业三年行动计划(2015—2017 年);(3) 关于进一步落实鼓励创业带动就业行动计划有关问题的通知;(4) 关于促进上海国家级经济技术开发区转型升级创新发展的实施意见;(5) 关于加快建设具有全球影响力的科技创新中心的意见
2015	江苏	6	(1) 省工商局拟定商标发展十项举措助推“双创”工作;(2) 关于支持农民工等人员返乡创业的实施意见;(3) 关于进一步做好新形势下就业创业工作的实施意见;(4) 江苏省深化高等学校创新创业教育改革实施方案;(5) 发展众创空间推进大众创新创业带动就业工作实施方案;(6) 省政府关于创新重点领域投融资机制鼓励社会投资的实施意见
2015	浙江	5	(1) 关于推广应用创新券,推动“大众创业,万众创新”的若干意见;(2) 关于积极推进高校建设创业学院的意见;(3) 关于进一步促进全省经济平稳发展创新发展的若干意见;(4) 关于支持大众创业促进就业的意见;(5) 推进文化事业和文化产业科技协同创新合作备忘录
2015	安徽	9	(1) 关于发展众创空间推进大众创新创业的实施意见;(2) 关于深化高等学校创新创业教育改革的实施意见;(3) “创业江淮”行动计划(2015—2017 年);(4) 关于进一步做好新形势下就业创业工作的实施意见;(5) 关于支持农民工等人员返乡创业的实施意见;(6) 实施创新驱动发展战略进一步加快创新型省份建设配套文件;(7) 关于创新重点领域投融资机制鼓励社会投资的实施意见;(8) 关于促进云计算创新发展培育信息产业新业态的实施意见;(9) 关于加大改革创新力度加快农业现代化建设的实施意见

续表 5.3

年份	地区	政策数量	具体文件
2015	福建	6	(1) 关于开展大学生创新创业基地建设工作的通知;(2) 关于做好 2015 年普通高等学校毕业生就业创业工作的通知;(3) 关于大力推进“大众创业,万众创新”十条措施的通知;(4) 福建省互联网经济优秀人才创业启动支持暂行办法;(5) 关于进一步做好新形势下就业创业工作十五条措施的通知;(6) 关于做好 2015 年普通高等学校毕业生就业创业工作的通知
2015	江西	5	(1) 省地税局推行“税易贷”促进创新创业;(2) 关于大力推进大众创业万众创新若干政策措施的实施意见;(3) 江西省人民政府关于进一步做好新形势下就业创业工作的实施意见;(4) 江西省人民政府关于创新重点领域投融资机制鼓励社会投资的实施意见;(5) 关于深化高等学校创新创业教育改革的实施意见
2015	山东	5	(1) 关于加快推进大众创新创业的实施意见;(2) 关于进一步做好新形势下就业创业工作的意见;(3) 山东省青年创业贴息资金管理办法;(4) 山东省实施就业优先战略行动方案;(5) 关于加快推进大众创新创业的实施意见
2015	河南	7	(1) 关于进一步激发高校科技创新活力提高支撑经济社会发展能力的实施意见;(2) 关于 2015 年持续深入实施就业创业服务体系完善工程的意见;(3) 关于发展众创空间推进大众创新创业的实施意见;(4) 关于进一步做好新形势下就业创业工作的实施意见;(5) 关于发展众创空间推进大众创新创业的实施意见;(6) 关于支持农民工返乡创业的实施意见;(7) 关于创新重点领域投融资机制鼓励社会投资的实施意见
2015	湖北	5	(1) 关于创新重点领域投融资机制鼓励社会投资的实施意见;(2) 关于促进开发区转型升级创新发展的若干意见;(3) 关于深入推进“大众创业,万众创新”打造经济发展新引擎的实施意见;(4) 湖北省人民政府关于做好新形势下就业创业工作的实施意见;(5) 关于创新重点领域投融资机制鼓励社会投资的实施意见
2015	湖南	6	(1) 关于深化高等学校创新创业教育改革的实施意见;(2) 湖南省中小微企业创业基地管理办法;(3) 关于加强和创新社区社会组织发展工作的意见;(4) 湖南省“大众创业,万众创新”行动计划(2015—2017 年);(5) 湖南省发展众创空间推进大众创新创业实施方案;(6) 关于支持农民工等人员返乡创业的实施意见
2015	广东	5	(1) 关于加快科技创新的若干政策意见;(2) 关于科技创新券后补助试行方案;(3) 关于创新完善中小微企业投融资机制的若干意见;(4) 关于复制推广中国(广东)自由贸易试验区首批改革创新经验的通知;(5) 关于进一步做好新形势下就业创业工作的实施意见
2015	广西	4	(1) 大力推进大众创业万众创新的实施方案;(2) 广西壮族自治区人民政府关于深化高等教育综合改革的意见;(3) 关于加快广西农业科技创新体系建设的实施意见;(4) 关于进一步做好新形势下就业创业工作的通知
2015	海南	5	(1) 海南省深化高等学校创新创业教育改革的实施方案;(2) 关于支持农民工等人员返乡创业的实施意见;(3) 海南省引进科技创新团队实施办法;(4) 关于进一步做好新形势下就业创业工作的实施意见;(5) 关于创新重点领域投融资机制鼓励社会投资的实施意见
2015	重庆	6	(1) 重庆市企业自主创新引导专项实施细则;(2) 重庆市深化体制机制改革加快实施创新驱动发展战略行动计划(2015—2020 年);(3) 关于发展众创空间推进大众创业万众创新的实施意见;(4) 关于加快重庆创业投资发展的意见;(5) 进一步做好新形势下就业创业工作的实施意见;(6) 关于创新重点领域投融资机制鼓励社会投资的实施意见

续表 5.3

年份	地区	政策数量	具体文件
2015	四川	7	(1) 四川省小微企业创新创业三年行动计划(2015—2017);(2) 关于深化高等学校创新创业教育改革的实施意见;(3) 关于支持农民工和农民企业家返乡创业的实施意见;(4) 关于全面推进“大众创业,万众创新”的意见;(5) 关于促进国家级经济技术开发区转型升级创新发展的实施意见;(6) 关于创新重点领域投融资机制鼓励社会投资的实施意见;(7) 关于进一步做好新形势下就业创业工作的意见
2015	贵州	4	(1) 贵州省加速人才集聚激励人才创新创业政策;(2) 创新财政专项资金支持产业发展使用方式实施意见;(3) 贵州省加快科技服务业发展实施方案;(4) 关于贵州省创新重点领域投融资机制鼓励社会投资的实施意见
2015	云南	4	(1) 关于进一步做好新形势下就业创业工作的实施意见;(2) 关于支持农民工等人员返乡创业的实施意见;(3) 关于发展众创空间推进大众创新创业的实施意见;(4) 关于创新重点领域投融资机制鼓励社会投资的实施意见
2015	西藏	3	(1) 关于积极做好 2015 年西藏自治区高校毕业生就业创业工作的意见;(2) 西藏自治区发展众创空间推进大众创新创业实施方案;(3) 关于推进西藏科技长足发展促进大众创业万众创新的意见
2015	陕西	4	(1) 关于支持农民工等人员返乡创业的实施意见;(2) 陕西“众创空间”孵化基地建设实施方案;(3) 陕西省全面提升企业创新能力行动方案;(4) 陕西省人民政府关于创新重点领域投融资机制鼓励社会资本投资的实施意见
2015	甘肃	7	(1) 关于进一步做好新形势下就业创业工作的实施意见;(2) 甘肃省深化高等学校创新创业教育改革实施方案;(3) 甘肃省发展众创空间推进大众创新创业实施方案;(4) 关于开展政府和社会资本合作的实施意见;(5) 关于支持农民工等人员返乡创业的实施意见;(6) 关于进一步做好新形势下就业创业工作的实施意见;(7) 甘肃省大力推进大众创业万众创新实施方案
2015	青海	5	(1) 青海省人民政府关于进一步做好新形势下就业创业工作的实施意见;(2) 关于发展众创空间推进大众创新创业的实施意见;(3) 青海省深化高等学校创新创业教育改革实施方案;(4) 关于做好农民工等人员返乡创业工作的实施意见;(5) 简化优化公共服务流程方便基层群众办事创业工作方案
2015	宁夏	3	(1) 自治区人民政府关于扶持小微企业健康发展的若干意见;(2) 自治区人民政府关于进一步做好新形势下就业创业工作的实施意见;(3) 关于支持农民工等人员返乡创业的实施意见
2015	新疆	3	(1) 关于发展众创空间推进大众创新创业的实施意见;(2) 新疆维吾尔自治区“大众创业、万众就业”行动方案;(3) 关于创新重点领域投融资机制鼓励社会投资的实施意见
2016	北京	6	(1) 北京市促进科技成果转移转化行动方案;(2) 关于深入推进科技特派员工作的实施意见;(3) 关于推动中关村国家自主创新示范区一区多园统筹协同发展的指导意见;(4) 北京加强全国科技创新中心建设总体方案;(5) 关于优化审批程序简化登记手续支持中关村示范区企业发展的意见;(6) 北京市简化优化公共服务流程方便基层群众办事创业工作方案
2016	天津	4	(1) 市教委关于进一步加强高等学校创新创业教育改革措施的通知;(2) 贯彻落实国务院关于大力推进大众创业万众创新若干政策措施意见任务分工;(3) 市教委关于做好我市 2017 届普通高等学校毕业生就业创业工作的通知;(4) 市科委关于印发天津市众创空间(区县部分)绩效考评指标体系(试行)的通知

续表 5.3

年份	地区	政策数量	具体文件
2016	河北	2	(1) 关于引导民间融资创新发展的意见；(2) 河北省简化优化公共服务流程方便基层群众办事创业工作方案
2016	山西	5	(1) 创业担保贷款等优惠政策；(2) 山西省创新投资管理方式建立协同监管机制工作方案；(3) 山西省深化高等学校创新创业教育改革实施方案；(4) 关于贯彻落实国家级经济技术开发区考核制度促进创新驱动发展的实施意见；(5) 山西省简化优化公共服务流程方便基层群众办事创业工作方案
2016	内蒙古	2	(1) 关于进一步做好 2016 年全区高校毕业生就业创业工作的通知；(2) 内蒙古自治区简化优化公共服务流程方便基层群众办事创业工作方案
2016	辽宁	8	(1) 关于加强校企协同创新联盟建设的实施意见；(2) 关于加快构建“大众创业，万众创新”支撑平台的实施意见；(3) 辽宁省促进创业投资持续健康发展若干政策措施；(4) 关于加强校企协同创新联盟建设的实施意见；(5) 关于促进高等院校创新创业工作的实施意见；(6) 关于深入推行科技特派员制度促进农村创新创业的实施意见；(7) 辽宁省促进创业投资持续健康发展若干政策措施；(8) 辽宁省简化优化公共服务流程方便基层群众办事创业的工作方案
2016	吉林	4	(1) 关于强化金融服务支持科技创新的实施意见；(2) 吉林省人民政府办公厅关于加快构建“大众创业，万众创新”支撑平台的实施意见；(3) 吉林省人民政府办公厅关于进一步促进全省开发区创新驱动发展的实施意见；(4) 吉林省人民政府办公厅关于印发简化优化公共服务流程方便基层群众办事创业工作方案的通知
2016	黑龙江	2	(1) 黑龙江省人民政府关于促进科技企业孵化器和众创空间发展的指导意见；(2) 关于印发黑龙江省简化优化公共服务流程方便基层群众办事创业工作方案的通知
2016	上海	7	(1) 上海市科技企业孵化器管理办法；(2) 关于全面建设杨浦国家“大众创业，万众创新”示范基地的实施意见；(3) 关于做好 2016 年上海高校毕业生就业创业工作的通知；(4) 上海市简化优化公共服务流程方便基层群众办事创业工作方案；(5) 鼓励留学人员来上海工作和创业的若干规定；(6) 关于进一步落实鼓励创业带动就业行动计划有关问题的通知；(7) 上海市众创空间发展实施细则
2016	江苏	3	(1) 关于加快推进产业科技创新中心和创新型省份建设若干政策措施的通知；(2) 关于推进众创社区建设的实施意见；(3) 2016 年苏南国家自主创新示范区建设工作要点
2016	浙江	4	(1) 浙江省小微企业创业创新园（基地）管理和评价办法；(2) 关于补齐科技创新短板的若干意见；(3) 关于大力推进农业科技创新创业的若干意见；(4) 关于推进高等学校创新创业教育的实施意见
2016	安徽	5	(1) 关于加快推进“大众创业，万众创新”示范基地建设的通知；(2) 关于简化优化公共服务流程方便基层群众办事创业的通知；(3) 关于全面推进“大众创业，万众创新”的实施意见；(4) 关于加快众创空间发展服务实体经济转型升级的实施意见；(5) 关于推进商贸流通创新发展转型升级的实施意见
2016	福建	6	(1) 福建省教育厅关于开展深化创新创业教育改革示范高校创建工作的通知；(2) 关于促进高校科技创新能力提升的若干意见；(3) 福建省“十三五”科技发展和创新驱动专项规划；(4) 关于促进高校科技创新能力提升的若干意见；(5) 实施创新驱动发展战略行动计划；(6) 关于做好 2016 年普通高等学校毕业生就业创业工作的通知

续表 5.3

年份	地区	政策数量	具体文件
2016	江西	2	(1) 江西省加大全社会研发投入攻坚行动方案;(2) 江西省简化优化公共服务流程方便基层群众办事创业工作方案
2016	山东	7	(1) 关于贯彻国办发〔2015〕36 号文件全面深化高等学校创新创业教育改革的实施意见;(2) 山东半岛国家自主创新示范区发展建设资金管理办法;(3) 山东省“十三五”人才发展规划;(4) 关于加快山东半岛国家自主创新示范区建设发展的实施意见;(5) 山东省创业带动就业扶持资金管理暂行办法;(6) 关于做好 2016 年全省普通高校毕业生就业创业工作的通知;(7) 山东省简化优化公共服务流程方便基层群众办事创业实施方案
2016	河南	8	(1) 关于发展众创空间推进创新创业工作的政策措施;(2) 关于推进金融资本与科技创新相结合的政策措施;(3) 关于大力推进“大众创业,万众创新”的实施意见;(4) 关于开展河南省区域创新创业基地建设工作的通知;(5) 关于深化高等学校创新创业教育改革的实施意见;(6) 2016 年河南省助力大众创业工作方案;(7) 河南省简化优化公共服务流程方便基层群众办事创业工作方案;(8) 关于支持大中型工业企业开展“大众创业,万众创新”的若干意见
2016	湖北	7	(1) 湖北省自主创新促进条例;(2) 关于进一步深化高等学校创新创业教育改革的意见;(3) 关于加快构建“大众创业,万众创新”支撑平台的实施意见;(4) 湖北省创新型省份建设推进计划(2016—2020 年);(5) 关于发展众创空间推进大众创新创业的实施意见;(6) 关于支持农民工等人员返乡创业的实施意见;(7) 湖北省简化优化公共服务流程方便基层群众办事创业工作方案
2016	湖南	5	(1) 湖南高等职业教育创新发展行动计划(2016—2018 年)实施方案;(2) 关于开展省级制造业创新中心建设试点的意见;(3) 关于加快众创空间发展服务实体经济转型升级的实施意见;(4) 关于支持和鼓励事业单位专业技术人员创新创业的实施意见;(5) 湖南省简化优化公共服务流程方便基层群众办事创业工作方案
2016	广东	12	(1) 关于民营企业(中小企业)创新产业化示范基地管理办法;(2) 关于发展科技保险广东省建设“大众创业,万众创新”示范基地实施方案支持科技创新的意见;(3) 关于加强专业镇创新发展工作的指导意见;(4) 关于发展科技股权众筹、建设众创空间促进创新创业的意见;(5) 关于金融服务创新驱动发展的若干意见;(6) 促进经济技术开发区转型升级创新发展实施方案;(7) 广东省建设大众创业万众创新示范基地实施方案;(8) 广东省完善国家级经济技术开发区考核制度促进创新驱动发展实施方案;(9) 广东省人民政府关于创新重点领域投融资机制鼓励社会投资的实施意见;(10) 关于大力推进“大众创业,万众创新”的实施意见;(11) 广东省系统推进全面创新改革试验行动计划;(12) 广东省简化优化公共服务流程方便基层群众办事创业工作方案
2016	广西	4	(1) 关于实施创新驱动发展战略的决定;(2) 广西进一步强化企业创新主体地位实施办法;(3) 广西加快科技创新平台和载体建设实施办法;(4) 广西壮族自治区高新技术产业开发区创新能力提升计划
2016	海南	3	(1) 海南省人民政府关于大力推进大众创业万众创新的实施意见;(2) 中共海南省委关于以创新为引领推进供给侧结构性改革的实施意见;(3) 海南省简化优化公共服务流程方便基层群众办事创业工作方案
2016	重庆	3	(1) 关于加快构建“大众创业,万众创新”支撑平台的实施意见;(2) 促进农民工等人员返乡创业实施方案;(3) 重庆市简化优化公共服务流程方便基层群众办事创业实施方案

续表 5.3

年份	地区	政策数量	具体文件
2016	四川	7	(1) 四川省高层次人才特殊支持办法;(2) 四川省激励科技人员创新创业十六条政策;(3) 创业四川行动实施方案(2016—2020 年);(4) 推进农业供给侧结构性改革加快四川农业创新绿色发展行动方案;(5) 关于进一步深化人力资源社会保障领域“放管服”改革工作的实施意见;(6) 关于做好 2016 年全省大学生就业创业工作的通知;(7) 四川省简化优化公共服务流程方便基层群众办事创业工作方案
2016	贵州	5	(1) 贵州省全民科学素质行动计划纲要实施方案(2016—2020 年);(2) 关于大力推进大众创业万众创新的实施意见;(3) 关于进一步做好新形势下就业创业工作的实施意见;(4) 贵州省深化高等学校创新创业教育改革实施方案;(5) 关于简化优化公共服务流程方便基层群众办事创业工作方案
2016	云南	2	(1) 关于加快构建大众创业万众创新支撑平台的实施意见;(2) 关于进一步简化优化公共服务流程方便群众办事创业的意见
2016	西藏	4	(1) 西藏自治区深化普通高等学校创新创业教育改革实施方案;(2) 关于支持农牧民工等人员返乡创业的实施意见;(3) 关于贯彻落实国务院关于进一步做好新形势下就业创业工作意见的实施意见重点任务分工方案;(4) 西藏自治区简化优化公共服务流程方便基层群众办事创业工作方案
2016	陕西	7	(1) 陕西省科技创新券管理暂行办法;(2) 关于发挥职能作用进一步做好高校毕业生就业创业工作的实施意见;(3) 关于大力推进“大众创业,万众创新”工作的实施意见;(4) 关于加强博士后人才创新创业工作的意见;(5) 陕西省简化优化公共服务流程方便基层群众办事创业工作方案;(6) 陕西省支持众创空间服务实体经济转型升级实施方案;(7) 关于做好“十三五”期间高校毕业生就业创业工作的意见
2016	甘肃	8	(1) 甘肃省高校大学生创新创业专项资金管理办法;(2) 甘肃省“十三五”科技创新规划;(3) 甘肃省建设特色型知识产权强省试点省实施方案;(4) 甘肃省加快众创空间发展服务实体经济转型升级的实施方案;(5) 甘肃省大力推进大众创业万众创新实施方案;(6) 关于积极主动配合推进大众创业万众创新工作的通知;(7) 关于全省开发区深化改革创新机制的指导意见;(8) 甘肃省简化优化公共服务流程方便基层群众办事创业实施方案的通知
2016	青海	4	(1) 2016 年百项创新攻坚工程项目实施方案;(2) “十三五”科技创新规划;(3) 关于创新重点领域投融资机制鼓励社会投资的实施意见;(4) 关于青海省完善国家级经济技术开发区考核制度促进创新驱动发展的实施意见
2016	宁夏	6	(1) 加快构建“大众创业,万众创新”支撑平台实施方案;(2) 发展众创空间推进大众创新创业的实施方案;(3) 众创空间认定管理办法;(4) 宁夏深化高等学校创新创业教育改革的实施方案;(5) 关于深入推进“互联网+流通”行动计划的实施意见;(6) 关于大力推进“大众创业,万众创新”若干政策措施的实施意见
2016	新疆	4	(1) 关于促进加工贸易创新发展的实施意见;(2) 关于大力推进“大众创业,万众创新”若干政策措施的实施意见;(3) 关于进一步做好新形势下就业创业工作的实施意见;(4) 新疆维吾尔自治区简化优化公共服务流程方便基层群众办事创业的工作方案
2017	北京	6	(1) 北京市属高等学校科技创新平台建设管理办法;(2) 北京市积分落户操作管理细则;(3) 关于支持和鼓励高校、科研机构等事业单位专业技术人员创新创业的实施意见;(4) 关于进一步激发重点群体活力带动城乡居民增收的若干政策措施;(5) 关于进一步做好本市人力社保领域深化“放管服”改革工作的若干实施意见;(6) 北京市人民政府关于印发加快科技创新构建高精尖经济结构系列文件的通知

续表 5.3

年份	地区	政策数量	具体文件
2017	天津	8	(1) 天津市众创空间备案管理与绩效评估办法;(2) 关于做好当前和今后一段时期就业创业工作的实施意见;(3) 天津市关于强化实施创新驱动发展战略进一步推进“大众创业,万众创新”深入发展的实施意见;(4) 天津市“一带一路”科技创新合作行动计划(2017—2020 年);(5) 关于进一步做好创业担保贷款工作促进农民创业增收有关问题;(6) 关于确定我市重点群体和自主就业退役士兵创业就业税收扣减限额标准;(7) 关于促进我市开发区改革和创新发展实施方案;(8) 关于贯彻落实“十三五”促进就业规划的实施方案
2017	河北	4	(1) 关于支持返乡下乡人员创业创新促进农村一二三产业融合发展的实施意见;(2) 河北省鼓励柔性引才暂行办法;(3) 河北省人民政府关于做好就业创业工作的实施意见;(4) 石保廊全面创新改革试验重点改革试点方案
2017	山西	4	(1) 关于建设省级“大众创业,万众创新”示范基地的实施意见;(2) 关于做好当前和今后一段时期创业就业工作的实施意见;(3) 山西省促进创业投资持续健康发展若干政策措施;(4) 山西省小微企业创业创新基地建设管理办法
2017	内蒙古	6	(1) 内蒙古自治区创业担保贷款实施办法;(2) 关于建设“大众创业,万众创新”示范基地的实施意见;(3) 关于“十三五”时期促进就业的意见;(4) 关于支持返乡下乡人员创业创新促进农村牧区一二三产业融合发展的实施意见;(5) 内蒙古自治区人才引进和流动实施办法;(6) 关于做好当前和今后一段时期就业创业工作的实施意见
2017	辽宁	3	(1) 关于加快构建“大众创业,万众创新”支撑平台的实施意见;(2) 关于支持高校毕业生到县域就业创业的意见;(3) 关于做好当前和今后一段时期就业创业工作的实施意见
2017	吉林	4	(1) 关于启动农民工等人员返乡创业工程促进农民增收的实施意见;(2) 吉林省科学技术创新发展“十三五”规划的通知;(3) 关于促进创业投资持续健康发展若干政策措施;(4) 关于做好当前和今后一段时期就业创业工作若干政策措施
2017	黑龙江	5	(1) 关于促进创业投资持续健康发展的实施意见;(2) 关于强化实施创新驱动发展战略进一步推进“大众创业,万众创新”深入发展的实施意见;(3) 关于做好当前和今后一段时期就业创业工作的实施意见;(4) 关于支持返乡下乡人员创业创新促进农村一二三产业融合发展的实施意见;(5) 黑龙江省扶持科技企业孵化器和众创空间发展政策实施细则
2017	上海	8	(1) 关于做好当前和今后一段时期就业创业工作的意见;(2) 上海市加快推进具有全球影响力科技创新中心建设的规划土地政策实施办法;(3) 关于新形势下进一步促进本市青年就业创业的若干意见;(4) 上海市创业投资引导基金管理办法;(5) 关于全面建设徐汇国家“大众创业,万众创新”示范基地的实施意见;(6) 关于本市加快制造业与互联网融合创新发展的实施意见;(7) 支持和促进重点群体创业就业税收优惠事项管理规程;(8) 关于本市支持返乡下乡人员创业创新促进农村一二三产业融合发展的实施意见
2017	江苏	6	(1) 全民创业行动计划(2017—2020 年);(2) 关于创新管理优化服务培育壮大经济发展新动能的实施意见;(3) 关于支持返乡下乡人员创业创新促进农村一二三产业融合发展的实施意见;(4) 关于促进创业投资持续健康发展的实施意见;(5) 关于做好当前和今后一段时期就业创业工作的实施意见;(6) 关于继续实施支持和促进重点群体创业就业有关税收政策的通知

续表 5.3

年份	地区	政策数量	具体文件
2017	浙江	5	(1) 浙江省支持浙商创业创新目标责任制考核奖励专项资金管理;(2) 关于进一步促进残疾人就业创业的通知;(3) 浙江省产业创新服务综合体建设行动计划;(4) 关于促进创业投资持续健康发展的实施意见;(5) 关于做好当前和今后一段时期就业创业工作的实施意见
2017	安徽	8	(1) 关于进一步推进大众创业万众创新深入发展的实施意见;(2) 支持科技创新若干政策;(3) 支持“三重一创”建设若干政策;(4) 关于促进全省开发区改革和创新发展的实施意见;(5) 关于创新管理优化服务培育壮大经济发展新动能加快新旧动能接续转换的实施意见;(6) 关于促进创业投资持续健康发展的实施意见;(7) 关于促进全省开发区改革和创新发展的实施意见;(8) 关于进一步促进当前和今后一段时期就业创业工作的通知
2017	福建	6	(1) 福建省教育厅关于进一步加强高校创新创业教育课程体系建设的指导意见;(2) 设立“福建省大学生创新创业优秀项目”扶持奖补经费;(3) 关于共同推进产学研用协同创新的意见;(4) 关于强化实施创新驱动发展战略进一步推进“大众创业,万众创新”深入发展的实施意见;(5) 关于做好当前和今后一段时期就业创业工作的实施意见;(6) 支持返乡下乡人员创业创新促进农村一二三产业融合发展
2017	江西	1	关于引导企业创新管理提质增效的实施意见
2017	山东	9	(1) 山东省科技企业孵化器和众创空间高新技术企业培育财政奖励资金管理办法;(2) 山东省创业担保贷款实施办法;(3) 山东省离岸创新人才引进使用支持办法;(4) 关于促进开发区改革和创新发展的实施意见;(5) 关于支持返乡下乡人员创业创新促进农村一二三产业融合发展的实施意见;(6) 关于支持双创示范基地建设推进全省双创深入发展的实施意见;(7) 关于改革完善博士后制度的实施意见;(8) 山东省“十三五”促进就业规划;(9) 山东省人民政府关于助推新旧动能转换做好当前和今后一段时期就业创业工作的意见
2017	河南	7	(1) 河南省开发性金融支持返乡创业促进脱贫攻坚实施方案;(2) 深化高等学校创新创业教育改革实施方案;(3) 关于促进产业集聚区和开发区改革创新发展的实施意见;(4) 关于促进创业投资持续健康发展的实施意见;(5) 关于支持“大众创业,万众创新”基地建设的实施意见;(6) 关于做好当前和今后一段时期就业创业工作的实施意见;(7) 关于支持返乡下乡人员创业创新促进农村一二三产业融合发展的实施意见
2017	湖北	5	(1) 湖北省科技企业创业与培育工程升级版实施方案;(2) 关于激励企业开展研究开发活动的暂行办法;(3) 关于促进开发区改革和创新发展的实施意见;(4) 关于县域创新驱动发展的实施意见;(5) 关于大力支持返乡下乡人员创业创新促进农村一二三产业融合发展的实施意见
2017	湖南	5	(1) 长株潭国家自主创新示范区建设专项资金管理办法;(2) 关于支持和鼓励事业单位专业技术人员创新创业的实施意见;(3) 关于促进创业投资持续健康发展的实施意见;(4) 关于做好当前和今后一段时期就业创业工作的实施意见;(5) 关于大力推动全民创业的意见
2017	广东	4	(1) 小型微型企业创业创新示范基地建设管理办法;(2) 关于做好广东省博士后创新实践基地管理服务工作的通知;(3) 广东省落实全国科技创新大会精神近期若干重点任务实施方案;(4) 关于鼓励高校科研院所科研人员创新创业有关人事管理问题的意见

续表 5.3

年份	地区	政策数量	具体文件
2017	广西	4	(1) 关于支持高校科研院所专业技术人员创新创业人事管理及有关问题的通知;(2) 促进广西国家级经济技术开发区转型升级创新发展实施方案;(3) 广西创新管理优化服务培育壮大经济发展新动能加快新旧动能接续转换实施方案;(4) 关于做好当前和今后一段时期就业创业工作的通知
2017	海南	5	(1) 关于进一步做好当前和今后一段时期就业创业工作的实施意见;(2) 海南省引进人才落户实施办法;(3) 关于加快科技创新的实施意见;(4) 海南省地方科技发展引导专项资金管理实施细则;(5) 海南省高校毕业生就业创业促进计划
2017	重庆	5	(1) 关于调整创业担保贷款政策支持创业就业的通知;(2) 重庆市留学人员回国创业创新支持计划实施办法;(3) 关于支持返乡下乡人员创业创新促进农村一二三产业融合发展的实施意见;(4) 做好当前和今后一段时期就业创业工作的实施意见;(5) 重庆市留学人员回国创业创新支持计划
2017	四川	6	(1) 四川省创新管理优化服务培育壮大经济发展新动能加快新旧动能接续转换工作方案;(2) 关于加快建设成都国家自主创新示范区的实施意见;(3) 四川创新型省份建设实施方案;(4) 关于支持返乡下乡人员创业创新促进农村一二三产业融合发展的实施意见;(5) 关于做好当前和今后一段时期就业创业工作的实施意见;(6) 四川省专业技术人才队伍建设“十三五”规划
2017	贵州	3	(1) 关于进一步支持返乡下乡人员创业创新促进农村一二三产业融合发展的实施意见;(2) 关于促进创业投资持续健康发展的实施意见;(3) 关于做好当前和今后一段时期就业创业工作的实施意见
2017	云南	5	(1) 关于“云岭英才计划”的实施意见;(2) 关于促进县域创新驱动发展的实施意见;(3) 关于支持返乡下乡人员创业创新促进农村一二三产业融合发展的实施意见;(4) 关于进一步做好当前和今后一段时期就业创业工作的实施意见;(5) 关于深化高等学校创新创业教育改革的实施意见
2017	西藏	3	(1) 关于加快推进拉萨市建设国家创新型城市的指导意见;(2) 关于切实加强当前和今后一段时期就业创业工作的实施意见;(3) 关于支持返乡下乡人员创业创新促进农牧区一二三产业融合发展的实施意见
2017	陕西	3	(1) 关于支持返乡下乡人员创业创新促进农村一二三产业融合发展的实施意见;(2) 关于进一步加强就业创业工作的实施意见;(3) 关于实施高校毕业生就业创业促进计划的通知
2017	甘肃	5	(1) 关于做好支持创新相关改革举措推广落实工作的通知;(2) 关于进一步激发社会领域投资活力的实施意见;(3) 关于支持返乡下乡人员创业创新促进农村一二三产业融合发展的实施意见;(4) 关于做好当前和今后一段时期就业创业工作的实施意见;(5) 甘肃省创业担保贷款实施办法(试行)
2017	青海	5	(1) 青海省大学生创业引领计划实施工作方案;(2) 甘肃省创业担保贷款实施办法;(3) 青海省人民政府贯彻落实国务院关于做好当前和今后一段时期就业创业工作意见的实施意见;(3) 关于青海省创新管理优化服务培育壮大经济发展新动能加快新旧动能接续转换的实施意见;(4) 关于进一步推动青海拉面经济发展促进就业创业的实施意见;(5) 关于支持返乡下乡人员创业创新促进农村一二三产业融合发展的实施意见
2017	宁夏	3	(1) 宁夏现代农业科技创新示范区建设总体方案(2018—2022 年);(2) 关于深化人才发展体制机制改革若干问题的实施意见;(3) 关于做好当前和今后一段时期就业创业工作的实施意见

续表 5.3

年份	地区	政策数量	具体文件
2017	新疆	3	(1)“十三五”科技创新发展规划;(2)关于做好当前和今后一段时期就业创业工作的实施意见;(3)高校毕业生就业创业促进计划

重点高校毕业生自主创业比例根据各个高校公布的就业质量报告整理。由于高校数量众多,因此以116所“211”学校,39所“985”学校,42所“双一流”学校作为各地区的典型代表,由于个别名单存在重复,总计115所高等学校。由于有的学校没有披露创业人数,有的和其他数据合并披露在“灵活就业”人数中,为保持口径一致,本研究选取了直接披露自主创业人数占毕业生人数比例或披露了自主创业人数,能根据毕业生规模自己计算的高校,整理后数据见表5.4。各地区重点高校毕业生自主创业比例以该地区高校自主创业比例的平均数为代表,若某年没有该数据,则后续该项评分值为0。

表 5.4　重点高校自主创业人数占毕业生人数比例

名称	地区	2015年	2016年	2017年
中国科学技术大学	安徽	—	0.39%	—
合肥工业大学	安徽	0.16%	0.33%	0.23%
安徽大学	安徽	—	—	—
北京大学	北京	—	0.47%	0.53%
中国人民大学	北京	1.01%	1.08%	0.56%
北京航空航天大学	北京	—	0.03%	0.66%
中央财经大学	北京	0.04%	0.77%	0.08%
北京师范大学	北京	0.32%	0.41%	0.41%
对外经济贸易大学	北京	0.69%	0.21%	0.20%
北京理工大学	北京	0.85%	0.48%	0.41%
北京外国语大学	北京	2.00%	0.79%	0.60%
中国政法大学	北京	0.65%	0.44%	0.82%
北京邮电大学	北京	0.19%	0.27%	—
中国传媒大学	北京	1.11%	1.26%	1.42%
北京科技大学	北京	—	—	—
北京交通大学	北京	—	—	—
中国农业大学	北京	—	0.62%	1.55%
中央民族大学	北京	1.25%	1.69%	—

续表 5.4

名称	地区	2015 年	2016 年	2017 年
华北电力大学	北京	—	—	0.04%
北京中医药大学	北京	0.89%	0.50%	1.20%
北京林业大学	北京	0.38%	0.22%	0.24%
北京工业大学	北京	—	—	—
北京化工大学	北京	—	—	—
中国地质大学(北京)	北京	—	—	—
中国矿业大学(北京)	北京	—	0.45%	—
北京体育大学	北京	—	—	1.89%
中国石油大学(北京)	北京	0.11%	0.22%	0.52%
中央音乐学院	北京	2.98%	4.90%	3.86%
清华大学	北京	0.90%	1.10%	1.00%
福州大学	福建	2.44%	2.50%	2.55%
厦门大学	福建	0.93%	0.50%	0.12%
兰州大学	甘肃	—	0.53%	0.46%
中山大学	广东	—	—	—
华南理工大学	广东	1.00%	1.00%	0.60%
暨南大学	广东	0.33%	0.27%	0.35%
华南师范大学	广东	1.11%	0.57%	1.08%
广西大学	广西	0.88%	1.04%	1.37%
贵州大学	贵州	0.59%	—	0.12%
海南大学	海南	—	0.47%	0.36%
河北工业大学	河北	0.03%	0.06%	0.05%
华北电力大学(保定)	河北	—	—	0.04%
郑州大学	河南	1.30%	1.00%	1.28%
哈尔滨工业大学	黑龙江	0.02%	0.08%	0.19%
东北林业大学	黑龙江	—	—	—
东北农业大学	黑龙江	0.38%	0.16%	0.40%
武汉大学	湖北	0.14%	0.13%	0.15%
华中科技大学	湖北	0.26%	0.23%	0.15%
中南财经政法大学	湖北	0.25%	0.21%	0.39%
华中师范大学	湖北	6.06%	3.37%	5.15%
武汉理工大学	湖北	0.25%	0.29%	0.18%

续表 5.4

名称	地区	2015 年	2016 年	2017 年
中国地质大学(武汉)	湖北	0.60%	0.66%	0.36%
华中农业大学	湖北	0.51%	0.28%	0.25%
中南大学	湖南	—	—	—
湖南师范大学	湖南	0.51%	0.46%	0.42%
国防科技大学	湖南	—	—	—
湖南大学	湖南	0.61%	0.55%	0.33%
吉林大学	吉林	—	—	—
东北师范大学	吉林	0.48%	0.17%	0.16%
延边大学	吉林	1.39%	0.47%	1.41%
南京大学	江苏	0.10%	0.35%	0.26%
东南大学	江苏	0.05%	0.05%	0.04%
南京航空航天大学	江苏	—	—	—
南京理工大学	江苏	—	0.10%	—
苏州大学	江苏	—	0.06%	0.07%
中国药科大学	江苏	0.07%	0.10%	0.02%
河海大学	江苏	0.10%	0.19%	0.14%
江南大学	江苏	1.60%	1.30%	0.96%
南京师范大学	江苏	0.48%	0.28%	0.35%
南京农业大学	江苏	0.11%	0.11%	0.16%
中国矿业大学	江苏	—	0.29%	—
南昌大学	江西	0.18%	0.90%	1.42%
大连理工大学	辽宁	—	0.26%	—
东北大学	辽宁	—	—	—
大连海事大学	辽宁	0.19%	0.26%	0.15%
辽宁大学	辽宁	—	1.11%	0.45%
内蒙古大学	内蒙古	0.10%	—	0.01%
宁夏大学	宁夏	1.61%	1.75%	2.06%
青海大学	青海	0.40%	0.30%	1.40%
山东大学	山东	0.27%	0.26%	0.19%
中国海洋大学	山东	—	—	—
中国石油大学(华东)	山东	0.11%	0.18%	0.11%

续表 5.4

名称	地区	2015 年	2016 年	2017 年
太原理工大学	山西	0.45%	0.23%	—
西安交通大学	陕西	—	—	—
西北工业大学	陕西	—	0.03%	0.08%
西安电子科技大学	陕西	0.05%	—	—
西北大学	陕西	0.34%	0.22%	0.20%
长安大学	陕西	—	—	0.06%
陕西师范大学	陕西	0.45%	0.09%	0.16%
西北农林科技大学	陕西	0.13%	0.17%	0.21%
第四军医大学	陕西	—	—	—
复旦大学	上海	0.38%	0.34%	0.36%
上海交通大学	上海	0.33%	0.29%	0.30%
同济大学	上海	0.38%	0.90%	0.81%
上海财经大学	上海	0.29%	0.33%	0.50%
华东师范大学	上海	0.44%	0.57%	0.37%
上海外国语大学	上海	0.33%	1.04%	0.12%
华东理工大学	上海	—	—	—
东华大学	上海	1.44%	1.78%	0.89%
上海大学	上海	0.21%	0.26%	0.10%
第二军医大学	上海	—	—	—
西南财经大学	四川	0.36%	0.56%	—
四川大学	四川	1.12%	2.54%	2.68%
电子科技大学	四川	0.24%	0.57%	0.36%
西南交通大学	四川	0.31%	0.15%	0.13%
四川农业大学	四川	—	—	—
南开大学	天津	0.12%	0.31%	0.34%
天津大学	天津	0.10%	0.12%	0.02%
天津医科大学	天津	—	—	0.08%
西藏大学	西藏	0.41%	—	—
新疆大学	新疆	0.66%	—	—
石河子大学	新疆	—	—	0.25%
云南大学	云南	—	—	0.09%
浙江大学	浙江	0.76%	0.51%	0.60%

续表 5.4

名称	地区	2015 年	2016 年	2017 年
重庆大学	重庆	1.71%	2.76%	3.50%
西南大学	重庆	2.77%	2.48%	1.22%

5.5 评价方法选择

前面提到的常用的评价指标权重系数确定方法有德尔菲法、逐级等权法、层次分析法、熵值法、因子分析法等。德尔菲法依赖于专家的主观打分，对于数据获取难度较大或无法适用于计量评估的情况下，该方法操作简单，但受到专家主观的影响。逐级等权法是指数编制中一种十分重要的方法，但按照同一级别相等赋予权重的方法过于简单。层次分析法是对决策相关的因素分解为几个层次，再利用定性和定量的方法进行分析，由于该方法是主观地确定评价因素，难以保证计算的准确性。因子分析法将同类指标归类，以较少的指标来代替较多的指标的方式进行评估，适用于指标较多且具有相互关联的情况。在双创的评估体系中，所涉及的方面比较多，若采用此方法可能会导致某一方面的指标被其他指标替代，容易导致信息缺失。神经网络模型对初始网络权值非常敏感，以不同的权值初始化网络，其往往会收敛于不同的局部极小，这也是很多学者每次训练得到不同结果的根本原因。由于该局限性，本研究也不采用此种权重赋予方法。熵值法是根据各项指标值的变异程度来确定指标权数的，这是一种客观赋权法，避免了人为因素带来的偏差，该指标没有减少评价指标的维数。TOPSIS 法是通过测算评价对象与理想目标的接近程度来进行排序，指标数目没有严格限制，数学计算并不复杂，较为直观，可操作性强，能够较充分地反映原始数据的信息，减少信息的缺失，提高信息利用率。

综上所述，本研究选用熵值法来评估各地区“大众创业，万众创新”的发展情况，减少了权重赋予的主观性，提高了科学性。

6 “双创”发展评价比较研究

6.1 指标数据处理

6.1.1 数据标准化

为了使各项指标在各年度各区域之间进行对比，设定 2015 年为基期年份，基期各指标的最大值和最小值分别为 1 和 0，按照以下公式进行处理：

$$\text{某年第 } i \text{ 个正向指标 } X'_{ij}=\frac{x_{ij}-x_{i0}^{\min}}{x_{i0}^{\max}-x_{i0}^{\min}} \tag{6.1}$$

$$\text{某年第 } i \text{ 个负向指标 } X'_{ij}=\frac{x_{i0}^{\max}-x_{ij}}{x_{i0}^{\max}-x_{i0}^{\min}} \tag{6.2}$$

式中：x_i表示某年第 i 个指标的原始数据；$x_{i0}^{\max}$表示各个样本中第 i 个评价指标 2015 年原始数据的最大值；$x_{i0}^{\min}$表示各个样本中第 i 个评价指标 2015 年原始数据的最小值。2016 年和 2017 年的指标处理后的值有可能小于 0 或者大于 1，表示低于相应指标基期年份最小值或高于最大值。

6.1.2 权重计算

运用熵值法赋权。基本思路如下：首先将数据进行归一化处理，利用式 6.1、式 6.2 以消除不同量纲的影响。

用熵值法计算三级指标熵值，公式如下：

$$e_j=-\frac{1}{\ln(n)}\sum_{i=1}^{n} f_{ij}\ln(f_{ij})\text{；}f_{ij}=\frac{X'_{ij}}{\sum_{i=1}^{n} X'_{ij}} \tag{6.3}$$

式中：f_{ij} 为第 j 个指标下第 i 个指标的特征比重；e_j 为第 j 个指标的熵值。

$$\text{权重} w_j=\frac{1-e_j}{m-\sum_{j=1}^{m} e_j} \tag{6.4}$$

对收集的样本数据按照上述步骤处理后，得到各个指标的权重见表 6.1。

表 6.1 基于熵值计算的权重分配

二级指标	三级指标	符号	2015 年	2016 年	2017 年	平均
双创环境 (0.432 7)	人均 GDP	A1	0.014 7	0.015 1	0.014 1	0.014 6
	人均可支配收入	A2	0.014 8	0.015 9	0.017 8	0.016 1
	人均地方一般公共预算收入	A3	0.025 4	0.029 2	0.028 1	0.027 6
	进出口总额	A4	0.038 0	0.039 3	0.039 6	0.039 0
	高技术产品出口额	A5	0.055 2	0.055 5	0.053 8	0.054 8
	居民消费水平	A6	0.011 6	0.013 0	0.013 4	0.012 7
	年末金融机构贷款余额	A7	0.012 2	0.013 8	0.014 6	0.013 5
	银行业法人机构数	A8	0.012 9	0.012 9	0.012 2	0.012 7
	当年 A 股筹资额	A9	0.022 3	0.025 1	0.028 4	0.025 3
	出台的双创政策数量	A10	0.010 2	0.014 6	0.005 1	0.010 0
	规模以上工业企业 R&D 经费内部支出中政府资金所占比重	A11	0.016 2	0.020 7	0.013 1	0.016 7
	研发机构 R&D 经费内部支出中政府资金所占比重	A12	0.003 6	0.002 4	0.005 9	0.004 0
	每百人互联网宽带接入用户数	A13	0.008 6	0.010 6	0.011 5	0.010 2
	百人移动电话用户数	A14	0.012 8	0.010 9	0.009 6	0.011 1
	人均全年用电量	A15	0.012 6	0.013 6	0.014 9	0.013 7
	人均全年供水量	A16	0.015 3	0.016 7	0.016 5	0.016 2
	人均邮电业务总量	A17	0.034 9	0.033 7	0.022 7	0.030 4
	每万人拥有道路面积	A18	0.004 3	0.004 0	0.004 1	0.004 1
	商品房平均销售价格	A19	0.002 7	0.002 6	0.002 2	0.002 5
	对教育投资占 GDP 比重	A20	0.073 5	0.021 2	0.024 1	0.039 6
	每十万人口高等学校平均在校生数	A21	0.007 1	0.007 0	0.007 8	0.007 3
	人均科普经费支出	A22	0.028 3	0.029 0	0.033 2	0.030 2
	人均图书馆藏书量	A23	0.021 0	0.020 7	0.020 1	0.020 6
双创主体 (0.251 9)	万人规模以上工业企业办研发机构数	B1	0.031 3	0.033 5	0.034 5	0.033 1
	万人高新技术企业数量	B2	0.040 5	0.040 4	0.044 8	0.041 9
	高新技术企业数量在全国高新技术企业数量中占比	B3	0.028 6	0.032 5	0.032 4	0.031 2
	创业板上市公司数量	B4	0.036 5	0.038 3	0.039 7	0.038 2
	私营企业单位数占总企业数的比重	B5	0.006 2	0.006 3	0.004 4	0.005 6
	万人拥有高等院校数量	B6	0.013 5	0.012 5	0.012 1	0.012 7

续表 6.1

二级指标	三级指标	符号	2015 年	2016 年	2017 年	平均
双创主体 (0.251 9)	高等学校 R&D 课题数	B7	0.013 6	0.013 9	0.014 6	0.014 1
	平均每所高等学校拥有国家级大学科技园区数	B8	0.013 8	0.014 5	0.014 9	0.014 4
	研发机构数	B9	0.010 7	0.010 6	0.011 1	0.010 8
	孵化器数量	B10	0.024 3	0.023 9	0.024 0	0.024 1
	国家级科技企业孵化器数量	B11	0.024 1	0.025 1	0.028 5	0.025 9
双创投入 (0.117 7)	万名就业人员中研发人员数	C1	0.019 3	0.019 3	0.019 1	0.019 2
	每万人 R&D 人员全时当量	C2	0.021 5	0.021 7	0.022 4	0.021 9
	每万人专业技术人员	C3	0.013 5	0.014 3	0.013 6	0.013 8
	R&D 经费投入强度	C4	0.014 6	0.012 0	0.011 8	0.012 8
	科学技术支出占一般公共预算支出比重	C5	0.003 1	0.014 2	0.017 5	0.011 6
	规模以上工业企业新产品开发经费支出	C6	0.029 3	0.030 8	0.032 4	0.030 8
	规模以上工业企业 R&D 经费支出占主营业务收入的比重	C7	0.007 4	0.008 3	0.006 9	0.007 5
双创产出 (0.197 7)	每万人发表科技论文数	D1	0.013 2	0.015 1	0.015 0	0.014 4
	每万人专利授权量	D2	0.009 7	0.009 9	0.009 7	0.009 8
	发明专利授权数占专利授权数的比重	D3	0.008 6	0.006 8	0.008 0	0.007 8
	新产品销售收入占工业企业总销售收入的比重	D4	0.010 6	0.012 5	0.016 4	0.013 2
	每百家企业商标拥有量	D5	0.014 6	0.016 0	0.018 4	0.016 3
	每万人技术合同成交额	D6	0.064 4	0.063 4	0.062 0	0.063 3
	万元 GDP 综合能耗	D7	0.005 5	0.006 1	0.005 1	0.005 6
	人口城镇化率	D8	0.004 5	0.004 5	0.004 4	0.004 5
	非农化率	D9	0.007 6	0.008 5	0.008 9	0.008 3
	第三产业增加值占 GDP 比重	D10	0.019 4	0.015 1	0.017 4	0.017 3
	空气质量优良(二级及以上)天数占比	D11	0.005 4	0.007 4	0.007 2	0.006 7
	失业率	D12	0.006 7	0.011 0	0.009 1	0.008 9
	重点高校毕业生自主创业比例	D13	0.019 6	0.024 1	0.021 1	0.021 6

6.2 双创发展综合评价

6.2.1 总体分析

将某个地区的双创发展评分值定义为标准化数据和相应指标权重乘积的求

和，可以计算各地区双创环境、双创主体、双创投入、双创产出指标和双创发展总指标，见表 6.2、表 6.3、表 6.4。

表 6.2 2015 年双创发展评分

地区	双创环境		双创主体		双创投入		双创产出		双创发展	
	评分	排序	评分	排序	评分	排序	评分	排序	评分	排序
北京	0.241 6	1	0.174 5	1	0.087 6	1	0.163 8	1	0.667 5	1
天津	0.117 8	6	0.063 2	6	0.056 1	6	0.059 9	6	0.297 0	6
河北	0.049 4	23	0.025 3	19	0.019 7	20	0.025 9	30	0.120 2	27
山西	0.046 5	25	0.024 7	20	0.026 7	10	0.035 4	25	0.133 3	22
内蒙古	0.073 3	10	0.015 5	28	0.023 9	17	0.024 2	31	0.136 9	21
辽宁	0.082 4	9	0.034 6	12	0.025 2	14	0.044 0	16	0.186 2	11
吉林	0.056 4	19	0.024 1	21	0.023 9	16	0.048 2	12	0.152 7	15
黑龙江	0.051 8	21	0.026 9	18	0.020 0	19	0.044 8	15	0.143 5	17
上海	0.236 3	2	0.093 0	5	0.068 9	2	0.093 9	2	0.492 1	2
江苏	0.168 6	4	0.164 2	2	0.068 4	3	0.052 1	9	0.453 3	4
浙江	0.149 3	5	0.094 8	4	0.060 1	5	0.067 7	5	0.371 9	5
安徽	0.050 5	22	0.039 5	10	0.025 5	12	0.040 0	18	0.155 5	14
福建	0.095 8	7	0.036 1	11	0.032 5	9	0.059 9	7	0.224 3	7
江西	0.041 2	28	0.028 6	17	0.015 4	26	0.035 9	24	0.121 1	26
山东	0.085 4	8	0.058 1	7	0.046 6	7	0.034 2	27	0.224 2	8
河南	0.048 7	24	0.029 9	16	0.019 1	24	0.039 4	19	0.137 1	20
湖北	0.059 4	17	0.046 4	8	0.025 8	11	0.053 5	8	0.185 0	12
湖南	0.041 9	26	0.031 8	14	0.025 4	13	0.048 0	13	0.147 2	16
广东	0.217 7	3	0.117 7	3	0.062 6	4	0.074 4	3	0.472 3	3
广西	0.039 6	29	0.018 7	24	0.014 3	28	0.041 2	17	0.113 9	29
海南	0.064 8	15	0.014 6	30	0.015 0	27	0.046 9	14	0.141 3	19
重庆	0.072 1	12	0.030 0	15	0.023 9	15	0.072 7	4	0.198 6	9
四川	0.060 0	16	0.042 0	9	0.019 6	22	0.049 0	11	0.170 6	13
贵州	0.035 1	30	0.015 7	27	0.014 0	29	0.034 3	26	0.099 2	31
云南	0.041 4	27	0.018 0	26	0.013 9	30	0.030 6	29	0.103 9	30
西藏	0.072 6	11	0.004 2	31	0.009 9	31	0.036 6	22	0.123 2	25
陕西	0.072 0	13	0.033 3	13	0.034 1	8	0.051 5	10	0.191 0	10
甘肃	0.034 6	31	0.019 1	23	0.022 3	18	0.038 5	21	0.114 5	28

续表 6.2

地区	双创环境		双创主体		双创投入		双创产出		双创发展	
	评分	排序	评分	排序	评分	排序	评分	排序	评分	排序
青海	0.059 2	18	0.015 5	29	0.018 1	25	0.030 8	28	0.123 6	24
宁夏	0.065 3	14	0.018 0	25	0.019 7	21	0.038 8	21	0.141 7	18
新疆	0.054 5	20	0.020 4	22	0.019 4	23	0.036 5	23	0.130 8	23
平均	0.083 4		0.044 5		0.030 9		0.050 1		0.208 8	

表 6.3　2016 年双创发展评分

地区	双创环境		双创主体		双创投入		双创产出		双创发展	
	评分	排序	评分	排序	评分	排序	评分	排序	评分	排序
北京	0.244 5	2	0.188 7	1	0.094 2	1	0.179 8	1	0.707 2	1
天津	0.120 2	6	0.064 1	6	0.063 0	6	0.064 9	6	0.312 3	6
河北	0.055 1	24	0.033 1	16	0.018 9	19	0.025 2	30	0.132 3	26
山西	0.055 8	23	0.024 0	20	0.022 2	15	0.034 1	25	0.136 1	24
内蒙古	0.073 2	15	0.018 9	25	0.018 4	22	0.024 3	31	0.134 8	25
辽宁	0.087 2	9	0.038 0	12	0.025 8	13	0.052 8	10	0.203 7	11
吉林	0.064 4	20	0.023 8	21	0.019 3	16	0.049 7	14	0.157 2	17
黑龙江	0.054 4	25	0.027 3	19	0.018 2	23	0.050 2	12	0.150 1	19
上海	0.260 4	1	0.102 1	5	0.085 1	3	0.106 3	2	0.554 0	3
江苏	0.183 9	4	0.174 9	3	0.080 7	4	0.052 1	11	0.491 6	4
浙江	0.183 0	5	0.103 2	4	0.069 1	5	0.066 3	5	0.421 6	5
安徽	0.056 6	22	0.046 6	9	0.038 9	8	0.045 6	18	0.187 7	14
福建	0.103 7	7	0.038 8	11	0.033 7	9	0.057 5	7	0.233 7	8
江西	0.049 6	30	0.029 6	18	0.018 6	21	0.044 6	19	0.142 3	21
山东	0.100 3	8	0.060 5	7	0.049 6	7	0.036 1	24	0.246 5	7
河南	0.062 6	21	0.032 1	17	0.019 0	18	0.038 7	22	0.152 5	18
湖北	0.076 0	12	0.052 0	8	0.032 8	10	0.054 8	8	0.215 7	9
湖南	0.052 0	28	0.036 7	13	0.022 8	14	0.046 9	16	0.158 3	16
广东	0.245 4	3	0.179 1	2	0.087 7	2	0.073 9	4	0.586 1	2
广西	0.050 8	29	0.018 6	26	0.009 7	30	0.045 8	17	0.124 9	28
海南	0.075 7	13	0.015 2	30	0.009 2	31	0.049 0	15	0.149 0	20
重庆	0.075 5	14	0.035 1	15	0.026 7	12	0.075 8	3	0.213 1	10
四川	0.071 3	16	0.046 1	10	0.018 7	20	0.053 1	9	0.189 3	13
贵州	0.052 5	27	0.018 3	27	0.015 6	26	0.028 3	29	0.114 6	30

续表 6.3

地区	双创环境		双创主体		双创投入		双创产出		双创发展	
	评分	排序	评分	排序	评分	排序	评分	排序	评分	排序
云南	0.049 3	31	0.017 8	28	0.014 0	27	0.032 3	26	0.113 4	31
西藏	0.066 1	19	0.005 7	31	0.010 9	29	0.036 8	23	0.119 5	29
陕西	0.086 0	10	0.035 7	14	0.030 6	11	0.050 2	13	0.202 4	12
甘肃	0.053 7	26	0.022 6	22	0.017 7	24	0.044 1	20	0.138 0	23
青海	0.068 7	18	0.016 4	29	0.012 9	28	0.031 6	27	0.129 6	27
宁夏	0.082 7	11	0.020 6	24	0.019 2	17	0.040 9	21	0.163 5	15
新疆	0.069 6	17	0.021 7	23	0.015 9	25	0.031 6	28	0.138 8	22
平均	0.094 5		0.049 9		0.032 9		0.052 4		0.229 7	

表 6.4 2017 年双创发展评分

地区	双创环境		双创主体		双创投入		双创产出		双创发展	
	评分	排序	评分	排序	评分	排序	评分	排序	评分	排序
北京	0.266 3	2	0.220 2	2	0.100 3	1	0.196 4	1	0.783 2	1
天津	0.132 5	6	0.059 0	7	0.059 2	6	0.068 4	6	0.319 1	6
河北	0.066 7	26	0.040 4	14	0.021 2	19	0.027 3	31	0.155 5	25
山西	0.063 9	28	0.027 0	21	0.023 7	16	0.030 1	28	0.144 8	28
内蒙古	0.089 1	11	0.020 5	28	0.018 3	23	0.028 3	30	0.156 1	24
辽宁	0.088 1	14	0.039 9	15	0.028 0	13	0.053 3	14	0.209 3	13
吉林	0.073 9	20	0.027 4	20	0.019 3	21	0.059 5	8	0.180 1	17
黑龙江	0.066 2	27	0.032 7	19	0.018 0	24	0.058 2	10	0.175 1	19
上海	0.289 7	1	0.112 1	5	0.088 3	3	0.109 1	2	0.599 2	3
江苏	0.204 6	4	0.174 7	3	0.087 0	4	0.055 1	12	0.521 4	4
浙江	0.200 6	5	0.125 6	4	0.073 9	5	0.069 7	5	0.469 8	5
安徽	0.069 9	22	0.053 6	9	0.039 3	8	0.045 4	22	0.208 3	14
福建	0.117 5	7	0.044 9	12	0.037 1	9	0.058 5	9	0.258 0	8
江西	0.057 9	31	0.036 8	17	0.024 0	15	0.052 2	16	0.170 9	20
山东	0.113 5	8	0.075 2	6	0.055 1	7	0.038 7	25	0.282 5	7
河南	0.072 1	21	0.039 7	16	0.022 3	17	0.045 6	21	0.179 7	18
湖北	0.081 6	18	0.058 5	8	0.036 9	10	0.062 1	7	0.239 0	9
湖南	0.067 1	25	0.045 3	11	0.027 9	14	0.049 4	17	0.189 7	16
广东	0.246 0	3	0.232 4	1	0.099 1	2	0.076 6	3	0.654 1	2
广西	0.059 6	30	0.025 2	22	0.011 2	30	0.052 6	15	0.148 7	26

续表 6.4

地区	双创环境		双创主体		双创投入		双创产出		双创发展	
	评分	排序	评分	排序	评分	排序	评分	排序	评分	排序
海南	0.085 6	15	0.017 6	30	0.007 9	31	0.049 1	18	0.160 1	22
重庆	0.089 1	12	0.035 6	18	0.031 3	12	0.074 0	4	0.230 1	10
四川	0.082 5	17	0.050 3	10	0.021 1	20	0.058 1	11	0.211 9	12
贵州	0.068 6	23	0.022 1	27	0.018 5	22	0.030 1	29	0.139 3	30
云南	0.067 8	24	0.022 5	26	0.015 2	26	0.034 9	27	0.140 4	29
西藏	0.075 3	19	0.006 8	31	0.012 1	29	0.043 2	24	0.137 4	31
陕西	0.096 2	10	0.042 7	13	0.032 1	11	0.054 8	13	0.225 7	11
甘肃	0.061 5	29	0.023 9	23	0.016 7	25	0.046 4	20	0.148 5	27
青海	0.088 3	13	0.018 7	29	0.015 0	27	0.044 8	23	0.166 8	21
宁夏	0.100 5	9	0.023 8	24	0.021 9	18	0.047 1	19	0.193 3	15
新疆	0.082 7	16	0.023 5	25	0.014 1	28	0.037 0	26	0.157 2	23
平均	0.107 3		0.057 4		0.035 4		0.056 6		0.256 6	

从表中可以看出，我国双创发展平均水平在 2015—2017 年间稳步提高，从 2015 年的 0.208 8 上升到 2017 年的 0.256 6，但是还处于较低水平。全国 31 个省、自治区、直辖市的双创发展很不平衡，个别突出、多数落后。北京，作为我国的首都是政治中心和科技文化中心，经济发展水平较高，有着众多高校、研究机构，双创环境优异，经费投入和创新人才都居于领先地位。因此，北京的双创表现最为突出，三年都是位居第一，平均值在 0.7 以上。广东和上海紧随其后，评分值在0.5～0.6 之间。然后是江苏、浙江、天津，评分值在 0.3～0.5 之间。其他地区双创发展评分均值在 0.3 以下，呈现规律的逐级递减状态。山东、福建、重庆、湖北、陕西双创发展评分值在 0.2～0.3 之间，在全国双创水平均值左右。辽宁、四川、安徽、宁夏、湖南、吉林、河南、黑龙江、海南的评分值分布在 0.15～0.2 之间，略低于平均水平。江西、内蒙古、新疆、青海、山西、河北、甘肃、广西、西藏、云南、贵州的评分值在 0.1～0.15 之间，处于较低水平。贵州的双创发展评分值最低，三年平均仅为 0.117 7。

双创发展表现较好的地区，如北京、上海、浙江、天津、江苏、广东其四个分指数表现也较佳。双创发展评分中等的地区，一类是各项指标都排名中等，没有个别指标特别突出或落后，比如辽宁、安徽、福建、陕西、山东、湖北、宁夏、重庆等；另一类是个别指标表现良好，但有个别指标较差影响了总体排名，比如河北省其他指标还可以，但是双创产出排名倒数，安徽双创主体和双创投入位列第十名左右，但是双创环境和双创产出相对较弱等。双创表现较差的贵州、云南、甘肃、广西等，四个分指数的表现都欠佳,多数都排名倒数,导致双创发展评分值落后。

6.2.2 分指标分析

1) 双创环境分析

双创环境的权重分为 0.432 7,各地区三年平均得分为 0.095 1,得分率 21.98%,见表 6.5。排名第一的是上海,得分率达到 60.57%。北京以微弱差距位居第二,然后是广东、江苏、浙江、天津、福建、山东,这八个地区的双创环境在均值之上。可以看到,这八个地区全部来自东部地区①。其他地区的评分值都在均值以下,说明东部地区在双创环境方面存在明显优势,西部和东北地区的差异不明显,中部地区的双创环境相对较低,见图 6.1。从具体指标来看,东部地区由于人口集中在一些人均指标、房价、空气质量等方面得分较低,其他指标都具有优势。绝大部分省份的双创环境分布在较低水平,创新创业环境构建有待整体加强。

表 6.5 各地区三年双创环境分析

	2015 年	2016 年	2017 年	平均	排名
上海	0.236 3	0.260 4	0.289 7	0.262 1	1
北京	0.241 6	0.244 5	0.266 3	0.250 8	2
广东	0.217 7	0.245 4	0.246 0	0.236 4	3
江苏	0.168 6	0.183 9	0.204 6	0.185 7	4
浙江	0.149 3	0.183 0	0.200 6	0.177 6	5
天津	0.117 8	0.120 2	0.132 5	0.123 5	6
福建	0.095 8	0.103 7	0.117 5	0.105 7	7
山东	0.085 4	0.100 3	0.113 5	0.099 7	8
辽宁	0.082 4	0.087 2	0.088 1	0.085 9	9
陕西	0.072 0	0.086 0	0.096 2	0.084 7	10
宁夏	0.065 3	0.082 7	0.100 5	0.082 8	11
重庆	0.072 1	0.075 5	0.089 1	0.078 9	12
内蒙古	0.073 3	0.073 2	0.089 1	0.078 5	13
海南	0.064 8	0.075 7	0.085 6	0.075 4	14
湖北	0.059 4	0.076	0.081 6	0.072 3	15

① 全国各地区包括东部地区、中部地区、西部地区和东北地区。东部地区 10 个省(直辖市),包括北京、天津、河北、上海、江苏、浙江、福建、山东、广东和海南;中部地区 6 个省,包括山西、安徽、江西、河南、湖北和湖南;西部地区 12 个省(自治区、直辖市),包括内蒙古、广西、重庆、四川、贵州、云南、西藏、陕西、甘肃、青海、宁夏和新疆;东北地区 3 个省,包括辽宁、吉林和黑龙江。

续表 6.5

	2015 年	2016 年	2017 年	平均	排名
青海	0.059 2	0.068 7	0.088 3	0.072 1	16
四川	0.060 0	0.071 3	0.082 5	0.071 3	17
西藏	0.072 6	0.066 1	0.075 3	0.071 3	18
新疆	0.054 5	0.069 6	0.082 7	0.068 9	19
吉林	0.056 4	0.064 4	0.073 9	0.064 9	20
河南	0.048 7	0.062 6	0.072 1	0.061 1	21
安徽	0.050 5	0.056 6	0.069 9	0.059	22
黑龙江	0.051 8	0.054 4	0.066 2	0.057 5	23
河北	0.049 4	0.055 1	0.066 7	0.057 1	24
山西	0.046 5	0.055 8	0.063 9	0.055 4	25
湖南	0.041 9	0.052 0	0.067 1	0.053 7	26
云南	0.041 4	0.049 3	0.067 8	0.052 8	27
贵州	0.035 1	0.052 5	0.068 6	0.052 1	28
广西	0.039 6	0.050 8	0.059 6	0.050 0	29
甘肃	0.034 6	0.053 7	0.061 5	0.049 9	30
江西	0.041 2	0.049 6	0.057 9	0.049 6	31
平均	0.083 4	0.094 5	0.107 3	0.095 1	

2）双创主体分析

双创主体的权重分为0.251 9，各地区三年平均得分为0.050 6，得分率20.09%，见表6.6。各地区的双创主体评分呈明显的阶梯式递减状态。排名第一的是北京，得分率达到77.21%。紧随其后的是广东和江苏，差距不是很大，属于第二梯队。第三梯队是浙江和上海，和前面、后面的地区相比呈现断层式差距。然后是山东、天津、湖北，都在均值之上，其他地区都在均值以下。可以看到，均值以上的前八位中有7个来自东部地区，中部和东北地区差异不大，西部地区的双创主体最不活跃，见图6.1。

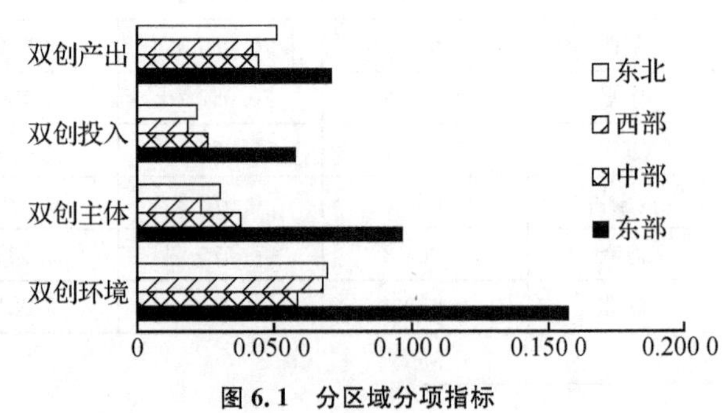

图 6.1　分区域分项指标

表 6.6 各地区三年双创主体分析

	2015 年	2016 年	2017 年	平均	
北京	0.174 5	0.188 7	0.220 2	0.194 5	1
广东	0.117 7	0.179 1	0.232 4	0.176 4	2
江苏	0.164 2	0.174 9	0.174 7	0.171 3	3
浙江	0.094 8	0.103 2	0.125 6	0.107 9	4
上海	0.093 0	0.102 1	0.112 1	0.102 4	5
山东	0.058 1	0.060 5	0.075 2	0.064 6	6
天津	0.063 2	0.064 1	0.059 0	0.062 1	7
湖北	0.046 4	0.052 0	0.058 5	0.052 3	8
安徽	0.039 5	0.046 6	0.053 6	0.046 6	9
四川	0.042 0	0.046 1	0.050 3	0.046 1	10
福建	0.036 1	0.038 8	0.044 9	0.039 9	11
湖南	0.031 8	0.036 7	0.045 3	0.037 9	12
辽宁	0.034 6	0.038 0	0.039 9	0.037 5	13
陕西	0.033 3	0.035 7	0.042 7	0.037 2	14
河南	0.029 9	0.032 1	0.039 7	0.033 9	15
重庆	0.030 0	0.035 1	0.035 6	0.033 6	16
河北	0.025 3	0.033 1	0.040 4	0.032 9	17
江西	0.028 6	0.029 6	0.036 8	0.031 7	18
黑龙江	0.026 9	0.027 3	0.032 7	0.029 0	19
山西	0.024 7	0.024 0	0.027 0	0.025 2	20
吉林	0.024 1	0.023 8	0.027 4	0.025 1	21
甘肃	0.019 1	0.022 6	0.023 9	0.021 9	22
新疆	0.020 4	0.021 7	0.023 5	0.021 9	23
广西	0.018 7	0.018 6	0.025 2	0.020 8	24
宁夏	0.018 0	0.020 6	0.023 8	0.020 8	25
云南	0.018 0	0.017 8	0.022 5	0.019 4	26
贵州	0.015 7	0.018 3	0.022 1	0.018 7	27
内蒙古	0.015 5	0.018 9	0.020 5	0.018 3	28
青海	0.015 5	0.016 4	0.018 7	0.016 9	29
海南	0.014 6	0.015 2	0.017 6	0.015 8	30
西藏	0.004 2	0.005 7	0.006 8	0.005 6	31
平均	0.044 5	0.049 9	0.057 4	0.050 6	

3）双创投入分析

双创投入的权重分为 0.117 7，各地区三年平均得分为 0.033 0，得分率 28.04%，是四个分指标中得分率最高的，见表 6.7。各个地区间双创投入相差很大，最高的北京评分 0.094 0，最低的海南仅有 0.010 7。在经济相对发达的东部地区，对创新创业投入的资金相对较多，同时容易吸引和集聚人才，因此人力资本投入也多。排在均值之上的 9 个地区为北京、广东、上海、江苏、浙江、天津、山东、安徽、福建，其中 8 个地区处于东部地区。中部和东北地区差异不大，西部地区的双创投入处于明显劣势，见图 6.1。

表 6.7　各地区三年双创投入分析

	2015 年	2016 年	2017 年	平均	
北京	0.087 6	0.094 2	0.100 3	0.094 0	1
广东	0.062 6	0.087 7	0.099 1	0.083 1	2
上海	0.068 9	0.085 1	0.088 3	0.080 8	3
江苏	0.068 4	0.080 7	0.087 0	0.078 7	4
浙江	0.060 1	0.069 1	0.073 9	0.067 7	5
天津	0.056 1	0.063 0	0.059 2	0.059 4	6
山东	0.046 6	0.049 6	0.055 1	0.050 4	7
安徽	0.025 5	0.038 9	0.039 3	0.034 6	8
福建	0.032 5	0.033 7	0.037 1	0.034 4	9
陕西	0.034 1	0.030 6	0.032 1	0.032 3	10
湖北	0.025 8	0.032 8	0.036 9	0.031 8	11
重庆	0.023 9	0.026 7	0.031 3	0.027 3	12
辽宁	0.025 2	0.025 8	0.028 0	0.026 3	13
湖南	0.025 4	0.022 8	0.027 9	0.025 4	14
山西	0.026 7	0.022 2	0.023 7	0.024 2	15
吉林	0.023 9	0.019 3	0.019 3	0.020 8	16
宁夏	0.019 7	0.019 2	0.021 9	0.020 3	17
内蒙古	0.023 9	0.018 4	0.018 3	0.020 2	18
河南	0.019 1	0.019 0	0.022 3	0.020 1	19
河北	0.019 7	0.018 9	0.021 2	0.019 9	20
四川	0.019 6	0.018 7	0.021 1	0.019 8	21
江西	0.015 4	0.018 6	0.024 0	0.019 3	22
甘肃	0.022 3	0.017 7	0.016 7	0.018 9	23

续表 6.7

	2015 年	2016 年	2017 年	平均	
黑龙江	0.020 0	0.018 2	0.018 0	0.018 7	24
新疆	0.019 4	0.015 9	0.014 1	0.016 5	25
贵州	0.014 0	0.015 6	0.018 5	0.016 0	26
青海	0.018 1	0.012 9	0.015 0	0.015 3	27
云南	0.013 9	0.014 0	0.015 2	0.014 4	28
广西	0.014 3	0.009 7	0.011 2	0.011 7	29
西藏	0.009 9	0.010 9	0.012 1	0.011 0	30
海南	0.015 0	0.009 2	0.007 9	0.010 7	31
平均	0.030 9	0.032 9	0.035 4	0.033 0	

4）双创产出分析

双创产出的权重分为 0.197 7，各地区三年平均得分为 0.053 0，得分率 26.81%，见表 6.8。均值以上的 10 个地区为北京、上海、广东、重庆、浙江、天津、福建、湖北、四川、江苏，其中 7 个为东部地区。位处西部的重庆、四川的双创产出分别位列第四和第九，有较好的表现。位处中部的湖北排名第八。东部的北京、上海、广东、浙江、天津的双创产出和其他几个分指标差异不大，都保持领先。江苏的双创产出相对不佳，正好处于平均水平。总体来看，东部地区还是占优势，然后是东北，最后是中部和西部，两者差异不大。

表 6.8 各地区三年双创产出分析

	2015 年	2016 年	2017 年	平均	
北京	0.163 8	0.179 8	0.196 4	0.180 0	1
上海	0.093 9	0.106 3	0.109 1	0.103 1	2
广东	0.074 4	0.073 9	0.076 6	0.075 0	3
重庆	0.072 7	0.075 8	0.074 0	0.074 2	4
浙江	0.067 7	0.066 3	0.069 7	0.067 9	5
天津	0.059 9	0.064 9	0.068 4	0.064 4	6
福建	0.059 9	0.057 5	0.058 5	0.058 6	7
湖北	0.053 5	0.054 8	0.062 1	0.056 8	8
四川	0.049 0	0.053 1	0.058 1	0.053 4	9
江苏	0.052 1	0.052 1	0.055 1	0.053 1	10
吉林	0.048 2	0.049 7	0.059 5	0.052 5	11
陕西	0.051 5	0.050 2	0.054 8	0.052 2	12

续表 6.8

	2015 年	2016 年	2017 年	平均	
黑龙江	0.044 8	0.050 2	0.058 2	0.051 1	13
辽宁	0.044 0	0.052 8	0.053 3	0.050 0	14
海南	0.046 9	0.049 0	0.049 1	0.048 3	15
湖南	0.048 0	0.046 9	0.049 4	0.048 1	16
广西	0.041 2	0.045 8	0.052 6	0.046 5	17
江西	0.035 9	0.044 6	0.052 2	0.044 2	18
安徽	0.040 0	0.045 6	0.045 4	0.043 7	19
甘肃	0.038 5	0.044 1	0.046 4	0.043 0	20
宁夏	0.038 8	0.040 9	0.047 1	0.042 3	21
河南	0.039 4	0.038 7	0.045 6	0.041 2	22
西藏	0.036 6	0.036 8	0.043 2	0.038 9	23
山东	0.034 2	0.036 1	0.038 7	0.036 3	24
青海	0.030 8	0.031 6	0.044 8	0.035 7	25
新疆	0.036 5	0.031 6	0.037 0	0.035 0	26
山西	0.035 4	0.034 1	0.030 1	0.033 2	27
云南	0.030 6	0.032 3	0.034 9	0.032 6	28
贵州	0.034 3	0.028 3	0.030 1	0.030 9	29
河北	0.025 9	0.025 2	0.027 3	0.026 1	30
内蒙古	0.024 2	0.024 3	0.028 3	0.025 6	31
平均	0.050 1	0.052 4	0.056 6	0.053 0	

5）相关性分析

将31个省、自治区、直辖市的双创发展综合评分与四项分指标（三年均值）进行相关性分析，见表6.9。可以看到，双创发展评价与双创环境联系最紧密，相关系数达0.973，在1%水平上显著；与双创投入和双创主体也呈显著正相关，相关系数分别为0.968、0.958；与双创产出的相关系数相对较弱，为0.838。可见，双创环境对双创发展的支撑作用比较明显，双创主体和双创投入也与目前双创发展比较协调，而双创产出有待进一步提高。双创产出与双创投入的相关系数为0.733，说明投入和产出不匹配，投入的人力、财力等没有产生应有的成果，投入产出效率还应进一步提高。

表 6.9 相关性分析

		双创发展	双创环境	双创主体	双创投入	双创产出
双创发展	Pearson 相关性	1	0.973 * *	0.958 * *	0.968 * *	0.838 * *
	显著性(双侧)		0.000	0.000	0.000	0.000
	N	31	31	31	31	31
双创环境	Pearson 相关性	0.973 * *	1	0.896 * *	0.941 * *	0.767 * *
	显著性(双侧)	0.000		0.000	0.000	0.000
	N	31	31	31	31	31
双创主体	Pearson 相关性	0.958 * *	0.896 * *	1	0.945 * *	0.726 * *
	显著性(双侧)	0.000	0.000		0.000	0.000
	N	31	31	31	31	31
双创投入	Pearson 相关性	0.968 * *	0.941 * *	0.945 * *	1	0.733 * *
	显著性(双侧)	0.000	0.000	0.000		0.000
	N	31	31	31	31	31
双创产出	Pearson 相关性	0.838 * *	0.767 * *	0.726 * *	0.733 * *	1
	显著性(双侧)	0.000	0.000	0.000	0.000	
	N	31	31	31	31	31

注：* * 表示在 0.01 水平(双侧)上显著相关

6.3 双创发展比较分析

6.3.1 纵向分析

从 2015—2017 年间来看(见图 6.2)，全国的双创发展水平稳步提高，年均提高 10.86%。随着双创工作的开展，地方政府高度重视、全面部署，营造创新创业生态、协调推进相关政策，我国双创局面加快形成，因此双创水平有了稳步提高。

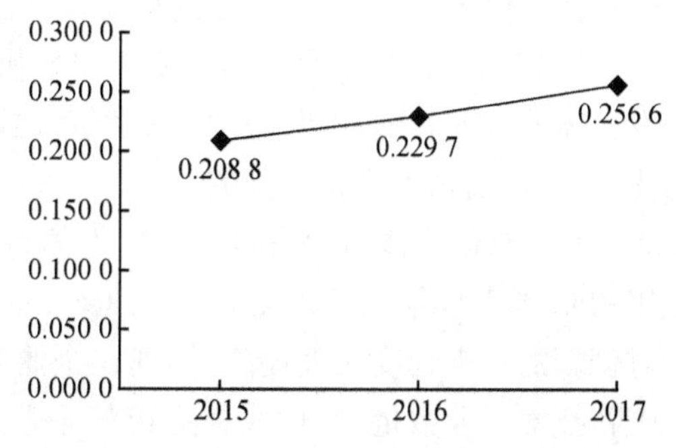

图 6.2 2015—2017 年全国双创发展评分值

从不同地区来看(见图 6.3)，江西以年增长率 18.79%位居第一，16 个地区的增长率超过 10%(江西、贵州、广东、宁夏、云南、青海、安徽、河南、广西、甘肃、河北、湖北、湖南、浙江、山东、四川)，其中中西部地区占多数，主要是由于这些地区的创新创业基础比较差，为了落实国务院各项政策，各地区有针对性地出台了一系列专项支持政策，推动创新创业较快发展。

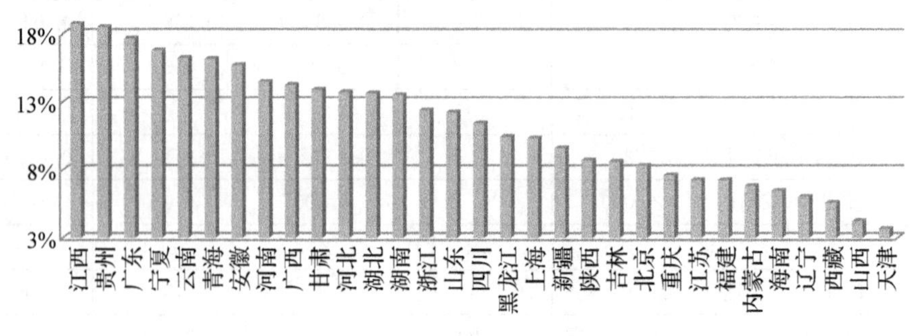

图 6.3　部分地区双创发展评分值增长率

从分项指标来看：

(1) 双创环境不断优化。双创环境评分值从 2015 年的 0.083 4 提高到 2017 年的 0.107 3，年增长幅度达 13.41%。贵州、甘肃、云南、湖南、宁夏、新疆、广西、青海、河南的基础比较薄弱，自从“大众创新，万众创业”提出以来，双创环境得到了较大幅度提高，评分值年增长率在 20%以上，但是还处于较低水平。具体来看，科教文化环境近三年来得到很大提升，创新创业的发展离不开双创人才，人才的培育需要良好的教育、文化等资源，因此各地方政府都重视对科教文化环境的优化。基础设施建设和经济基础也稳定发展，基础设施为创新创业提供了必备的基础条件，在我国进入经济新常态后，经济增幅减缓，经济基础相对发展速度下降，但仍保持稳定增长。唯一一个评分值下降的二级指标是政府扶持，2015 年国家出台了一系列促进创新、创业的相关文件和政策，随着政策体系的日益完善，出台政策的数量有所下降。规模以上工业企业 R&D 经费内部支出中政府资金所占比重从平均 6.14%下降到 5.22%，研发机构 R&D 经费内部支出中政府资金所占比重从 83.51%下降到 82.62%。可以看到研发机构的研发经费主要来自政府，但作为研发主体的企业，从政府获得的研发经费支持是逐年下降的，政府投入的资金总额变化不大，但所占比重是下降的。

(2) 双创主体活力增强。双创主体评分值从 2015 年的 0.044 5 上升到 2017 年的 0.057 4，年增长幅度为 13.59%。企业作为最重要的创新创业主体，近年来对创新的重视程度大大提高，体现在企业的研发投入强度、创办研发机构的数量、高新技术企业数量、在创业板上市的企业数量等都不断增加，因而评分值由 2015 年的 0.021 9 提高到 2017 年的 0.032 0，年均增长幅度达 21.05%。双创载体近年来也有较大提升，孵化器数量、众创空间数量有所增加。高校承担着培养高层次创新人才、开展高水平科学研究、产出高质量科技成果的重要使命，也是双创主体之一，随着产学研用结合、提升协同创新地提出，高校也认识到了自身在创新创业方面的使命和存在的不足，近几年来双创能力有所提升，但是在成果转化、人才培养等方面还任重而道远。科研院所作为各地区科技创新体系的重要组成部分，是开展基础研究、战略研究和社会公益研究的重要部门，但近年来研发机构数略有下降，研发投入规模相对呈下降之势。

(3) 双创投入持续加大。双创投入评分值从 2015 年的 0.030 9 上升到 2017 年的 0.035 4，年增长率为 6.98%。和双创环境、双创主体相比，双创投入的提升幅度不是很大。31 个省、自治区、直辖市中有 10 个地区(陕西、黑龙江、山西、青海、吉林、广西、内蒙古、甘肃、新疆、海南)的双创投入评分值三年来是下降的。广东的双创评分值表现最佳，年增长率达 25.82%。具体来看，财力投入增加较快，地区研究与试验发展(R&D)经费投入强度每年不断提升，科学技术支出占 GDP 比重、规模以上工业企业研发投入增加幅度较大。而人力资本投入增长缓慢，不管是研发人员的数量还是专业技术人员的数量都略有增加，主要是由于创新创业人才的培育不是一蹴而就的，需要一段时间的培养才能实现。

(4) 双创产出能力有所提高。双创产出评分值从 2015 年的 0.050 1 上升到 2017 年的 0.056 6，年增长率为 6.35%。除了福建、山西、贵州的评分值是下降的，其他地区的双创产出评分值都是上升的。直接产出的提高比间接产出相对明显。具体来看，直接产出指标中每万人专利授权量和每百家企业商标拥有量年均下降 0.5%，每万人发表科技论文数、新产品销售收入占工业企业总销售收入的比重、每万人技术合同成交额年均上升 10%左右，发明专利授权数占专利授权数的比重年均提高 2.64%。间接产出指标中，万元 GDP 综合能耗和失业率略有下降，其他指标均略有提高，因此创新创业带来了良好的社会效益，只是这个过程比较缓慢。

6.3.2 横向分析

北京 2015 年在 54 个三级指标中有 20 个指标位列第一，因而以双创发展总评分值 0.667 5 位居榜首，四个分指标也都位列第一。2016 年、2017 年个别指标被广东、上海赶超，但仍保持优势，总评分值仍然一直保持第一。

上海 2015 年在 54 个三级指标中有 10 个指标位列第一，以 0.492 1 分位列第二，其中，双创环境、双创投入和双创产出都紧随北京，双创主体相对较弱居第五位。2016 年、2017 年双创环境进一步提升，超过北京居第一位，但双创投入被广东赶超，另两个分指标保持不变，总评分值屈居第三。

广东 2015 年在 54 个三级指标中有 6 个指标位列第一，以 0.472 3 分位列第三，其中，双创环境、双创主体、双创产出均位列第三，双创投入位列第四。2016 年开始，广东的双创主体激发活力，开始赶超，到 2017 年位列第一；双创投入也进一步增加，评分值到2017年仅次于北京。同时,双创环境和双创产出仍然保持第三位。

江苏2015年在54个三级指标中有3个指标位列第一,以0.453 3分位列第四,其中,双创环境、双创主体、双创投入都排在前四位,双创产出为江苏的短板,仅排名第九。从江苏排名第一的三个指标看,江苏在双创载体、企业创办研发机构方面做得比较好。2016年开始江苏的双创环境稳定在第四位,其他三个指标都有不同程度的退步,尤其是双创产出2017年排第十二位,因此和紧随其后的浙江的差距在逐渐缩小。

浙江2015年在54个三级指标中有4个指标位列第一,以0.371 9分位列第五。浙江的各项指标排名比较稳定,双创主体每年排名第四,其他指标每年排名第五。浙江的民营经济比较发达,企业活力较高,在互联网规模、私营企业数量、专利数量、企业新产品销售收入等方面占有优势。

天津2015年在54个三级指标中有1个指标位列第一,以0.297 0分位列第六。天津的各项指标排名比较稳定,四个分指标每年都位列第六(仅有双创主体2017年评分值列第七)。

山东、重庆、陕西2015年各有一个指标位列第一,分别排名第八、第九和第十。山东的双创环境、双创主体和双创投入都排在前八位,但是双创产出排名靠后。重庆的双创产出表现突出,三年都保持在第三、四位,但是其他三项分指标排名都在10～20之间。陕西的各项指标发展比较均衡,没有特别突出的,但是各分指标都排在第八到第十四位之间。

吉林和宁夏2015年各有一个指标位列第一,分别排名第十五、第十八。吉林的双创产出相对表现良好,2017年位列第八,其他分指标处于中等,排在第二十名左右。宁夏的双创环境相对不错,其他分指标排名在第二十名左右。

西藏2015年在54个三级指标中有3个指标位列第一,分别是研发机构R&D经费内部支出中政府资金所占比重、商品房平均销售价格、对教育投资占GDP比重,但是其他指标表现不佳。很多学者在研究时都把西藏剔除在外,因为有的指标数据缺失。本书为了研究地区的完整性,未将西藏剔除,仅有万元GDP综合能耗一个指标无法取得,评分值为0,其他数据都能取得。2015年西藏有30个指标位列倒数第一,以0.123 2分排名第二十五,其中双创主体和双创投入都是倒数第一,双创环境中由于有一个排名第一的指标,因此排到第十一位。2016年由于其他地区的赶超,双创环境下跌到第十九位,因而双创发展总评分值排名进一步下降,至2017年排名倒数第一。

广西和云南2015年在54个三级指标中各有1个指标位列第一,双创发展总评分值分别排名第二十九和第三十。广西在万元GDP能耗方面占有优势,双创环境和双创投入属于倒数,双创产出相对还可以,2017年排名从第二十九位提升至第二十六位。云南在空气质量方面占有优势，其四个分指标没有比较突出的，排名都比较靠后。

还有其他一些地区，没有一项三级指标排名第一，各项分指标的表现也不突出，总排名在中等或偏后，这里就不一一列举说明。

6.3.3 聚类分析和判别分析

1）聚类分析

(1) 基本思想

聚类分析是指样本数据被划分为子集的过程。我们所研究的样本或指标之间存在一定程度上的相关性。基于所研究样本的多个观察指标，可以找到可用于权衡样本或指标之间相似性的统计数据，划分组别的依据就是这些统计量。将相关程度较高的样本划分为一组，将剩下样本相互之间相似程度较高的划分为一组，直到所有的样本或指标都划分好组别，满足“类内差异小，类间差异大”的要求。聚类一般有 Q 型聚类和 R 型聚类，对 n 个样品进行聚类的方法称为 Q 型聚类，常用的统计量称为“距离”；对 m 个变量进行聚类的方法称为 R 型聚类，常用的统计量称为“相似系数”。

(2) 聚类分析的一般步骤

① 选择聚类分析变量

首先对样本进行聚类分析，然后再对案例进行聚类分析，聚类变量选择典型的变量；对变量做要素剖析，产生一组不相关变量作为聚类变量。

② 计算相似性

相似性是聚类分析的一个基础定义，它体现了被研究对象之间的相似程度。计算出的相似性是聚类分析进行分类的标准。

③ 聚类

选定聚类方法，确定形成的类数。

④ 聚类结果的解释

在获得聚类结果之后，验证并解释结果以确保聚类解决方案是可靠的。

2）判别分析

判别分析是一种多元统计方法。在判别分析中，建立合理的判别函数一般需要根据考察对象的多个指标或者变量，同时根据建立的判别函数对未知类别样本进行类别划分。

(1) 基本原理

首先要知道观测样本的分类和表示观测样本特征的变量及其值才能进行判别

分析。而判别分析就是根据已筛选出的可以给出全面信息的样本来构建判别函数,从而使判别函数可以以最低的错误率对未知分类样本进行判别。线性判别函数的一般公式为:

$$F=a_1x_1+a_2x_2+a_3x_3+\cdots+a_nx_n$$

(2) 一般步骤

首先,只有已知观察样本分类和由观察到的样本特征变量值计算的判别函数才能应用于判别分析,并且相应观察样本的变量值被代入构造的判别函数中。按照判别函数对观测样本进行类别划分,并将原始数据分类与判别函数的判别分类进行比较,以获得判别函数的误差概率。判别分析方法包括距离判别法、Fisher 判别法和 Bayes 判别法。距离判别法和 Bayes 判别法都对样本有约束,距离判别法要求样本自变量为连续的,Bayes 判别法要求对象为多元正态分布,只有 Fisher 判别法对样本没有过多需求,同时 Fisher 判别法所建立的判别函数比较简单易行,可操作性强,因此本书选择 Fisher 判别法进行判别分析。

3) 各地区双创发展聚类分析

为了更全面地反映我国各地区双创发展的差异,下面采用系统聚类方法对 31 个地区双创发展情况进行分类。31 个省、自治区、直辖市分别以样本 $X_1, X_2, \cdots, X_{31}$ 表示,每个样本都具有 4 个属性,即前面计算出来的双创环境、双创主体、双创投入和双创产出。使用平均连接(组间)方法和平方欧式距离进行分层聚类,聚类过程见表 6.10。

从表 6.10 可见,第 1 步合并为一类的是序号为 24 和 25 的地区,即贵州和云南,说明这两者的双创情况最相似;第 2 步合并为一类的是序号为 29 和 31 的地区,即青海和新疆;第 3 步合并为一类的是序号为 6 和 27 的地区,即辽宁和陕西,依次类推。

表 6.10 聚类表

阶	群集组合		系数	首次出现阶群集		下一阶
	群集 1	群集 2		群集 1	群集 2	
1	24	25	0.000	0	0	11
2	29	31	0.000	0	0	9
3	6	27	0.000	0	0	17
4	20	28	0.000	0	0	11
5	7	8	0.000	0	0	13
6	14	18	0.000	0	0	8
7	3	4	0.000	0	0	14
8	14	16	0.000	6	0	13

续表 6.10

阶	群集组合		系数	首次出现阶群集		下一阶
	群集 1	群集 2		群集 1	群集 2	
9	5	29	0.000	0	2	15
10	17	23	0.000	0	0	17
11	20	24	0.000	4	1	14
12	21	30	0.000	0	0	15
13	7	14	0.000	5	8	18
14	3	20	0.000	7	11	18
15	5	21	0.000	9	12	16
16	5	26	0.000	15	0	20
17	6	17	0.000	3	10	19
18	3	7	0.000	14	13	20
19	6	12	0.001	17	0	21
20	3	5	0.001	18	16	24
21	6	22	0.001	19	0	22
22	6	13	0.001	21	0	24
23	2	15	0.001	0	0	26
24	3	6	0.002	20	22	26
25	10	19	0.003	0	0	27
26	2	3	0.005	23	24	30
27	10	11	0.006	25	0	28
28	9	10	0.010	0	27	29
29	1	9	0.018	0	28	30
30	1	2	0.049	29	26	0

结合图 6.4，可以把 31 个地区的双创发展至少分为两类：一类是双创发展水平较高的地区，包括北京、上海、广东、江苏、浙江 5 个省、直辖市，都属于东部经济发达地区。这些地区的政府一般具备体制优势和政策优势，使其创新创业能力较强。究其原因，一是得益于其独特的地理位置优势，比较容易吸引外资，引进资金的同时带来新的观念、新的技术等；二是得益于改革开放和经济体制改革，大大提高了市场化的程度，竞争的压力促使创新创业发展；三是政府部门的重视，制定了有利于创新创业的各种政策。另一类是双创发展水平较低的地区，包括北京、上海、广东、江苏、浙江除外的其他 26 个省、自治区、直辖市。这一类的地区和北上广江浙相比，经济发展水平相对较低，作为创新创业主体的企业活力不足，政府部门有的

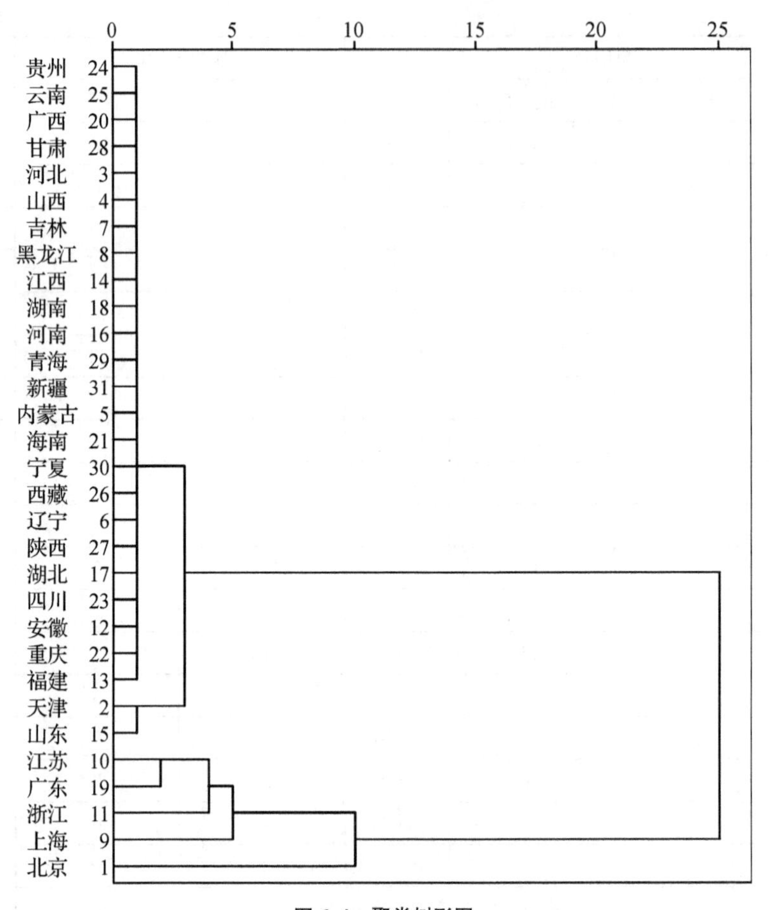

图 6.4 聚类树形图

已经认识到双创的重要性，但是政府的支持、引导还未能充分发挥，因此双创发展水平相对较低。

对双创发展水平较高的一类再进行细分，可以分为四类。

第一类是北京。作为我国的首都，是政治中心和科技中心，经济发展水平较高，有着众多高校、研究机构，创新创业环境优异，经费投入和创新创业人才都居于领先地位。四个分指数每年均居第一、第二。因此北京单独划分为一类，与其他地区有着明显的差别，双创发展遥遥领先，高居榜首。

第二类是上海。上海的创新创业优势表现在诸多方面。从创新环境来看，上海是中国目前唯一的经济总量（以地区生产总值表示）超过 3 万亿元人民币的城市，有着雄厚的经济发展基础。国内外金融机构云集，各类金融市场齐聚，它们的资产总额和交易总额均高居国内城市榜首，有着较好的金融资源。以张江综合性国家科学中心和国家级“大院大所”为代表，上海在基础研究领域有着领先地位。

同时，上海有着多所国内一流、国际知名的大学，能够为上海输送源源不断的创新创业人才。因此上海的双创环境2016年、2017年都位列第一。上海还具有很强的开放性，有利于创新创业的发展。上海的双创投入、双创产出都名列前茅，双创主体相对薄弱。

第三类是浙江。浙江的双创发展是最为稳定的，四项分指标三年的排名均未变动，双创环境、双创投入和双创产出均居第五位，双创主体排名居第四位，这和浙江民营经济发达、创新迸发活力有关。虽然浙江的排名稳定，但是评分值和前几位相比还是有一定的差距，每年提升的速度偏慢。

第四类是广东和江苏。广东和江苏双创的基础比较接近，两个地区都具有良好的创新氛围、宽松的创新环境及雄厚的创新基础，经济对外开放性强，地区对人才有着较强的吸引力，政府部门也都十分重视创新创业，出台了很多配套的扶持政策。但是近几年广东在研发投入、技术转移、创新载体培育、企业创新方面发展较快，双创环境和双创产出保持稳定增长，双创主体和双创投入实现了赶超。而江苏相对来说增长速度偏慢，部分指标出现倒退，双创产出是江苏的短板，排在第十位左右。

对双创发展水平较低的一类再进行细分，可以分为两类。一类是天津和山东，另一类是其他24个地区。天津和山东三年双创发展评分值均值位列第七、第八位。这两个地区的双创发展比较稳定，三年中四个分指标的排名变化不大，尤其是天津每个指标都排在第六、第七位。山东在双创环境、双创主体、双创投入方面稳定在第六到第八位，但是创新产出是短板，排名靠后。其他地区共有24个省、直辖市、自治区，占了样本数的77.42%。这些地区的双创发展处于较低水平，大多数都在平均水平以下，评分集中在0.1～0.2之间，见表6.11。

表6.11 双创发展评分值分布

双创发展评分值	2015年	2016年	2017年	平均值
0.7～0.8	0	1	1	1
0.6～0.7	1	0	1	0
0.5～0.6	0	2	2	2
0.4～0.5	3	2	1	2
0.3～0.4	1	1	1	1
0.2～0.3	3	6	8	5
0.1～0.2	22	19	17	20
0.1以下	1	0	0	0

4）各地区双创发展判别分析

在聚类分析得到的双创发展水平分类的基础上采用判别分析法可以验证聚类

分析的类别是否正确。

（1）正则相关性判断

构建 Fisher 线性判别模型的依据是通过双创环境、双创主体、双创投入和双创产出 4 个分指数以及在聚类分析下地区的分类。设 X 为因变量，代表样本地区的类别，$X=1$ 表示双创发展水平高，$X=2$ 表示双创发展水平低。利用 SPSS 对模型进行构建，得出特征值如表 6.12：

表 6.12 特征值

函数	特征值	方差的贡献率	累计方差贡献率	正则相关性
1	11.266	100.0%	100.0%	0.958

根据表 6.12 的数据结果可以看出，特征值为 11.266，方差的累计贡献率高达 100%，正则相关性系数为 0.958，接近于 1，这些数据都表明该函数的判断力很强，准确度很高。

表 6.13 Wilks 的 Lambda 检验

函数检验	Wilks 的 Lambda	卡方	df	Sig.
1	0.082	67.685	4	0.000

根据表 6.13 判别函数的检验结果可以看出，在 Wilks 的 Lambda 检验中，卡方=67.685，Sig. =0.000<0.05，表明通过了显著性检验，引入变量对提高分类的精度有显著作用。

（2）标准的 Fisher 判别函数

表 6.14 标准化的典型判别函数系数

	函数
	1
X_1	1.192
X_2	0.968
X_3	−0.741
X_4	−0.439

依据表 6.14 标准化的典型判别函数系数，能够得到一个标准化的 Fisher 判别函数：

$$F=1.192X_1+0.968X_2-0.741X_3-0.439X_4$$

从标准化的 Fisher 判别函数可以看出，双创环境系数最大，表明该指标对判别模型的影响最大，说明判断一个地区双创发展水平的第一要素就是看它的双创环境。

(3) 分类别的 Fisher 判别函数

表 6.15 分类函数系数

	所属类别	
	1	2
X_1	614.450	146.320
X_2	462.922	49.375
X_3	−669.287	−84.656
X_4	−165.310	14.202
(常量)	−68.908	−5.938

根据表 6.15 分类函数系数可以得到分类别的 Fisher 线性判别函数:

$$F_1 = 614.45 X_1 + 462.922 X_2 - 669.287 X_3 - 165.31 X_4 - 68.908$$

$$F_2 = 146.32 X_1 + 49.375 X_2 - 84.656 X_3 + 14.202 X_4 - 5.938$$

根据判别函数,分别代入相应的分数值,计算出的 F_1 与 F_2 的判别得分见表 6.16。

表 6.16 判别得分值及判别结果校验

序号	地区	聚类结果	判别结果	判别得分	组 1 成员概率	组 2 成员概率	判别结果与聚类结果校验
1	北京	1	1	8.379 1	1	0	1
2	天津	2	2	0.068 7	0	1	2
3	河北	2	2	−1.426 7	0	1	2
4	山西	2	2	−2.302 2	0	1	2
5	内蒙古	2	2	−0.980 6	0	1	2
6	辽宁	2	2	−0.593 5	0	1	2
7	吉林	2	2	−1.973 4	0	1	2
8	黑龙江	2	2	−2.018 9	0	1	2
9	上海	1	1	7.109 3	1	0	1
10	江苏	1	1	7.435 9	1	0	1
11	浙江	1	1	4.465 2	1	0	1
12	安徽	2	2	−2.011 2	0	1	2
13	福建	2	2	−0.142 5	0	1	2
14	江西	2	2	−2.212 2	0	1	2
15	山东	2	2	0.092 2	0	1	2
16	河南	2	2	−1.486 1	0	1	2
17	湖北	2	2	−1.121 5	0	1	2

续表 6.16

序号	地区	聚类结果	判别结果	判别得分	组 1 成员概率	组 2 成员概率	判别结果与聚类结果校验
18	湖南	2	2	−2.179 4	0	1	2
19	广东	1	1	9.625 2	1	0	1
20	广西	2	2	−2.240 1	0	1	2
21	海南	2	2	−1.098 8	0	1	2
22	重庆	2	2	−1.703 9	0	1	2
23	四川	2	2	−0.600 8	0	1	2
24	贵州	2	2	−2.197 4	0	1	2
25	云南	2	2	−2.046 5	0	1	2
26	西藏	2	2	−1.617 3	0	1	2
27	陕西	2	2	−1.104 2	0	1	2
28	甘肃	2	2	−2.598 1	0	1	2
29	青海	2	2	−1.274 5	0	1	2
30	宁夏	2	2	−0.978 8	0	1	2
31	新疆	2	2	−1.267 2	0	1	2

(4) 模型准确性检验

表 6.17 检验结果表

	Ⅰ	Ⅱ
原始聚类结果	5	26
判别结果	5	26
准确率	100%	100%

从表 6.17 的检验结果表可知模型的判别效果，原始数据的误判总数为 0 个，准确率高达到 100%。结果表明，聚类结果的准确性是非常高的。

6.3.4 关键指标分析

关键指标是指确定的双创发展评价指标体系中 54 个具体指标中对双创发展有显著影响的指标。由于相关系数反映了两个变量每单位变化时的相似程度，因此显著影响以具体指标与双创发展总评分值或分指标评分值的相关系数来界定，且取相关系数较大的指标作为关键指标来进行分析。

1) 双创环境关键指标分析

通过测算双创环境下 23 个指标和双创发展、双创环境得分的相关系数（见表 6.18），可以看到 A2（人均可支配收入）、A6（居民消费水平）和 A17（人均邮电业务总量)与双创发展、双创环境得分的相关性较高,都在0.9以上,且为正相关。A1(人均GDP)、A9(当年A股筹资额)、A14(百人移动电话用户数)、A19(商品房平均销售价格)的相关性系数在0.85~0.9之间,前三个是正相关,A19为负相关。

表6.18 双创发展和双创环境各指标相关性

		双创发展	双创环境
A1	Pearson 相关性	0.856**	0.862**
	显著性(双侧)	0.000	0.000
	N	31	31
A2	Pearson 相关性	0.901**	0.910**
	显著性(双侧)	0.000	0.000
	N	31	31
A3	Pearson 相关性	0.834**	0.861**
	显著性(双侧)	0.000	0.000
	N	31	31
A4	Pearson 相关性	0.819**	0.840**
	显著性(双侧)	0.000	0.000
	N	31	31
A5	Pearson 相关性	0.660**	0.686**
	显著性(双侧)	0.000	0.000
	N	31	31
A6	Pearson 相关性	0.902**	0.911**
	显著性(双侧)	0.000	0.000
	N	31	31
A7	Pearson 相关性	0.811**	0.786**
	显著性(双侧)	0.000	0.000
	N	31	31
A8	Pearson 相关性	−0.054	−0.089
	显著性(双侧)	0.773	0.632
	N	31	31
A9	Pearson 相关性	0.894**	0.865**
	显著性(双侧)	0.000	0.000
	N	31	31

续表 6.18

双创环境		双创发展	
A10	Pearson 相关性	0.505**	0.449*
	显著性(双侧)	0.004	0.011
	N	31	31
A11	Pearson 相关性	−0.107	−0.126
	显著性(双侧)	0.568	0.498
	N	31	31
A12	Pearson 相关性	−0.336	−0.274
	显著性(双侧)	0.065	0.136
	N	31	31
A13	Pearson 相关性	0.636**	0.647**
	显著性(双侧)	0.000	0.000
	N	31	31
A14	Pearson 相关性	0.853**	0.863**
	显著性(双侧)	0.000	0.000
	N	31	31
A15	Pearson 相关性	0.120	0.219
	显著性(双侧)	0.521	0.236
	N	31	31
A16	Pearson 相关性	0.830**	0.897**
	显著性(双侧)	0.000	0.000
	N	31	31
A17	Pearson 相关性	0.911**	0.943**
	显著性(双侧)	0.000	0.000
	N	31	31
A18	Pearson 相关性	−0.301	−0.307
	显著性(双侧)	0.100	0.093
	N	31	31
A19	Pearson 相关性	−0.857**	−0.851**
	显著性(双侧)	0.000	0.000
	N	31	31

续表 6.18

双创环境		双创发展	
A20	Pearson 相关性	−0.272	−0.212
	显著性(双侧)	0.138	0.253
	N	31	31
A21	Pearson 相关性	0.659**	0.559**
	显著性(双侧)	0.000	0.001
	N	31	31
A22	Pearson 相关性	0.722**	0.695**
	显著性(双侧)	0.000	0.000
	N	31	31
A23	Pearson 相关性	0.631**	0.741**
	显著性(双侧)	0.000	0.000
	N	31	31

注**表示在 0.01 水平(双侧)上显著相关;*表示在 0.05 水平(双侧)上显著相关

(1) 人均可支配收入

人均可支配收入用来反映人民生活水平,也可以从一定程度上体现创新创业的活力和潜力。人均可支配收入与双创发展评分值的相关系数达 0.901,与双创环境得分值的相关系数达 0.910。从人均可支配收入分布情况来看(表 6.19),双创发展水平较高的地区人均可支配收入在 30 000 元以上。

表 6.19 人均可支配收入分布情况

人均可支配收入(元)	数量	地区
50 000 以上	2	上海、北京
40 000~50 000	0	无
30 000~40 000	4	浙江、天津、江苏、广东
20 000~30 000	11	福建、辽宁、山东、内蒙古、重庆、湖北、湖南、海南、江西、安徽、吉林
20 000 以下	14	其他

以人均可支配收入和双创环境评分值的均值作为横轴和纵轴的原点,绘制各地区人均可支配收入和双创环境得分的对比图(见图 6.5),可以发现,处于第一象限的是上海、北京、广东、江苏、浙江、天津,山东、福建接近原点,说明双创环境与人均可支配收入存在较大相关性,各地区可以通过提高人均可支配收入水平来提高双创环境的得分。

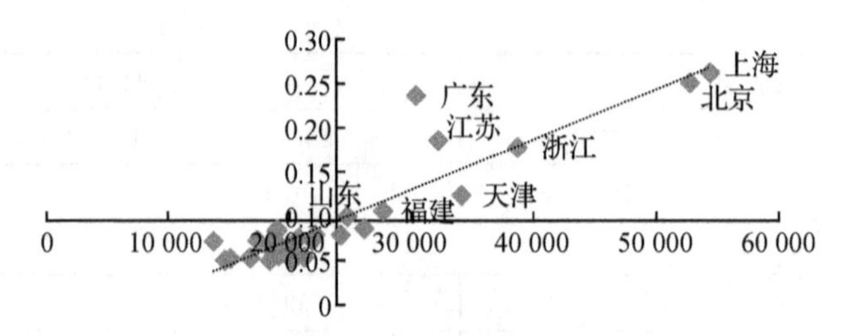

图 6.5　人均可支配收入和双创环境得分的对比图

(2) 居民消费水平

居民消费水平体现居民在物质产品和劳务的消费过程中，对满足生存、发展和享受需要方面所达到的程度。可以从侧面反映该地区人民生活水平，从而在一定程度上体现创新创业的活力和潜力。居民消费水平与双创发展评分值的相关系数达 0.902，与双创环境得分值的相关系数达 0.911。

以居民消费水平和双创环境评分值的均值作为横轴和纵轴的原点，绘制各地区居民消费水平和双创环境得分的对比图(见图 6.6)，可以发现，和人均可支配收入的分布类似，处于第一象限的是上海、北京、广东、江苏、浙江、天津，山东、福建接近原点，说明双创环境与居民消费水平存在较大相关性，各地区可以通过提高居民消费水平来提高双创环境的得分。

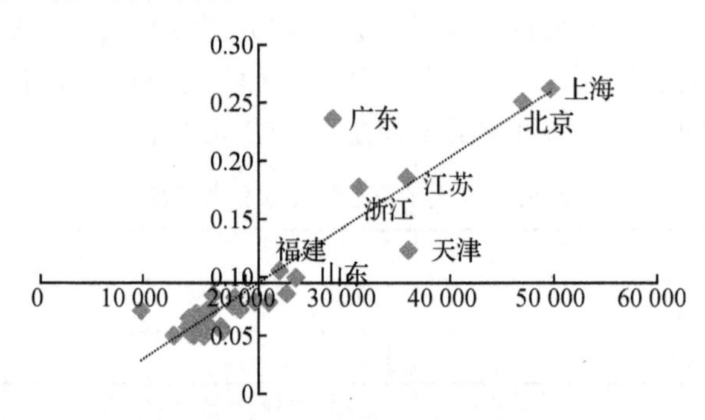

图 6.6　居民消费水平和双创环境得分的对比图

(3) 人均邮电业务总量

人均邮电业务总量反映了通信基础设施水平，为创新创业提供了基础条件。人均邮电业务总量与双创发展评分值的相关系数达 0.911，与双创环境得分值的相关系数达 0.943。从人均邮电业务总量分布情况来看(表 6.20)，除了江苏邮电业务总量规模相对较少，再加上人口众多，人均邮电业务总量三年平均值略低于 3 000元，其他双创发展水平较高的地区人均邮电业务总量在 4 000 元以上。

表 6.20 人均邮电业务总量分布情况

人均邮电业务总量(元)	数量	地区
5 000 以上	2	上海、北京
4 000～5 000	2	浙江、广东
3 000～4 000	0	无
2 000～3 000	5	江苏、福建、宁夏、海南、天津
2 000 以下	22	其他

以人均邮电业务总量和双创环境评分值的均值作为横轴和纵轴的原点，绘制各地区人均邮电业务总量和双创环境得分的对比图，见图 6.7，可以发现，人均邮电业务总量和双创环境高度相关，处于第一象限的是上海、北京、广东、江苏、浙江、福建。

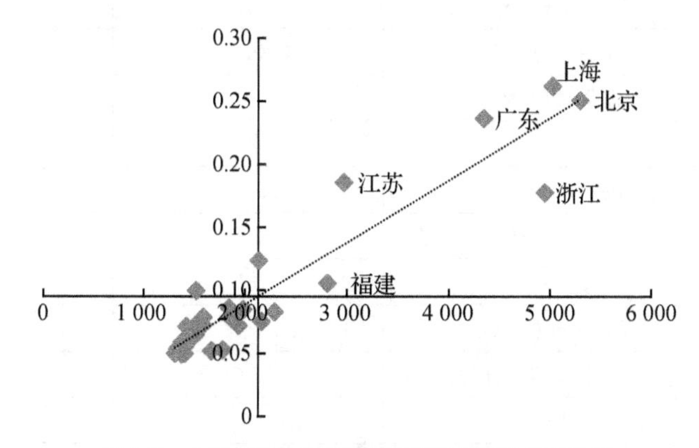

图 6.7 人均邮电业务总量和双创环境得分的对比图

2) 双创主体关键指标分析

双创主体下 11 个指标和双创发展、双创主体得分的相关系数(见表 6.21)，可以看到 B3(高新技术企业数量在全国高新技术企业数量中占比)、B4(创业板上市公司数量)、B7(高等学校 R&D 课题数)与双创发展、双创主体相关系数较高，呈显著正相关。

表 6.21 双创发展和双创主体各指标相关性

		双创发展	双创主体
B1	Pearson 相关性	0.571**	0.698**
	显著性(双侧)	0.001	0.000
	N	31	31
B2	Pearson 相关性	0.834**	0.762**
	显著性(双侧)	0.000	0.000
	N	31	31

续表 6.21

		双创发展	双创主体
B3	Pearson 相关性	0.924**	0.978**
	显著性(双侧)	0.000	0.000
	N	31	31
B4	Pearson 相关性	0.893**	0.950**
	显著性(双侧)	0.000	0.000
	N	31	31
B5	Pearson 相关性	0.276	0.292
	显著性(双侧)	0.132	0.111
	N	31	31
B6	Pearson 相关性	0.467**	0.322
	显著性(双侧)	0.008	0.077
	N	31	31
B7	Pearson 相关性	0.874**	0.907**
	显著性(双侧)	0.000	0.000
	N	31	31
B8	Pearson 相关性	0.619**	0.477**
	显著性(双侧)	0.000	0.007
	N	31	31
B9	Pearson 相关性	0.619**	0.658**
	显著性(双侧)	0.000	0.000
	N	31	31
B10	Pearson 相关性	0.652**	0.786**
	显著性(双侧)	0.000	0.000
	N	31	31
B11	Pearson 相关性	0.703**	0.829**
	显著性(双侧)	0.000	0.000
	N	31	31

注：**表示在 0.01 水平(双侧)上显著相关；*表示在 0.05 水平(双侧)上显著相关

(1) 高新技术企业数量在全国高新技术企业数量中占比

随着经济的转型升级，我国高新技术企业将是城市、国家发展的主要动力。一个地区的高新技术企业多与少、弱与强，决定了未来的竞争力。因此一个地区经济核心竞争力在于高新产业，而高新产业的关键要素在于高新技术企业。高新技术企业数量在全国高新技术企业数量中占比与双创发展评分值的相关系数达0.924，与双创主体得分值的相关系数达 0.978。

2017 年全国高新技术企业 54 694 家，与 2015 年的 21 256 相比增长了 157.31%。拥有高新技术企业数量最多的广东(12 200 家)，占全国数量的 22.31%。见表 6.22 所示，各个地区的高新技术企业数量分布差异较大。排名前五的地区拥有全国 59.58%的高新技术企业，见图 6.8 所示。

表 6.22 2017 年高新技术企业数量占比分布表

高新技术企业数量在全国高新技术企业数量中占比	数量	地区
20%以上	1	广东
10%～20%	1	北京
5%～10%	3	江苏、浙江、上海
2%～5%	8	湖北、山东、安徽、湖南、天津、河北、四川、河南
2%以下	18	其他

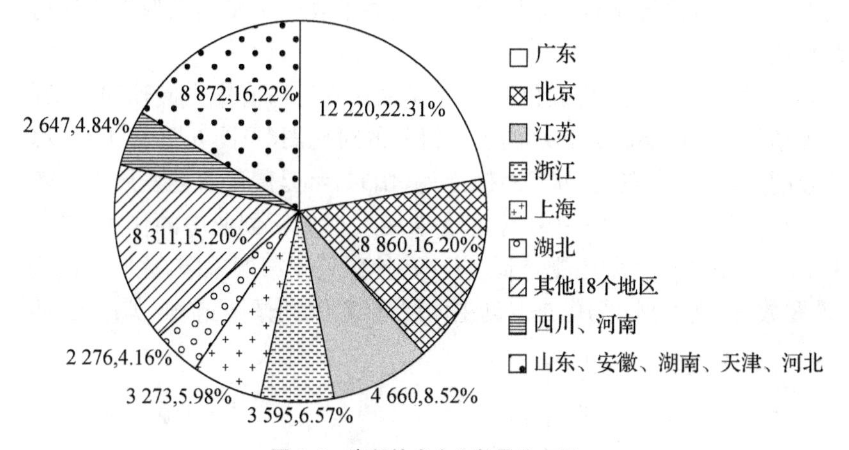

图 6.8 高新技术企业数量分布图

(2) 创业板上市公司数量

创业板是专为创业型企业、高科技产业企业等提供融资途径和成长空间的，一个地区内在创业板上市的企业规模可以从侧面反映该地区创新创业主体和活力。创业板上市公司数量与双创发展评分值的相关系数达 0.893，与双创主体得分值的相关系数达 0.950。

截至 2017 年年底，创业板上市公司共 718 家，广东以 166 家高居榜首，图 6.9 显示了创业板上市公司数量排名前十的地区，可以看到双创发展水平高的地区在创业板上市的企业数量也多，高新技术企业和创业板上市企业数量都能很好地反映一个地区作为创新创业主体的企业的活力。

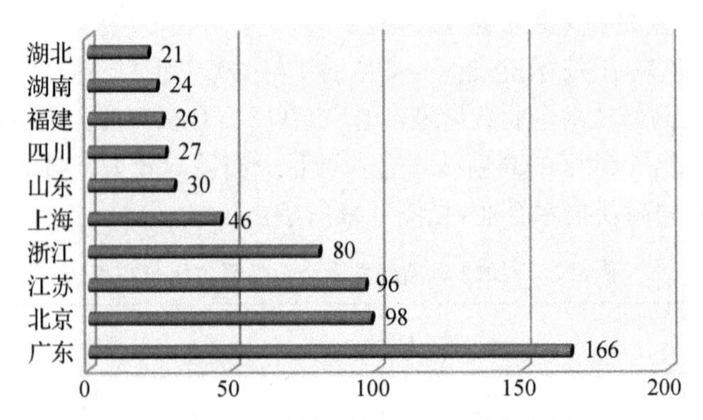

图 6.9 创业板上市公司数量排名前十地区数量分布图

(3) 高等学校 R&D 课题数

高等学校也是创新创业的重要主体,高等学校 R&D 课题数可以从一定程度上反映高等学校进行研发的能力,体现某地区学校这一创新主体的发展情况。高等学校 R&D 课题数与双创发展评分值的相关系数达 0.874,与双创主体得分值的相关系数达 0.907。

以高等学校 R&D 课题数和双创主体评分值的均值作为横轴和纵轴的原点,绘制高等学校 R&D 课题数和双创主体得分的对比图(见图 6.10),可以发现,处于第一象限的是北京、广东、江苏、浙江、上海、山东,都是属于双创发展水平较高的地区,大部分地区属于第三象限,高等学校未能发挥创新创业中的作用,导致双创发展水平不高。从图 6.10 中还能看到,有一些地区处于第四象限,这些地区高等学校 R&D 课题数高于平均水平,但是双创主体评分值在均值附近徘徊,如湖北、四川。

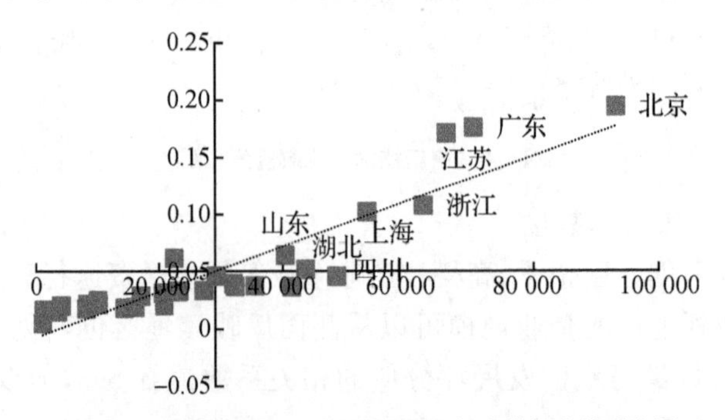

图 6.10 高等学校 R&D 课题数和双创主体得分的对比图

3) 双创投入关键指标分析

双创投入下 7 个指标和双创发展、双创投入得分的相关系数见表 6.23,可以看到 C1(万名就业人员中研发人员数)、C2(每万人 R&D 人员全时当量)、C4(R&D

经费投入强度)、C5(科学技术支出占一般公共预算支出比重)与双创发展、双创投入相关系数较高,呈显著正相关。

表 6.23 双创发展和双创投入各指标相关性

		双创发展	双创投入
C1	Pearson 相关性	0.922**	0.916**
	显著性(双侧)	0.000	0.000
	N	31	31
C2	Pearson 相关性	0.930**	0.936**
	显著性(双侧)	0.000	0.000
	N	31	31
C3	Pearson 相关性	0.176	0.137
	显著性(双侧)	0.343	0.462
	N	31	31
C4	Pearson 相关性	0.899**	0.898**
	显著性(双侧)	0.000	0.000
	N	31	31
C5	Pearson 相关性	0.885**	0.913**
	显著性(双侧)	0.000	0.000
	N	31	31
C6	Pearson 相关性	0.660**	0.729**
	显著性(双侧)	0.000	0.000
	N	31	31
C7	Pearson 相关性	0.765**	0.838**
	显著性(双侧)	0.000	0.000
	N	31	31

注:** 表示在 0.01 水平(双侧)上显著相关;* 表示在 0.05 水平(双侧)上显著相关

(1) 人力资本投入

人才是第一资源,创新创业人力资本投入是创新创业活动的重要保障。万名就业人员中研发人员数和每万人 R&D 人员全时当量是反映创新创业人力投入规模和强度的指标。万名就业人员中研发人员数与双创发展评分值的相关系数是 0.922,与双创投入评分值的相关系数是 0.916;每万人 R&D 人员全时当量与双创发展评分值的相关系数是 0.930,每万人 R&D 人员全时当量与双创投入评分值的相关系数是 0.936。

以万名就业人员中研发人员数和每万人 R&D 人员全时当量的均值作为横轴

和纵轴的原点，以双创投入多少表示气泡的大小，绘制气泡图(见图 6.11)，可以看到双创发展水平高的几个地区全部位于第一象限，并且气泡较大，说明人力资本投入与双创投入有着较强的正相关关系。

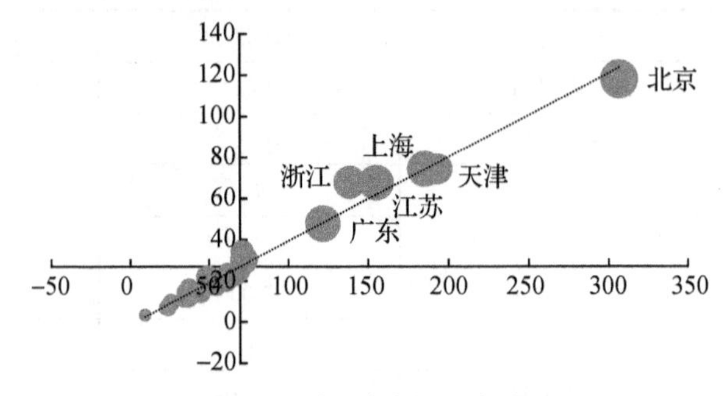

图 6.11 人力资本投入对比图

(2) 财力投入

鼓励大众创业、万众创新，激发市场主体活力离不开财力保障。R&D 经费投入强度和科学技术支出占一般公共预算支出比重是与双创发展、双创投入相关性较高的指标。R&D 经费投入强度与双创发展评分值的相关系数为 0.899，与双创投入评分值的相关系数为 0.898；科学技术支出占一般公共预算支出比重与双创发展评分值的相关系数为 0.885，与双创投入评分值的相关系数为 0.913。

R&D 经费投入强度是国际上通用的反映国家或地区科技投入水平的核心指标。2017 年我国研发经费投入总量为 17 500 亿元，比上年增长 11.6%，增速较上年提高 1 个百分点。研发经费投入强度为 2.12%，较上年提高 0.01 个百分点。从全球来看，中国研发经费投入总量目前仅次于美国，居世界第二位。但是研发经费投入强度还有提升空间。北京、上海、江苏、广东、天津、浙江、山东 7 个地区的研发投入强度超过全国平均水平(见表 6.24)，其他地区的研发经费投入强度还有待提高，最低的西藏仅为 0.22%。

表 6.24 2017 年研发经费投入强度统计表

排名	地区	研发经费投入强度(%)
1	北京	5.64
2	上海	4.00
3	江苏	2.63
4	广东	2.61
5	天津	2.47
6	浙江	2.45

续表 6.24

排名	地区	研发经费投入强度(%)
7	山东	2.41
8	陕西	2.10
9	安徽	2.05
10～20	湖北、重庆、辽宁、四川、福建、湖南、河南、河北、江西、甘肃、宁夏	1～2之间
21～31	山西、云南、黑龙江、吉林、内蒙古、贵州、广西、青海、新疆、海南、西藏	1以下

区域创新创业的发展离不开政府的支持,政府作为创新创业基础设施的提供者、知识产权的保护者、创新产品的公共采购者、创新创业主体的培育者、法律法规的制定者,其财政资金的支持为区域创新创业的发展提供了保障。科学技术支出占一般公共预算支出比重反映了财政资金对科学技术的投入,从一定程度上体现了某地区政府部门对创新的重视程度。从绝对值来看,大多数地区的科学技术支出规模在不断增长,但是由于公共预算支出规模的增加,科学技术支出占一般公共预算支出比重有15个地区近三年来是负增长(见表6.25),政府的扶持和引导作用有待加强。

表 6.25 近三年来各地区科学技术支出占一般公共预算支出占比

地区	2017年(%)	2016年(%)	2015年(%)	2017年和2015年相比的增长率(%)
广东	5.48	5.53	1.52	261.20
上海	5.17	4.94	1.75	195.55
湖北	3.44	2.96	1.37	151.40
安徽	4.20	4.70	1.68	149.36
天津	3.53	3.38	1.60	120.79
江苏	4.03	3.82	2.02	99.12
浙江	4.03	3.86	2.49	61.96
北京	5.30	4.46	3.29	61.35
江西	2.35	1.80	1.56	50.46
西藏	0.50	0.30	0.39	28.95
山东	2.11	1.91	1.66	27.09
贵州	1.90	1.63	1.55	22.42
重庆	1.37	1.29	1.24	10.32
河南	1.68	1.29	1.55	8.33

续表 6.25

地区	2017 年(%)	2016 年(%)	2015 年(%)	2017 年和 2015 年相比的增长率(%)
宁夏	1.86	1.46	1.84	1.06
福建	2.12	1.88	2.12	0.15
黑龙江	1.01	1.06	1.32	−23.57
云南	0.94	0.93	1.31	−28.53
陕西	1.64	1.41	2.36	−30.32
湖南	1.33	1.13	1.95	−31.77
河北	1.04	1.21	1.57	−33.66
四川	1.23	1.26	1.86	−34.08
广西	1.22	1.02	1.94	−37.05
山西	1.34	1.01	2.13	−37.35
辽宁	1.18	1.35	1.98	−40.51
吉林	1.26	1.14	2.27	−44.60
新疆	0.92	1.09	2.08	−55.51
海南	0.86	1.14	2.06	−57.99
甘肃	0.78	0.83	2.12	−63.15
青海	0.78	0.71	2.22	−64.83
内蒙古	0.74	0.72	2.25	−67.00

以科学技术支出占一般公共预算支出比重和 R&D 经费投入强度的均值作为横轴和纵轴的原点，以双创投入多少表示气泡的大小，绘制气泡图(见图 6.12)，可以看到处于第一象限的地区有北京、上海、广东、江苏、浙江、天津、安徽和湖北，说明财力投入与双创投入有着密切关系，但是从气泡分布来看，与人力资本投入相比，财力投入表现出的正相关关系要稍微弱一些，因为资金的投入只是双创发展的基础，如果资金投入以后的使用效果不能提高，还是会影响双创发展水平。

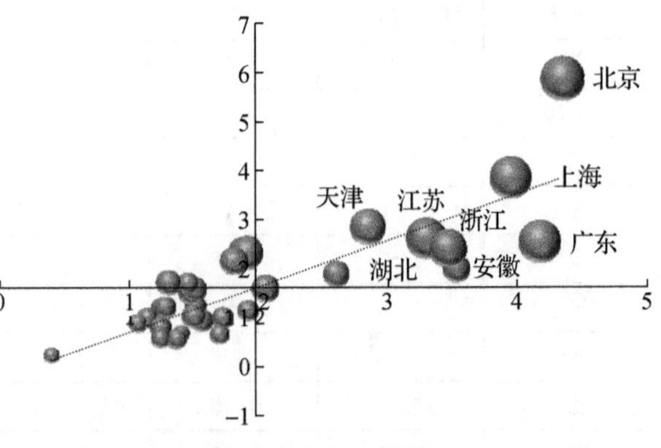

图 6.12　财力投入对比图

4) 双创产出关键指标分析

双创产出下 13 个指标和双创发展、双创产出得分的相关系数见表 6.26，可以看到双创产出的具体指标和总指标、分指标的相关性比双创环境、双创主体、双创投入的具体指标要弱。相对比较高的有D4(新产品销售收入占工业企业总销售收入的比重)、D5(每百家企业商标拥有量)、D6(每万人技术合同成交额)、D8(人口城镇化率)、D10(第三产业增加值占GDP比重)。

表6.26 双创发展和双创产出各指标相关性

		双创发展	双创产出
D1	Pearson 相关性	0.327	0.590**
	显著性(双侧)	0.072	0.000
	N	31	31
D2	Pearson 相关性	0.515**	0.368*
	显著性(双侧)	0.003	0.042
	N	31	31
D3	Pearson 相关性	0.356*	0.568**
	显著性(双侧)	0.049	0.001
	N	31	31
D4	Pearson 相关性	0.707**	0.575**
	显著性(双侧)	0.000	0.001
	N	31	31
D5	Pearson 相关性	0.642**	0.659**
	显著性(双侧)	0.000	0.000
	N	31	31
D6	Pearson 相关性	0.677**	0.886**
	显著性(双侧)	0.000	0.000
	N	31	31
D7	Pearson 相关性	0.445*	0.440*
	显著性(双侧)	0.012	0.013
	N	31	31
D8	Pearson 相关性	0.795**	0.718**
	显著性(双侧)	0.000	0.000
	N	31	31
D9	Pearson 相关性	0.794**	0.669**
	显著性(双侧)	0.000	0.000
	N	31	31

续表 6.26

		双创发展	双创产出
D10	Pearson 相关性	0.732**	0.823**
	显著性(双侧)	0.000	0.000
	N	31	31
D11	Pearson 相关性	−0.152	−0.103
	显著性(双侧)	0.414	0.583
	N	31	31
D12	Pearson 相关性	0.346	0.390*
	显著性(双侧)	0.056	0.030
	N	31	31
D13	Pearson 相关性	0.085	0.277
	显著性(双侧)	0.651	0.131
	N	31	31

注：** 表示在 0.01 水平(双侧)上显著相关；* 表示在 0.05 水平(双侧)上显著相关

(1) 新产品销售收入占工业企业总销售收入的比重

新产品是指采用新技术原理、新设计构思研制生产，或结构、材质、工艺等某一方面有所突破或较原产品有明显改进，从而显著提高了产品性能或扩大了使用功能，对提高经济效益具有一定作用的产品，并且在一定区域或行业范围内具有先进性、新颖性和适用性的产品。很多新产品都由企业自行研制开发，因此新产品销售收入占工业企业总销售收入的比重可以从很大程度上反映企业的创新能力。新产品销售收入占工业企业总销售收入的比重与双创发展评分值的相关系数是0.707，与双创产出评分值的相关系数是 0.575。

从 2015—2017 年三年新产品销售收入占工业企业总销售收入的比重均值分布来看，浙江的企业活力较强，在创新产出方面有一定优势，双创发展水平较好的地区大部分新产品销售收入占工业企业总销售收入的 20% 以上，但是北京、江苏在这个指标上相对落后只处于中等水平，见表 6.27。

表 6.27　新产品销售收入占工业企业总销售收入的比重均值分布

新产品销售收入占工业企业总销售收入的比重	数量	地区
30%以上	1	浙江
20%～30%	5	上海、重庆、天津、广东、湖南
10%～20%	7	北京、江苏、安徽、湖北、辽宁、山东、吉林
10%以下	18	其他地区

以新产品销售收入占工业企业总销售收入的比重和双创产出评分值的均值作为横轴和纵轴的原点，绘制两者对比图(见图 6.13)，可以看到北京、上海、广东、浙江、天津、重庆的双创产出表现较佳，湖北、江苏在均值附近。大部分地区的散点都分布在趋势线附近，说明新产品销售收入占工业企业总销售收入的比重和双创产出具有正相关关系，可以通过增加新产品销售收入提高双创产出。

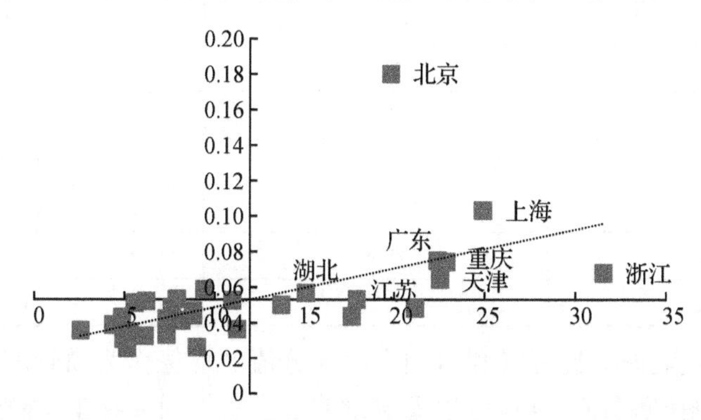

图 6.13 新产品销售收入占工业企业总销售收入的比重和双创产出评分值对比图

(2) 每百家企业商标拥有量

商标是品牌的核心，是各类市场主体以自主品牌开拓市场的招牌和标志。商标的聚集和发展程度，反映经济的活跃和繁荣程度，体现出企业的自主创新能力。因此，每百家企业商标拥有量在一定程度上反映了企业自主品牌拥有情况和自主品牌的经营能力，是创新能力的体现。每百家企业商标拥有量与双创发展评分值的相关系数是 0.642，与双创产出评分值的相关系数是 0.659。

全国核准注册商标数 2015 年为 1 977 352 个，到 2017 年增加到 2 576 708 个，表 6.28列出了 2017 年核准注册商标数和每百家企业商标拥有量在平均水平以上地区的具体数据，可以看到，广东的核准注册商标数是最多的，但是每百家企业商标拥有量最高的是北京。江苏的双创产出是短板，虽然核准注册商标数位列第五，但是每百家企业商标拥有量倒数第六。其他双创发展水平高的地区不管是注册商标总数还是每百家企业商标拥有量都排名靠前。还有一些地区，比如西藏、四川虽然注册商标总数规模不大，但是由于企业数量也少，因此每百家企业商标拥有量水平较高。

表 6.28 2017 年各地区核准注册商标数和每百家企业商标拥有量

地区	核准注册商标数	每百家企业商标拥有量
广东	514 024	29.34
北京	264 231	39.04
浙江	254 918	15.94

续表 6.28

地区	核准注册商标数	每百家企业商标拥有量
上海	192 661	42.49
江苏	159 474	7.42
山东	141 238	8.43
福建	128 709	17.20
河南	97 536	14.01
四川	93 701	23.33
黑龙江	31 856	14.26
新疆	25 426	14.39
吉林	22 807	16.15
西藏	3 264	34.50

以每百家企业商标拥有量和双创产出评分值的均值作为横轴和纵轴的原点，绘制两者对比图（见图 6.14），可以看到北京、上海、广东、浙江、福建处于第一象限，大部分地区的散点都分布在趋势线附近，说明每百家企业商标拥有量和双创产出具有正相关关系，可以通过增加商标拥有量提高双创产出。

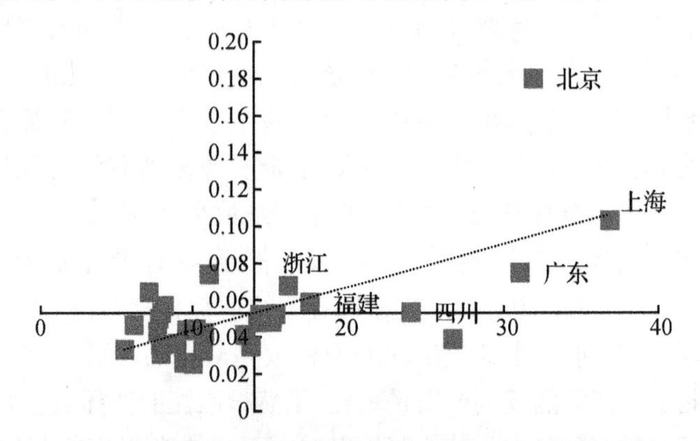

图 6.14　每百家企业商标拥有量和双创产出评分值对比图

（3）每万人技术合同成交额

技术市场在科技创新资源配置中发挥着基础作用，技术市场合同成交金额可以用来衡量科学技术创新、科技成果有效转移转化和技术市场发展。为排除各地区经济规模的影响，用每万人技术合同成交额反映技术转移和科技成果转化的规模。每万人技术合同成交额与双创发展评分值的相关系数是 0.677，与双创产出评分值的相关系数是 0.886。

2017 年各地区技术市场成交额见表 6.29，北京的技术合同成交额和每万人技术合同成交额都处于第一位，并且遥遥领先。有些地区的绝对规模不大，但是每万人技术合同成交额排名靠前，比如青海。双创发展水平较高的地区中，广东和浙江在该指标上的表现相对较差。

表 6.29 各地区技术市场成交额

地区	技术合同成交额		每万人技术合同成交额	
	金额(万元)	排名	金额(元/人)	排名
北京	44 868 872	1	20 670.23	1
天津	5 514 411	7	3 541.69	2
上海	8 106 177	5	3 352.43	3
陕西	9 209 395	4	2 401.41	4
湖北	10 330 773	2	1 750.39	5
青海	677 186.3	24	1 132.42	6
江苏	7 784 223	6	969.48	7
辽宁	3 858 317	10	883.11	8
广东	9 370 755	3	839.00	9
吉林	2 199 199	13	809.42	10
甘肃	1 629 587	15	620.56	11
浙江	3 247 310	11	574.03	12
山东	5 116 448	8	511.35	13
四川	4 058 307	9	488.83	14
安徽	2 495 697	12	398.99	15
黑龙江	1 467 121	16	387.24	16
湖南	2 031 915	14	296.19	17
山西	941 470.8	18	254.31	18
贵州	807 409.1	21	225.53	19
江西	962 095.9	17	208.16	20
福建	754 633.7	23	192.95	21
云南	847 624.9	20	176.57	22
重庆	513 580.9	25	167.01	23
河北	889 244.7	19	118.26	24
宁夏	66 678.68	28	97.77	25
广西	394 227.7	26	80.70	26
河南	768 528.3	22	80.40	27
内蒙古	196 086.8	27	77.54	28

续表 6.29

地　区	技术合同成交额		每万人技术合同成交额	
	金额(万元)	排名	金额(元/人)	排名
海　南	41 078.61	30	44.36	29
新　疆	57 553.53	29	23.54	30
西　藏	440.2	31	1.31	31

以每万人技术合同成交额和双创产出评分值的均值作为横轴和纵轴的原点，绘制两者对比图(见图 6.15)，由于北京该指标表现出色，和排在其后的地区差异很大，整体拉高了平均水平，因此在第一象限仅有北京、上海、天津，但是从总体趋势来看，每万人技术合同成交额和双创产出仍具有正相关关系，可以通过提高科技成果转化率促进技术合同成交额，进而增加双创产出。

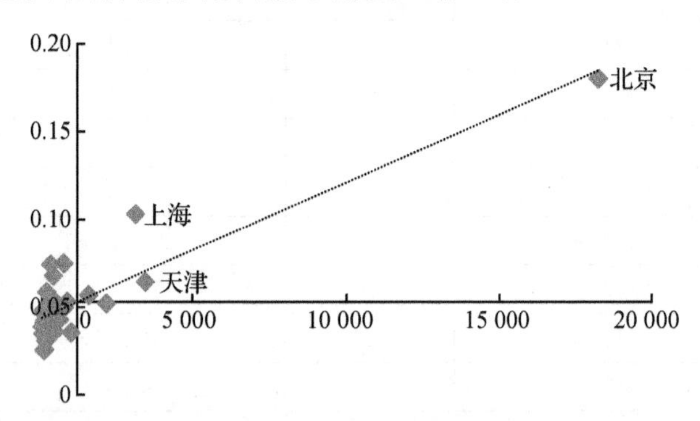

图 6.15　每万人技术合同成交额和双创产出评分值对比图

(4) 人口城镇化率

城镇化发展有利于扩大内需，提高生产效率，促进要素资源优化配置，城镇化率提升也会带来技术进步和效率改进，有利于经济增长。在我国经济进入新常态的背景下，城镇化进程必须逐步向着低碳生态型、可持续发展，创新发挥着愈来愈重要的作用，因此将人口城镇化率作为衡量双创的间接产出指标之一。人口城镇化率与双创发展评分值的相关系数是 0.795，与双创产出评分值的相关系数是 0.718。

2017 年末，我国城镇常住人口 81 347 万人，城镇化率为 58.52%，比上年末提高 1.17 个百分点。上海的城镇化率最高，达 87.7%，有 3 个地区在 80%以上，8 个地区在 60%～70%之间，12 个地区在 50%～60%之间，8 个地区在 50%以下，西藏最低为 30.89%。图 6.16 为 60%以上 11 个地区的城镇化率，双创发展水平较高的地区都包含在内。

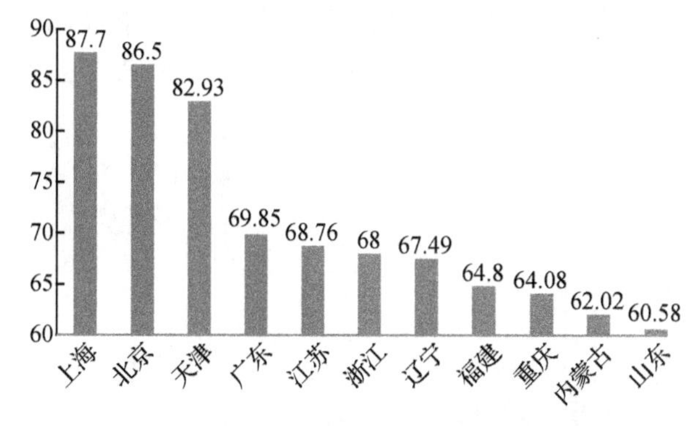

图 6.16 部分地区城镇化率

以城镇化率和双创产出评分值的均值作为横轴和纵轴的原点，绘制两者对比图(见图 6.17)，从总体趋势来看城镇化率和双创产出具有明显的正相关关系，大多数散点都分布在趋势线附近，双创发展会带来城镇化率的提高，城镇化率反过来也会带来技术进步和效率改进，从而推动双创发展。

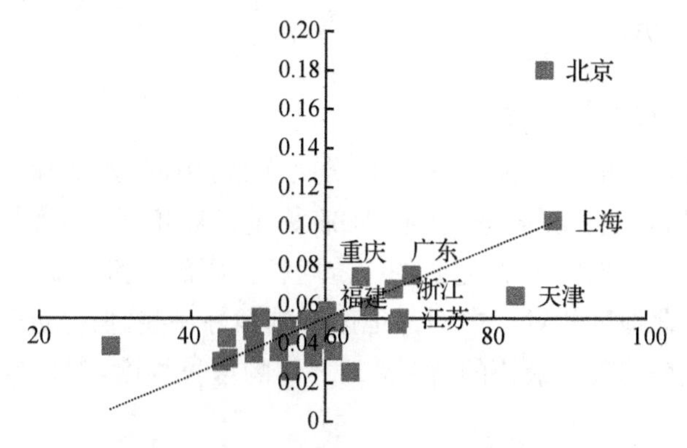

图 6.17 城镇化率和双创产出评分值对比图

(5) 第三产业增加值占 GDP 比重

第三产业的发展水平已成为一国或地区生产力发展水平的重要标志之一。加快发展第三产业，可以有效地推进我国的工业化和现代化；可以扩大就业领域和就业人数，保证社会安定；可以显著提高人民生活水平，改善生活质量。因此将第三产业增加值占 GDP 比重作为衡量双创间接产出的指标之一。第三产业增加值占 GDP 比重与双创发展评分值的相关系数是 0.732，与双创产出评分值的相关系数是 0.823。

我国第三产业增加值占 GDP 比重 2015 年已突破 50%，2017 年达 58.8%，北京最高达 80.6%。以第三产业增加值占 GDP 比重和双创产出评分值的均值作为横轴和纵轴的原点，绘制两者对比图(见图 6.18)，北京、上海比较领先，广东、浙江、天津也处于第一象限内，其他大多数地区都处于第三象限，第三产业发展与双创产出呈正相关，发展第三产业可以解决就业、发展经济、提高生活水平，从而有利于创新创业的发展。

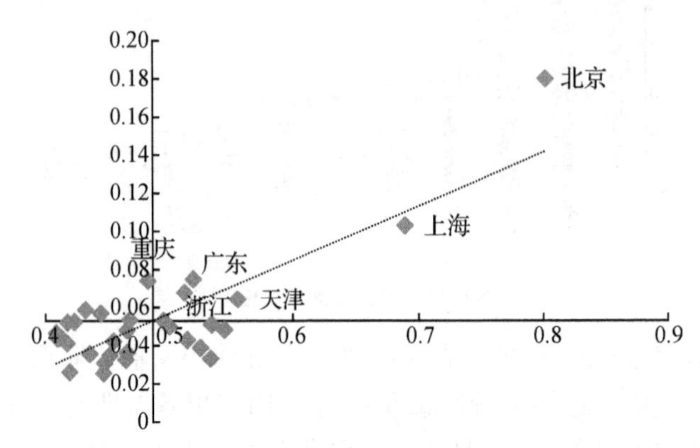

图 6.18　第三产业增加值占 GDP 比重和双创产出评分值对比图

6.3.5　区域分析

1）双创发展对比分析

按照我国统计局的划分标准，将我国分为东部、中部、西部和东北。如图 6.19 所示，东部地区的双创发展强势，中部、西部、东北发展相当。东部地区双创基础较好，具有明显的优势，保持 10%左右的稳定增长。西部地区基础比较薄弱，三年来有明显提高。东北地区相对于中西部地区基础稍好一些，但是近年来提高幅度不大。中部地区发展速度是最快的，保持 13.5%的增长幅度，2017 年已经赶超东北地区。

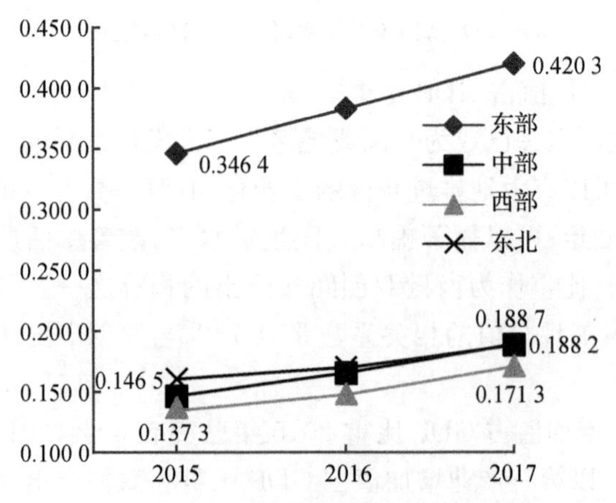

图 6.19　2015—2017 年分区域双创对比图

从双创发展的分指标来看(见图6.20),东部地区在四个分指标上明显都具有优势,特别是双创环境和双创主体,中部、西部和东北地区在四个分指标上没有明显的差异,从雷达图上来看三条线很多部分有交叉,特别是双创投入和双创产出部分几乎重合,说明差异很小。

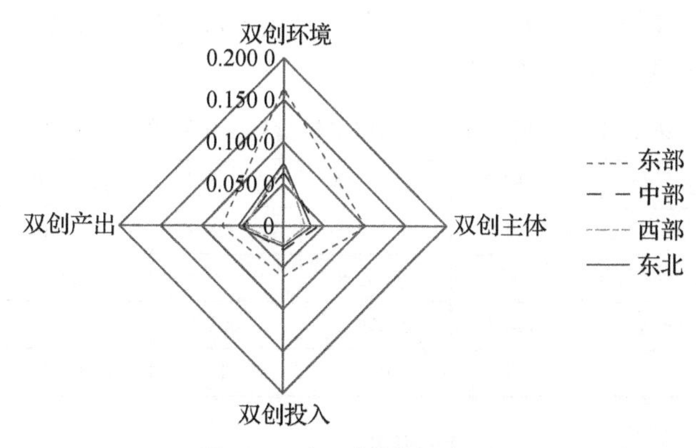

图6.20 分区域分指标对比图

2) 双创环境对比分析

2015—2017年间,东部地区的双创环境保持10%左右的增长幅度,加上本身基础较好,注重双创环境的配套支持建设,因此东部地区的双创环境明显要比其他地区好(见图6.21)。中部和西部的基础比较薄弱,但是近年来双创环境得到了较大提高,每年评分值保持接近20%的提高幅度。东北地区双创环境基础扎实,但是增长缓慢。

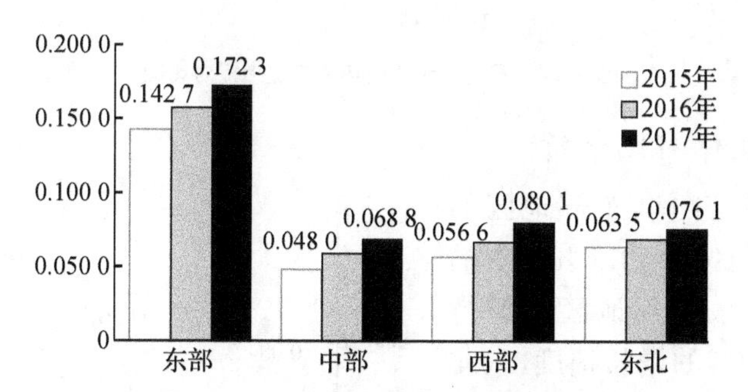

图6.21 2015—2017年分区域双创环境对比图

构成双创环境的二级指标包括经济基础、市场环境、金融支持、政府扶持、基础设施、科教文化六个方面,不同区域双创环境二级指标三年平均值见表6.30和图6.22。东部地区在基础设施方面具有明显的优势,在经济基础、市场环境、金融支持上也处于领先地位,这个和东部地区本身所处的地理位置、经济发展水平、对外开放程度等都有关系。东部地区的科教文化环境优势不明显,政府扶持甚至处于劣势，这主要是因为东部地区政府注重对双创配套的政策支持上，而不是仅仅依靠政府资金的投入。中部地区在政府扶持、基础设施、科教文化上处于劣势，这一部分是由于地理原因，也有一部分是由于历史原因。西部地区经济发展水平低，由于地理原因经济开放程度较低，因而市场环境、金融支持等都处于弱势。东北地区基础比中西部地区要好，但是差距不是很大。总体来说东部地区优势明显，中部、西部和东北没有明显差异，整体比较薄弱。

表 6.30 不同区域双创环境二级指标三年平均值对比表

地区	经济基础	市场环境	金融支持	政府扶持	基础设施	科教文化
东部	0.031 8	0.032 3	0.022 3	0.008 3	0.041 0	0.021 7
中部	0.008 6	0.006 6	0.009 9	0.008 1	0.014 3	0.010 9
西部	0.008 4	0.004 7	0.006 2	0.009 5	0.020 7	0.018 3
东北	0.010 4	0.005 4	0.010 7	0.012 2	0.018 7	0.012 1

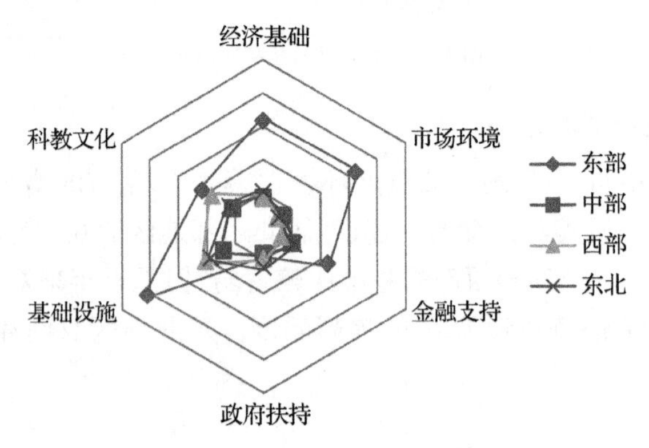

图 6.22 不同区域双创环境二级指标对比图

3）双创主体对比分析

2015—2017 年间，东部地区的双创主体评分值保持 14.4%左右的增长幅度，中部、西部地区也保持 13.96%、12.27%的增长幅度，东北地区发展较慢，评分值介于中、西部地区之间，见图 6.23 所示。

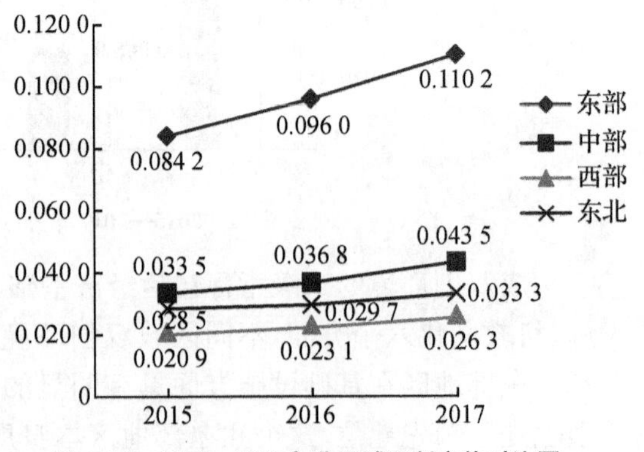

图 6.23 2015—2017 年分区域双创主体对比图

构成双创主体的二级指标包括衡量企业、学校、科研院所、双创载体情况的四个方面，不同区域双创主体二级指标三年平均值见表 6.31

和图6.24。可以看到东部地区在企业方面占有较强的优势,学校和双创载体的实力也较强,科研院所各个地区差异不大。

表6.31 不同区域双创主体二级指标三年平均值对比表

	企业	学校	科研院所	双创载体
东部	0.056 9	0.017 1	0.003 7	0.019 1
中部	0.019 0	0.008 1	0.003 1	0.007 6
西部	0.009 8	0.008 0	0.001 9	0.003 7
东北	0.008 4	0.011 9	0.003 6	0.006 6

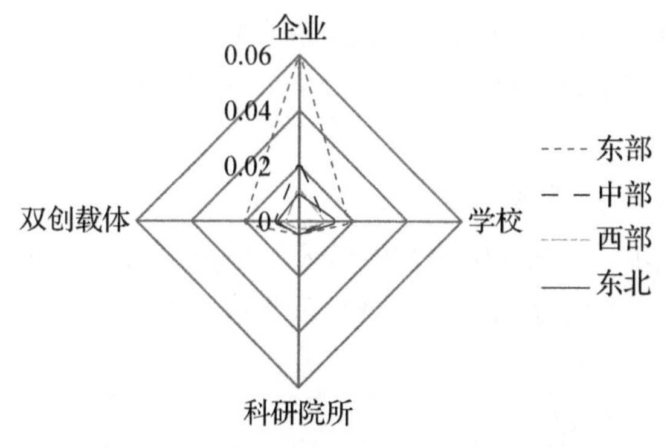

图6.24 不同区域双创主体二级指标对比图

从企业方面来说,东部地区由于有雄厚的物质基础、科技基础和人员基础,加上畅通的交通、较强的对外经济联系,高新技术企业较多,私营经济发达,企业活力较高。因此东部地区企业在双创发展中已经成为主体,发挥着积极作用。其他地区产业基础相对较弱,由于地理原因经济开放程度低,企业活力相对较差。

从学校方面来说,我国各地区高等学校分布呈现明显的地区不平衡。根据最新数据,目前全国的高等院校一共2 688所,其中本科院校1 265所。在以省为单位的地域分布上,总数排前五的分别是江苏167所,广东154所,山东146所,河南141所,湖北128所。顶级高等院校的集聚程度更能说明问题,目前全国一共有39所985高校,它们分布在全国18个省市,其中最多的北京有8所,最少的重庆、福建、安徽、黑龙江、浙江、吉林、甘肃都只有1所,此外还有13个省没有985高校。目前全国共有116所211高校,排在前五的依次是北京26所,江苏11所,上海10所,陕西8所,湖北7所。因此可以看到,东部地区是高校的聚集区,特别是北京,高校分布密度非常大,高等教育资源非常丰富。西藏、青海、宁夏、内蒙古等地高校数量较少,和这几个地方的人口数量较少有关。

在目前的背景下,聚集创新创业各要素,人才、项目、资源、资金最为集中的孵化载体在某种程度上成为新动能的原动力和引擎。因此，双创升级首先是载体的升级，双创载体的发展尤为引人关注。从1987年第一家科技企业孵化器在中国诞生起，中国孵化器从无到有、从小到大，建立了具有中国特色的科技创业孵化体系，目前数量和规模均跃居世界首位。科技企业孵化器已成为促进科技成果转化、培育科技型中小企业、发展经济新动能的重要载体，为促进大众创新创业和经济转型发展提供了有力支撑。根据科技部披露的信息，2017年底，全国共有各类众创空间5 500余家，全国科技企业孵化器数量超过4 000家，创业孵化平台当年孵化团队和企业超过50万。通过对我国各省份创业孵化载体的数量进行统计发现，目前我国创业孵化载体主要分布在广东和江苏两省，数量分别达到1 071家和952家，合计所占比重达到27%。山东、浙江、河北和福建依次位列第3～6位，创业孵化载体数量均在300家以上，合计所占比重为23%。可见，我国创业孵化载体主要分布在东部地区。

4）双创投入对比分析

2015—2017年间，东部地区的双创投入评分值保持10%左右的增长幅度，中部地区保持12.36%的增长幅度，西部和东北地区发展缓慢，评分值反而是下降的，见图6.25所示。

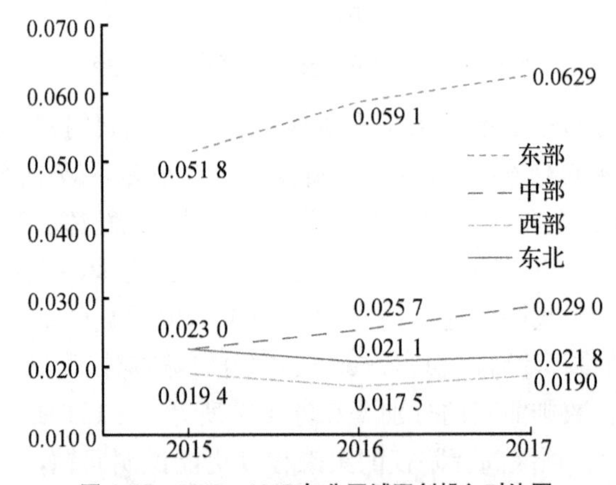

图6.25　2015—2017年分区域双创投入对比图

构成双创投入的二级指标包括财力投入和人力资本投入两个方面，不同区域双创投入三年平均值见图6.26。可以看到东部地区不管在财力投入还是人力资本投入上都具有较强的优势，中部地区财力投入比西部和东北略有优势，但是人力资本投入相对处于弱势。

从财力资本来看，目前我国双创资本投入普遍较低，特别是中西部、东北地区，还需要进一步加大科技研发和新产品研发支出，促进创新创业。从人力资本来看，在分析双创主体时看到高校的分布主要集中在东部地区，中部的湖北、陕西、河南也较多，因而培养的高素质人才比较多，为双创提供了潜在的人力资源。同时，由于东部地区经济发达、薪资水平高、产业集聚、人才扶持政策等都成为吸引人才的有利因素，因此东部地区能够吸引国内培养的人才和海外人才。但是近年来一线城市由于土地、房价等生产和生活成本较高，导致劳动力等生产要素向着拥有更低生活成本的中西部二线城市流动，因此中西部、东北地区应积极实施人才新政、户籍新政、创新创业新政等一系列政策，吸引更多的双创人力资源。

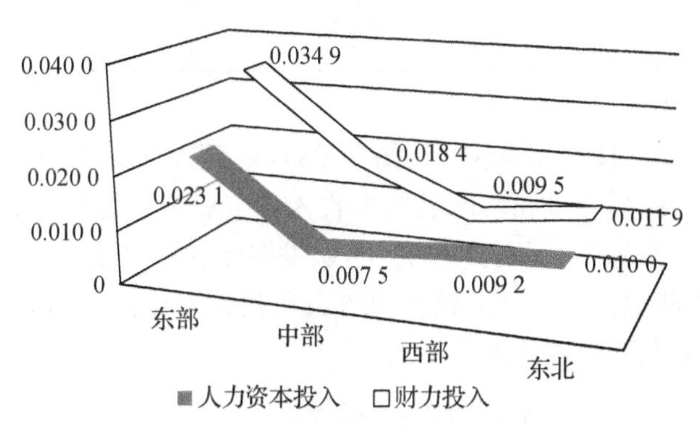

图 6.26 分区域双创投入二级指标对比图

5）双创产出对比分析

2015—2017 年间，东部地区的双创产出评分值保持 5%左右的增长幅度，中、西部地区保持 6%左右的增长幅度，东北地区相对发展较快，保持 11.7%的增长率，见图 6.27 所示。

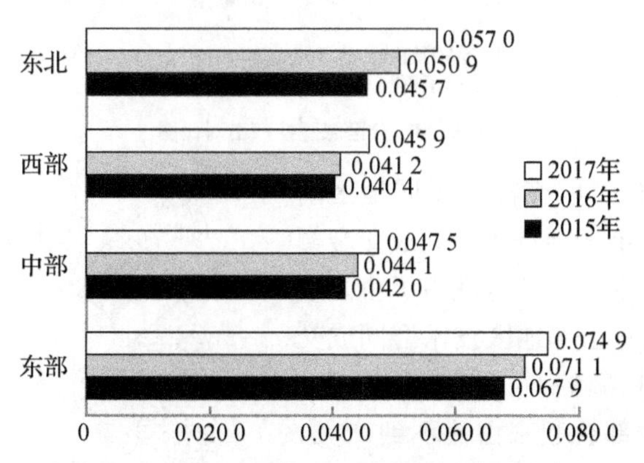

图 6.27 2015—2017 年分区域双创产出对比图

构成双创产出的二级指标包括直接产出和间接产出两个方面，不同区域双创产出三年平均值见表 6.32。不管是直接产出还是间接产出，东部地区都具有明显优势。东北地区直接产出比中部、西部高，但是间接产出最低。中西部差异不大，中部比西部略高。

表 6.32　不同区域双创产出二级指标三年平均值对比表

	直接产出	间接产出
东部	0.038 1	0.033 1
中部	0.019 5	0.025 0
西部	0.018 1	0.024 4
东北	0.027 4	0.023 8

(1) 直接产出

从直接产出的具体指标来看(见图 6.28)，东部地区在每万人技术合同成交额、每百家企业商标拥有量和新产品销售收入占工业企业总销售收入的比重上表现较好，东北地区在每万人发表科技论文数、发明专利授权数占专利授权数的比重上具有优势。中部地区在新产品销售收入占比指标上比西部地区要好，并且超过了东北，其他指标和西部地区差异不大。

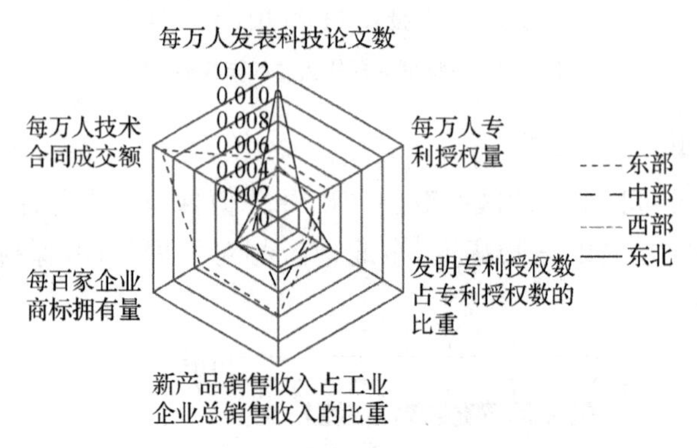

图 6.28　分区域直接产出对比图

每万人技术合同成交额在不同地区间严重不平衡，2017 年全国技术合同成交金额12 920.63亿元，北京一个地区就占了全国成交总额的三分之一，东部地区技术合同成交金额占全国成交总额的 66.32%，东北地区占 6%不到，中、西部合起来占比不到 28%，见图 6.29 所示。由于技术合同成交总额占有绝对优势，即使人口众多，东部地区按每万人计算的技术合同成交额仍然占有优势。

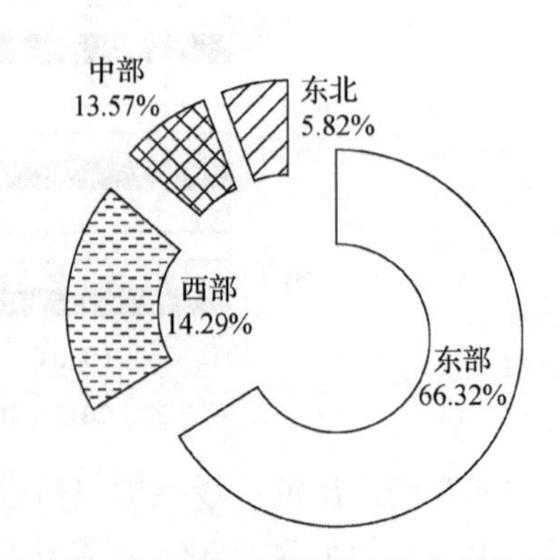

图 6.29　分区域每万人技术合同成交额对比图

核准注册商标数也存在地区分布不平

衡(见表 6.33),东部地区的核准注册商标数占全国总数的 68.55%,同时拥有全国企业数的 58.02%,以 16.82 的每百家企业商标拥有量占有优势。中部地区核准注册商标数和西部地区差不多,但由于企业数量较多,每百家企业商标拥有量最少。东北地区核准注册商标数最少,企业数也最少,每百家企业商标拥有量介于中西部之间。

表 6.33 2017 年分区域每百家企业商标拥有情况

地区	核准注册商标		企业单位数		每百家企业商标拥有量(=核准注册商标/企业单位数×100)
	数量	占比	数量	占比	
东部	1 766 317	68.55%	10 500 721	58.02%	16.82
中部	353 210	13.71%	3 547 127	19.60%	9.96
西部	357 724	13.88%	3 141 893	17.36%	11.39
东北	99 457	3.86%	907 941	5.02%	10.95
合计	2 576 708	100.00%	18 097 682	100.00%	

规模以上工业企业新产品销售收入在 2015—2017 年间发展较快(见表 6.34),东部地区由于基础较好增长率较慢,中西部和东北地区都保持较快的提升幅度。从绝对量来看,东部地区是中部、西部和东北三个地区总和的两倍多,从占主营业务收入的相对比重来看也是独占鳌头。中部地区在这个指标上表现良好,东北地区追赶较快。

表 6.34 2015—2017 年分地区规模以上工业企业新产品销售情况表

	2015			2016			2017		
	规模以上工业企业新产品销售收入(亿元)	规模以上工业企业主营业务收入(亿元)	占比	规模以上工业企业新产品销售收入(亿元)	规模以上工业企业主营业务收入(亿元)	占比	规模以上工业企业新产品销售收入(亿元)	规模以上工业企业主营业务收入(亿元)	占比
东部	104 540.97	642 983.39	16.26%	121 330.88	673 312.51	18.02%	130 270.62	653 722.39	19.93%
中部	27 590.31	238 598.99	11.56%	32 469.95	257 020.66	12.63%	37 448.82	256 768.29	14.58%
西部	13 054.12	160 986.31	8.11%	14 285.85	171 847.26	8.31%	16 695.86	170 133.59	9.81%
东北	5 671.15	67 284.28	8.43%	6 517.47	56 818.09	11.47%	7 153.38	52 536.49	13.62%

国外主要检索工具收录我国科技论文在近三年的变化见表 6.35 所示,中西部地区提升较快,东北地区绝对量和增长幅度都较小,这和高校、人力资本的分布都有一定的关系,但是按照每万人发表科技论文数,东北具有明显优势。

表 6.35　2015—2017 年分地区科技论文数

	2015	2016	2017
东部	258 161	293 512	332 185
中部	70 657	80 351	92 181
西部	73 385	82 649	97 211
东北	44 959	50 142	53 917

每万人专利授权量和发明专利授权数占专利授权数的比重在地区间差异没有其他几个指标明显。

(2) 间接产出

从间接产出的具体指标来看(见图 6.30),东部地区由于地理和历史的原因,有着较好的经济基础,在第三产业增加值占 GDP 比重、非农化率方面占有优势。西部地区工业相对不发达,因而空气质量较好。中西部地区自主创业比例相对较高。东北地区没有特别的优势,失业率较高。

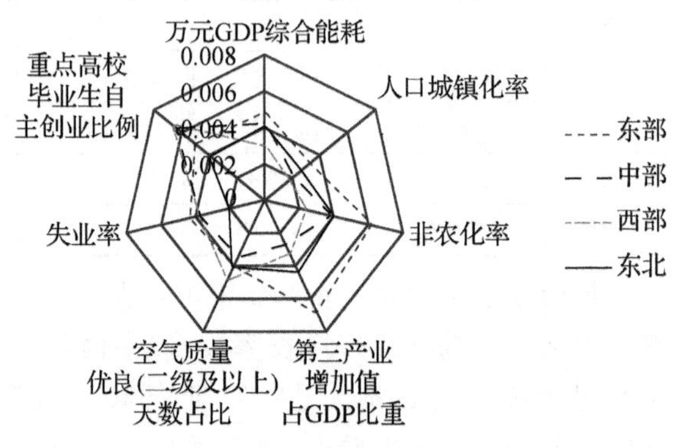

图 6.30　分区域间接产出对比图

① 自主创业比例分地区三年均值水平见表 6.36,可见,自主创业的主要地区是就业比较困难的中西部地区,越是经济发达地区、越是大城市,就业环境越好,自主创业的比例越低。

表 6.36　分区域大学生自主创业比例

东部		中部		西部		东北	
北京	0.87%	山西	0.34%	内蒙古	0.06%	辽宁	0.34%
天津	0.16%	安徽	0.25%	广西	1.10%	吉林	0.68%
河北	0.04%	河南	1.19%	重庆	2.41%	黑龙江	0.21%
上海	0.53%	湖北	0.95%	四川	0.84%		
江苏	0.30%	湖南	0.48%	贵州	0.35%		
浙江	0.62%	江西	0.84%	云南	0.09%		
福建	1.51%			西藏	0.41%		
山东	0.20%			陕西	0.17%		
广东	0.70%			甘肃	0.50%		
海南	0.42%			青海	0.70%		

续表 6.36

东部		中部		西部		东北	
				宁夏	1.81%		
				新疆	0.45%		
平均	0.54%		0.67%		0.74%		0.41%

② 我国就业形势持续稳定，失业率较低。根据国际劳工组织最新数据显示，发达国家和地区平均失业水平为 6.6%，发展中国家和地区平均失业水平为 5.5%，全球平均失业率水平为 5.7%。与世界其他国家和地区相比，我国失业率水平既低于全球平均水平，也低于发展中国家和地区的平均水平，就业形势持续稳定。东北地区失业率相对较高(见图 6.31)，这和东北计划经济色彩浓郁、政府主导作用强、国企发展强势、而以民企为代表的市场弱小有关。东北的经济结构比较单一，偏重于资源型、装备制造型有关产业，近年来随着经济结构的调整，工业发展放慢的影响，东北地区就业人数减少，失业率出现了较高的情况。东部地区失业率相对较低，中西部地区差异不大。

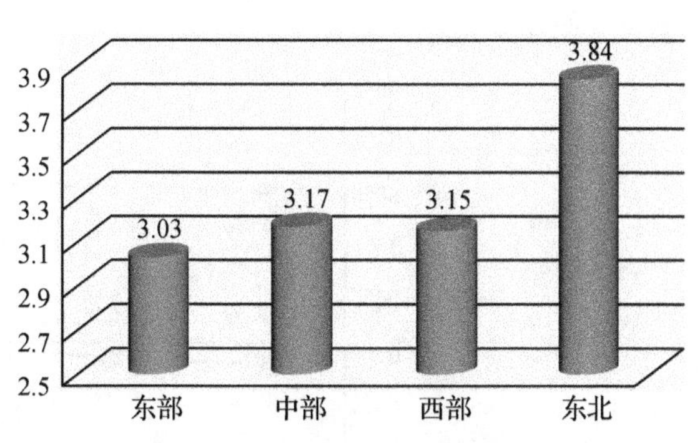

图 6.31 分区域失业率对比图

③ 第三产业增加值占 GDP 比重可以反映一个国家的工业化和城市化发达程度。2013 年，我国经济结构出现了历史性的积极变化，第三产业增加值占 GDP 比重首次超过第二产业，中国经济迈入服务化时代。从世界范围来看，第三产业增加值占 GDP 比重，低收入国家大都在 30%左右，中等收入国家在 50%左右，高收入国家在 70%以上。从 2017 年我国各地区第三产业增加值占 GDP 比重均值来看(见图 6.32)，东部和东北地区已经达到中等收入国家水平，其中北京最高为 80.56%，中西部地区还未达到 50%，但是近年来与全国平均水平差距逐渐减小。

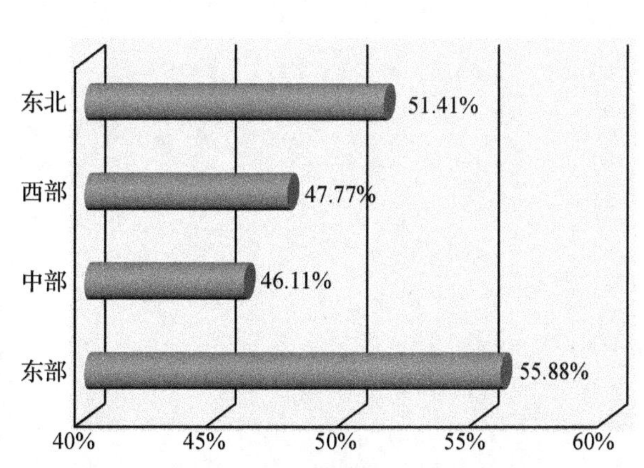

图 6.32 分区域第三产业增加值占 GDP 比重对比图

④ 非农化率也是国际上用来衡量工业化水平的一个常用指标，经验数据显示，在工业化初期（工业化起步）阶段，非农化率为 20%；工业化中期（工业化起飞）阶段，非农化率达到 50%；工业化后期（基本实现工业化），非农化率达到 70%；后工业化阶段（全面实现工业化），非农化率达到 90%。从我们不同地区来看，东部地区已经率先基本实现工业化，中部地区和东北地区还需加快发展，西部地区还有很长一段路要走。

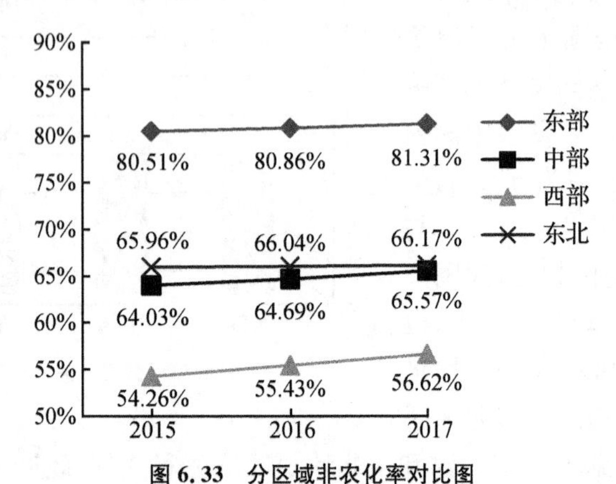

图 6.33 分区域非农化率对比图

其他几个指标在地区间差异没有上述几个指标明显，在此不再赘述。

7 结论与政策建议

7.1 “双创”发展综合评价主要结论

7.1.1 总体来看“双创”稳步发展，个别地区突出，大多数还处于较低水平

全国双创发展平均水平在2015—2017年间稳步提高，从2015年的0.208 8上升到2017年的0.256 6。北京、广东、上海双创表现比较突出，评分值三年均值在0.5以上，但大多数地区均低于平均水平。

从分项指标来看，双创环境不断优化，双创环境评分值从2015年的0.083 4提高到2017年的0.107 3，年增长幅度达13.41%。双创主体活力增强，双创主体评分值从2015年的0.044 5上升到2017年的0.057 4，年增长幅度为13.59%。其中企业活力增强，双创载体有较大提升，高校和科研院所也发挥自身作用。双创投入持续加大，双创投入评分值从2015年的0.030 9上升到2017年的0.035 4，年增长率为6.98%。财力投入增加较快，而人力资本投入相对增长缓慢。双创产出能力有所提高，双创产出评分值从2015年的0.050 1上升到2017年的0.056 6，年增长率为6.49%。其中，直接产出的提高比间接产出相对明显。

7.1.2 双创环境对双创发展的支撑作用比较明显，双创投入产出效率有待提高

双创发展评价与双创环境联系最紧密，相关系数达0.973，在1%水平上显著；与双创投入和双创主体也呈显著正相关，相关系数分别为0.968、0.958；与双创产出的相关系数相对较弱，为0.838。可见，双创环境对双创发展的支撑作用比较明显，双创主体和双创投入也与目前双创发展比较协调，而双创产出有待进一步提高。双创产出与双创投入的相关系数为0.733，说明投入和产出不匹配，投入的人力、财力等没有产生应有的成果，投入产出效率还应进一步提高。

7.1.3 双创发展程度高低不一，聚类为两大类

将双创发展的四个分项指标进行聚类分析，可以把31个省、自治区、直辖市大体分为两类。一类是双创发展水平较高的地区，包括北京、上海、广东、江苏、浙江5个省、直辖市，都属于东部经济发达地区。这些地区的政府一般具备体制优势和政策优势，使其创新创业能力较强。另一类是双创发展水平较低的地区，包括北京、上海、广东、江苏、浙江除外的其他26个省、自治区、直辖市。这一类地区经济发展水平相对较低，作为创新创业主体的企业活力不足，政府部门有的已经认识到双创的重要性，但是政府的支持、引导还未能充分发挥，因此双创发展水平相对较低。如果再进一步细分，双创发展水平较高的一类细分为四类。北京、上海、浙江各成一类，广东和江苏为一类。双创发展水平较低的一类细分为两类，一类是天津和山东，另一类是其他24个地区。

7.1.4 双创发展中关键指标作用明显

双创环境中，人均可支配收入、居民消费水平、人均邮电业务总量与双创发展、双创环境得分的相关性较高，都在0.9以上，且为正相关。双创主体中，高新技术企业数量在全国高新技术企业数量中占比、创业板上市公司数量、高等学校R&D课题数与双创发展、双创主体相关系数较高，呈显著正相关。双创投入中，万名就业人员中研发人员数、每万人R&D人员全时当量、R&D经费投入强度、科学技术支出占一般公共预算支出比重与双创发展、双创投入相关系数较高，呈显著正相关。双创产出的具体指标和总指标、分指标的相关性比双创环境、双创主体、双创投入的具体指标要弱。相对比较高的有新产品销售收入占工业企业总销售收入的比重、每百家企业商标拥有量、每万人技术合同成交额、人口城镇化率、第三产业增加值占GDP比重。

7.1.5 双创发展地区不平衡：东部地区的双创发展强势，中部、西部、东北发展相当

东部地区双创基础较好，具有明显的优势，保持10%左右的稳定增长。西部地区基础比较薄弱，三年来有明显提高。东北地区相对于中西部地区基础稍好一些，但是近年来提高幅度不大。中部地区是发展速度最快的，保持13.5%的增长幅度，2017年已经赶超东北地区。

从分指标来看，2015—2017年间，东部地区的双创环境保持10%左右的增长幅度，加上本身基础较好，注重双创环境的配套支持建设，因此东部地区的双创环境明显要比其他地区好。中部和西部的基础比较薄弱，但是近年来双创环境得到

了较大提高，每年评分值保持接近20%的提高幅度。东北地区双创环境基础扎实，但是增长缓慢。东部地区的双创主体评分值保持14.4%左右的增长幅度，在企业方面占有较强的优势，学校和双创载体的实力也较强。中部、西部地区也保持13.96%、12.27%的增长幅度，东北地区发展较慢，评分值介于中、西部地区之间，东部地区的双创投入评分值保持10%左右的增长幅度，中部地区保持12.36%的增长幅度，西部和东北地区发展缓慢，评分值反而是下降的。东部地区的双创产出评分值保持5%左右的增长幅度，中、西部地区保持6%左右的增长幅度，东北地区相对发展较快，保持11.7%的增长率。不管是直接产出还是间接产出，东部地区都具有明显优势。东北地区直接产出比中部、西部高，但是间接产出最低。中西部差异不大，中部比西部略高。

7.2 促进“双创”进一步发展的政策建议

7.2.1 营造良好“双创”环境

1）完善法律环境

（1）推进法规制度和相关标准适应性变革。强化立、改、废协调，及时清理制约新技术、新产业、新业态、新商业模式发展的各项规定，涉及需要修改、废止相关地方性法规、政府规章的，要适时提出建议和理由，依照法定程序报请制定机关审议或者决定。在电子商务、大数据、新能源等重点领域，加快推进地方立法工作。发挥标准对新技术、新产业、新业态、新商业模式发展的推动作用，鼓励龙头企业参与制定行业标准规范，探索建立适应技术更迭和产业变革要求的标准动态调整和快速响应机制。

（2）继续落实鼓励创新创业的财税政策。在现有基础上进一步完善创新创业企业整个生命周期，包括种子期、初创期、成长期、成熟期的相关财税政策。进一步完善鼓励孵化器、众创空间、大学科技园区等创新创业平台发展的财税支持政策。还需要为创新创业企业提供专业服务的中介机构提供相应政策支持。

（3）完善知识产权保护法律体系。应进一步完善诸如技术合同法、专利法、商标法、著作权法、科学技术进步法等一系列从科学研究到技术推广等各项法律制度，不断完善保护知识产权的法律体系，加强科技成果的知识产权和技术产权的保护力度，健全技术市场的政策法规，打击非法活动，为我国创新创业营造一个良好的法律环境。

2）营造良好营商环境

（1）全面推进商事制度改革

自从商事制度改革以来，提升了市场主体进入的便利度，围绕着解决“办照难”“办证难”“退出难”等门槛问题不断深化，但是又带来了新的问题。在2018年的市场主体抽样调查中，“市场竞争激烈”“招工困难”和“成本高”成为市场主体当下最普遍的难点和痛点，是“新三难”。因此，今后的工作应在继续推出新的标志性改革措施的基础上，着力解决“新三难”，应深化市场监管改革，按照一视同仁的规则监管市场，建设中性的市场竞争环境，服务于市场主体的健康成长。

(2) 持续推进“放管服”改革，提高政府服务效能

要按照全流程、全覆盖要求，聚焦信息共享、权力“瘦身”等重点难点问题，全力推动业务整合和流程再造，全面推行联合审批、多图联审、多评合一、区域评估等集成服务，逐步形成制度性成果。要加快推进“互联网＋政务服务”一体化平台建设，加强不同地区政府部门的对接，推动平台优化升级，统一政务服务事项，推进政务服务标准化、智能化、便民化，让平台建设成果为企业和群众提供更多便利、为科学决策提供支撑。要加强政务诚信建设，建立健全营商环境评价机制。

3) 构筑多元化投融资支撑的融资环境

(1) 发挥政府资金的引导放大作用

政府应进一步加大财政资金的支持力度，撬动更多风险资本投入创新创业活动中，强化引导作用，引导社会资金参与，建立各类政府投资基金、贴息小额担保贷款、一次性补助、天使投资、风险投资、技术入股、技术抵押等方式，为创新创业提供投融资支持。

(2) 发挥金融的强力支持作用

一方面完善金融服务体系。配套调整银行风险控制体系，进一步优化科技型中小微企业授信准入门槛；继续鼓励金融机构大力推行知识产权质押融资、股权质押融资、应收账款质押融资等信贷产品，引入小微贷技术，优化信贷审批流程，提高科技企业尤其是小微型科技企业的融资满足率；进一步完善小微企业信贷风险分担机制，加强小微企业信用信息系统建设，逐步扩大科技型小微企业信用贷款的比例。另一方面发挥多层次资本市场作用。培育发展天使投资群体，放宽对科技型中小微企业在创业板、新三板、科创版等上市融资的准入门槛，完善私募股权众筹融资管理办法，推动众筹融资模式发展，为中小微企业提供有别于银行、VC和PE的新型低门槛融资渠道，加快形成多元化、多层次、多渠道的创新创业资金支持体系。

4) 加速教育体制改革，夯实教育基础

(1) 将创新创业意识贯穿于各类教育

应落实九年义务教育，尽快改变中小学“应试教育”的局面，变应试教育为真正

的素质教育。特别是要加强中小学科学知识和技能的教育,培育中小学生的思考、创新和动手能力。应尽量放松对高等院校专业设置的行政限制,同时大力裁减高等院校的冗余人员,鼓励他们向企业或其他层次的院校流动,继续深化高校创新创业教育改革,培养大学生的创新创业能力。大力发展各种职业学校,成人教育及各类业余学校等多种形式的办学方式。

(2) 加大对在职人员、农民等的教育

应大力开展企业内部的职工终身定期在岗培训,并将其制度化。因为这是尽快提高企业职工素质的捷径。同时在广大农村地区,通过多种方式向农民普及科技知识,提高农业劳动者的素质。

5) 形成良好的创新创业文化氛围

(1) 大力宣传科教兴国的战略意义,在全社会形成"尊重知识,尊重人才"和学科学、用科学、爱科学的风气,提高青年一代对科技事业的兴趣。

(2) 大力加强科普工作,加强博物馆、图书馆、展览馆、文化宫等国民科学文化素质的基础设施建设,并提高利用率,以提高国民的整体素质。

(3) 弘扬企业家精神。习近平总书记指出,"市场活力来自人,特别是来自企业家,来自企业家精神。"广大企业家要弘扬爱国敬业、遵纪守法、艰苦奋斗的精神,坚定信心、迎接挑战、奋发图强,增强国家使命感和民族自豪感,把个人理想融入民族复兴的伟大实践;弘扬创新发展、专注品质、追求卓越的精神,敢闯敢试、敢为天下先、敢于承担风险,激发创新活力和创造潜能,在市场竞争中勇立潮头、永不言败;弘扬履行责任、敢于担当、服务社会的精神,致富思源、奉献爱心、先富带动后富,创造更多经济效益和社会效益。而社会要营造鼓励创新、宽容失败的文化和社会氛围,营造尊重企业家价值、鼓励企业家创新、发挥企业家作用的舆论氛围。

7.2.2 激发"双创"主体活力

1) 进一步发挥企业的创新创业主体地位

企业是创新创业的最主要主体,要进一步提高企业创新创业活力。促进大中型企业瞄准市场潜力大的高新技术和产品,加大技术开发力度和科研成果转化速度;鼓励大型企业集团到国外建立科研机构和技术开发中心,或与跨国公司联合设计、联合开发;鼓励和引导中小型企业联合建立开发中心,积极扶持中小型企业的发展;在加强国有企业自主创新和开发能力,开发拥有自主知识产权和专利技术产品的同时,进一步发挥民营企业机制灵活、对市场反映比较灵敏的优势,使其成为区域创新创业系统的重要组成部分和发展高新技术产业的生力军;加强科研院所、高等院校和企业之间的合作,鼓励科研机构和高等院校的科技力量进入企业,或与企业联合、合作、共建，增强企业的创新能力和实力。

2）进一步发挥高校创新创业的优势

高校也是创新创业的重要主体，应发挥其人才和科研优势。

首先，高校作为培养创新创业人才的重要基地，要深入落实把创新创业教育贯穿于人才培养全过程，注重培养创新精神、创业意识和创新创业能力。为此，要优化高校创新创业教育体系，其主要手段是打破体制机制壁垒，激发内在动力活力，整合校内外资源，打造学校与全社会协同育人大平台，建立全过程、全方位、全要素的育人模式，全面提高人才培养质量。

其次，高校教师一方面作为大学生创新创业的鼓励者、服务者、支持者，要在大学生创新创业的道路上起到指导的作用，通过一些相关的课程，提升大学生对创新创业的兴趣，并且培养创新创业的能力，从而实现创新创业。另一方面，高校教师本身也可以投入创新创业的浪潮中，将自己所掌握的专业知识运用到企业实践中，转化为实际生产力。为此，要进一步深化职称制度改革，分类推进人才评价机制改革，出台鼓励和支持高校教师离岗创业实施细则、奖励规定等，提高高校教师创新创业的积极性。

3）进一步发挥科研院所创新创业引领作用

科研院所有着丰富的科研资源和科研人才，在创新创业方面有着一定优势，尤其是在科技成果转化方面，与高校和企业相比有着独特的优势，发挥着不可替代的作用。

与高校相比，科研院所是以应用研究和开发研究为主，成果面向市场的能力远强于高校。2000年，科技部、中编办、财政部、中央企业工委、国家计委、国家经贸委、教育部、劳动保障部、外经贸部、税务总局、工商局、质量技术监督局制定了《关于深化科研机构管理体制改革的实施意见》，对不同类型、分属不同部门的科研机构实行分类改革，使得科研机构被迫向市场寻求出路，在科技成果转化和产业化方面进行了多种模式的有益尝试和探索，取得了一些成绩，在自己投资或引进资金创办科技企业的实践中，也逐渐摸索出了一整套成功经验。相比以学术研究和教学为主的高校来说，更具有面向市场的开发潜力。与企业相比，科研院所拥有的知识获取能力和技术创新能力，无论在科研基础条件和专业技术人才方面都远远强于单纯以经济效益为主、追求利益最大化、技术开发投入不足的企业。并且，大多数科研机构一般都具有承担重大科研任务和国家重大的工程项目的能力，科研基础条件好、设备精良、科技开发潜力大。因此要积极发挥科研院所的独特优势，引领创新创业发展。

7.2.3　增强“双创”投入力度，优化投入结构

1）财力投入方面

一方面要加大资金投入，保持稳定的资金增长。我国研发经费投入2017年达17 606.1亿元，是1991年的123倍，1992—2017年年均增幅达到20.3%，超过同时期GDP年均增速5.3个百分点，为我国科技创新事业发展提供了强大的资金保证。按汇率折算，我国研发经费总量先后超过英国、德国，并于2013年超过日本，成为仅次于美国的世界第二大研发经费投入国家，目前每年对全球研发经费投入的贡献超过六分之一。从我国科技发展进程和取得的重大成果来看，研发经费投入对国家创新实力的提升至关重要。因此要继续保持对创新创业的财政资金投入，保持稳定的增长幅度。

另一方面要拓宽创新创业资金来源，建立多元化资金投入体系。政府财政资金有限，只能起到引导作用，还需要建立股权融资与债权融资、直接融资与间接融资相结合，能够覆盖创新创业企业成长全过程的资金供应链。对于种子期、初创期的企业，财政资金采用以奖代补方式给予扶持，引导社会资金设立天使投资基金，进行权益投资。对于成长期的企业，财政资金采用风险补偿方式给予支持，引导金融机构、担保机构、保险机构和创业投资机构进行信贷支持和股权投资。对于成熟期的企业，鼓励其通过多层次资本市场融资。发挥债务融资工具的作用，支持科技型中小企业发行公司债券、短期融资券、中期票据，组织科技型中小企业发行集合票据、集合债券等。

2）人力资本投入方面

（1）要优化人才制度，改善人才环境

① 优化高层次人才发展环境。进一步完善高层次人才认定办法和评价标准，根据新兴经济发展的现实需要，及时出台更具吸引力的“高精尖缺”人才培养引进政策。不断完善职称制度评价标准和评价手段，突破学历、资历的条条框框，分类分层次合理设置职称评审中的论文和科研成果条件，注重考核专业技术人才履行岗位职责的工作绩效、创新成果，增加技术创新、专利、成果转化、技术推广、标准制定、决策咨询、公共服务等评价指标的权重。进一步建设海外人才离岸创新创业基地，增强了对海外人才的吸引力和影响力，打造国际化人才集聚高地。制定和完善创新人才双向流动管理办法，打破户籍、地域、身份、人事关系等制约，实现各方面人才顺畅流动。允许和鼓励资本、技术等生产要素参与分配，最大限度地调动创新创业人员的积极性。

② 优化企业家成长环境。推行职业经理人制度，畅通国有企业经营管理人才

与职业经理人身份转换通道，对市场化选聘的职业经理人实行市场化薪酬分配机制。实施创新型企业家培养计划，依托国内外高水平大学、跨国公司建设一批企业培训基地，加大政府购买培训服务力度。邀请国内外知名企业家专家、学者传递企业家精神，介绍管理经验，增强企业管理者驾驭市场和管理企业的能力。依法保护企业家财产权和创新收益，建立“亲”“清”的新型政商关系，进一步营造尊重、关怀、宽容、支持企业家的社会文化环境。

(2) 完善培养、吸引和留住高层次人才的机制

① 各地方政府可以依托高等院校、科研院所、企业和科技园区等，建立高层次高级专业技术人才、科研人员的培训及实践基地；鼓励高等院校、科研院所和企业合作，培养出符合社会发展和科技创新所需要的研究型人才和复合型人才。

② 各地方政府应创造更为有利的条件，吸引创新创业人才。比如加大对科技创新人才、领军人物及优秀创新团队的奖励力度；从户口、住房、配偶子女等问题入手吸引并留住创新创业人才。

③ 各地方政府应对本地区创新创业人才的现状进行盘点，进行优化组合、合理配置，实现人岗匹配。应根据事先制定的规划，有计划地引进和吸收人才，根据工作的需求把合适的人才安置在相应的岗位上，让其能力得到最大限度的发挥。

7.2.4 提高“双创”成果转化，巩固成效

1) 增加“双创”产出

在保证“双创”投入的前提下，在“双创”主体的积极参与下，要提高“双创产出”的关键是推动“双创”成果的转化。从当前情况来看，一是要进一步推进科技成果使用处置和收益分配制度的改革，突出创新主体和市场导向作用，按照“下放处置权，扩大收益权，探索所有权”的思路，允许科研成果完成人在一定条件下，拥有成果所有权，可采取转让、许可、作价入股等方式转移转化成果，所得收入全部留归单位自主分配或个人所有，建立以市场为导向的成果转化新机制，激发创新创业人员的积极性。二是从管理体制上打破具有“党政领导干部”和“科研人员”双重身份的科研成果完成人从事成果转化和创新创业活动的束缚，允许高校和科研院所设立一定比例的流动编制及专项编制，鼓励担任一定领导职务的高校科研单位科技人员离岗转化科技成果，创办、领办、联办科技型企业，从而放活高校、科研院所、国有企业、事业单位科技人才，促进成果就地产业化、市场化。三是进一步密切产学研合作，政府要发挥好导向作用和市场配置资源作用，采取有力措施，比如加强产学研合作服务平台、培养科技中介服务机构等推动科技成果转化；要引导高校、科研院所为地方经济社会发展服务，与企业建立密切的交流与合作关系，提高成果转化率。

2）提高投入产出效率

要提高创新创业能力，仅仅依靠资金投入是不够的，还要提高投入资金的使用效率，使有限的资金发挥最大化的效益。从政府投入资金来说，为助推“大众创业，万众创新”，中央和地方设立了多种专项资金，应加大对资金的绩效管理。对相关资金进行绩效目标执行监控、绩效评价、绩效信息反馈和应用等全过程管理，提高财政资金使用效率，增强财政资金政策效益。从企业投入资金来说，企业的创新创业效率可能受到内部和外部多种因素的影响。从外部来说，应有良好的创新创业生态，政府提供一系列鼓励合作的优惠政策和相应的服务，创新创业中介服务活动的社会化和产业化等；从内部来说，要重视企业的经营绩效、规模、公司治理结构、创新创业人才等对创新创业资金投入产出效率产生的影响，积极发挥这些因素的作用，促进投入产出效率的提高。

7.2.5 缩小“双创”区域差异，促进区域协调发展

1）国家政策加大倾斜力度

一是国务院及相关部委在制定创新创业相关政策时，要充分考虑中部、西部、东北与东部地区相比创新创业基础的差异性，从国家层面统筹考虑切实加大对中西部和东北地区创新创业政策的倾斜和扶持力度，放宽加大专项资金扶持，进一步调动中西部和东北地区创新创业的积极性。同时，要深入开展有关政策的宣传、辅导和培训工作，提高创新创业政策的知晓度。二是加强非东部地区创新创业资金保障。要加强对中西部和东北地区创新创业资金支持力度，促进这些地区金融业的发展，探索股权投资、贷款贴息、风险补偿等市场化手段，以补充创新创业财政资金的投入，从而形成“财政投入为引导、企业投入为主体、金融资本和民间资本跟进”的多元化创新创业融资机制，拓宽创新创业的投融资渠道。

2）各地方政府发力推进“双创”

“双创”发展最主要还是要依靠各地方政府积极作为，尤其是在双创发展水平不高的地区。要进一步解放思想，主动对接东部，不断营造创新创业更好的政策环境和更优的创新服务体系；要加强知识产权保护，充分保障创新创业人员的合法权益；要进一步营造鼓励创新、宽容失败的环境，鼓励更多企业、高校、大众等大胆开拓，不断创新；要加强对相关成果、创新创业企业和创新创业人才的奖励力度，在全社会营造有利于创新创业的浓郁氛围，以进一步激发创新创业活力。

近年来，中部的湖北、西部的四川双创表现比较良好，这和政府的积极作为脱离不了关系。以四川成都为例，2015 年开始实施“创业天府”行动计划，实施了企业能力提升工程、产业升级牵引工程、区域创新示范工程、校院地协同创新工程、科

技人才发展工程、创新环境优化工程等六大科技创新工程，出台了覆盖创新创业全链条的七大类 46 条政策，同时大力实施"商事"制度改革，从而激发创业"引力波"。2018 年全国"双创周"期间，成都出台《成都市深入实施创新驱动发展战略打造"双创"升级版的若干政策措施》，从人才、载体、企业等 10 个方面突出科技驱动和科技引领，推动经济高质量发展。

东部地区引领发展，中部、西部和东北地区要继续发力，多几个类似成都这样的城市，带动周围一片地区的双创发展，就可以缩小双创发展的区域不平衡，我国双创发展水平也有望得到进一步提高。

参 考 文 献

[1]Cornell University, INSEAD, WIPO . Global Innovation Index 2018: Energizing the World with Innovation [M/OL]. https://www. wipo. int/publications/zh/details. jsp? id=4330&plang=ZH www. siliconvalleyindicators. org.

[2]2thinknow. Innovation Cities Index 2018 : Global [M/OL]. http://www. innovation—cities. com/indexes.

[3]Joint Venture Silicon Valley's Institute for Regional Studies. 2018 silicon valley index [M/OL]. https://www. useit. com. cn/thread-18221-1-1. html

[4]European Commission. European Innovation Scoreboard 2018 [M/OL]. https://www. urenio. org/2018/06/23/european-innovation-scoreboard-2018/

[5]孙中震，田今朝. 中国等40个国家(或地区)创新指数的测算、比较和分析[J]. 中国软科学，2003(1):104-107.

[6]官建成，余进. 基于DEA的国家创新能力分析[J]. 研究与发展管理，2005，17(3):8-15.

[7]范维. 陕西省科技创新能力评价研究[D]. 西安:西安科技大学，2009.

[8]赵彦云，吴翌琳. 中国区域创新模式及发展新方向——基于中国31个省区市2001—2009年创新指数的分析[J]. 经济理论与经济管理，2010(12):69-77.

[9]李海基. 区域科技创新指数及其算法研究[D]. 广州:华南理工大学，2011.

[10]李长松. 辽宁省科技创新能力评价研究[D]. 沈阳:沈阳理工大学，2012.

[11]李芹芹，刘志迎. 中国各省市技术创新指数研究[J]. 科技进步与对策，2012，29(19):47-50.

[12]李晶慧. 河南省科技创新能力评价及对策研究[D]. 西安:西安科技大学，2013.

[13]杨毅. 陕西创新指数研究[J]. 统计与信息论坛，2014，29(4):70-74.

[14]国家统计局社科文司“中国创新指数研究”课题组，贾楠，李胤. 中国创新指数研究[J]. 统计研究，2014，31(11)：24－28.

[15]张俊平. 合肥市城市创新指标监测体系及实证研究[D]. 合肥：合肥工业大学，2015.

[16]郜鹏. 江苏省科技创新能力评价研究[D]. 扬州：扬州大学，2015.

[17]徐立平，姜向荣，尹翀. 企业创新能力评价指标体系研究[J]. 科研管理，2015(s1)：122－126.

[18]张永安，耿喆. 我国区域科技创新政策的量化评价——基于PMC指数模型[J]. 科技管理研究，2015，336(14)：26－31.

[19]王俊. 安徽省各市创新能力综合水平评价研究[J]. 河南科学，2016，34(6)：1012－1016.

[20]刘雷，喻忠磊，徐晓红，等. 城市创新能力与城市化水平的耦合协调分析——以山东省为例[J]. 经济地理，2016，36(6)：59－66.

[21]刘明广. 城市创新指数设计与实证研究—以广东省广州市为例[J]. 商业经济研究，2016(6).

[22]丁军，吕拉昌，黄茹. 多尺度视角下的江苏省创新差异及其原因分析[J]. 特区经济，2016(8)：24－27.

[23]万陆，刘炜，谷雨. 广东城市创新能力比较研究[J]. 南方经济，2016，35(8)：94－104.

[24]韩秋菊. 河北省区域科技创新指数构建与测算研究[D]. 石家庄：河北师范大学，2016.

[25]王云龙，郭丽娜. 区域科技创新指数体系构建分析[J]. 商，2016(17)：70－70.

[26]周欣. 上海科技创新能力评价研究[D]. 上海：上海社会科学院，2016.

[27]李妍，何健文，刘永子，等. 广东创新指数的构建及评价分析[J]. 创新监测与评价，2017，1(2)：49－56.

[28]谢远涛，李虹，邹庆. 我国资源型城市创新指数研究——以116个地级城市为例[J]. 北京大学学报：哲学社会科学版，2017，54(5)：146－158.

[29]叶文显. 西安市科技创新能力及其绩效评价[J]. 科技管理研究，2017，37(11)：86－91.

[30]左南丁，周东春. 浙江创新发展统计指标体系研究[J]. 统计科学与实践，2017(5)：4－7.

[31]石庆波，周明，李国东. 中关村贵阳科技园创新指数设计——基于硅谷

指数和中关村指数的分析[J]. 价值工程，2017，36(15):8 - 11.

[32]曾惠芬，陈黎，黄智华. 广州城市创新监测评价[J]. 科技创新发展战略研究，2018(03):75 - 86.

[33]李颖. 合肥市城市创新能力评价研究[D]. 合肥:安徽大学,2018.

[34]苑秀娥，王佳伟. 河北区域科技创新指数的构建及评价[J]. 经济研究参考，2018(22).

[35]曹燕，杨文婧，李嘉雯. 基于DEA的江苏省城市创新能力评价研究[J]. 中国集体经济，2018.

[36]吴红霞,蔡文柳,赵爽,等. 基于DEA模型的区域创新能力绩效评价研究——以河北省为例,中国管理信息化,2018.

[37]胡永林，聂晨光. 基于熵权法和灰色关联分析研究湖北省区域创新能力[J]. 中国集体经济，2018(16):58 - 60.

[38]汪晓梦. 基于主成分分析的城市创新能力比较研究——以合肥、北京、上海为例[J]. 安徽广播电视大学学报，2018,183(04):40 - 43.

[39]唐行红,吉林省与广东省区域创新环境比较研究[D]. 长春:吉林大学,2018.

[40]党晶晶,王艳,孙斌. 区域创新环境评价指标体系构建与实证[J]. 统计与决策,2018(18).

[41]谭莉红. 四川省区域技术创新能力评价研究[J]. 科技与市场,2018,25(8):40 - 43.

[42]董微微，蔡玉胜. 我国国家自主创新示范区创新能力评价[J]. 工业技术经济，2018(08):80 - 87.

[43]于天旭. 中国城市创新能力及创新效率分析——基于中国地级市面板数据实证分析[D]. 上海:上海社会科学院,2018.

[44]李二玲，崔之珍. 中国区域创新能力与经济发展水平的耦合协调分析[J]. 地理科学，2018,38(9):1412 - 1421.

[45]孟令佳. 关于区域双创能力评价的分析——以吉林省为重点分析对象[J]. 当代经济,2019(1):80 - 81.

[46]Niels Bosma, Donna Kelley. Global Entrepreneurship Monitor (2018/2019 Global Report) [M/OL]. https://www.gemconsortium.org/report.

[47] The World Bank. Doing Business 2019. [M/OL]. https://www.doingbusiness.org/en/reports/global-reports/doing-business-2019

[48]Startup Genome. Global Startup Ecosystrm Report [M/OL]. https://

globalstartupecosystem. com/

[49]袁卫，吴翌琳，张延松，等. 中国城市创业指数编制与测算研究[J]. 中国人民大学学报，2016，30(5)：73－85.

[50]叶依广，刘志忠. 创业环境的内涵与评价指标体系探讨[J]. 南京社会科学，2004(s2)：228－232.

[51]郭元源. 城市创业环境评价方法及应用研究[D]. 杭州：浙江工业大学，2006.

[52]郭元源，陈瑶瑶，池仁勇. 城市创业环境评价方法研究及实证[J]. 科技进步与对策，2006，23(2).

[53]郭元源，池仁勇，段姗. 城市创业环境与创业活力分析——以部分城市为例[J]. 浙江工业大学学报(社会科学版)，2007(4)：452－457.

[54]江虹，朱涵. 论省级区域创业环境评价指标体系的构建及其评估——以江苏省各市为例[J]. 生产力研究，2007(24)：54－56.

[55]蔡壮华，杨旭辉，李耀炜. 创业环境评价指标体系构建[J]. 商业时代，2008(34)：51－52.

[56]赵磊，朱燕空，李蕊. 创业环境评价指标体系研究[J]. 中小企业管理与科技(上旬刊)，2008(10)：120－121.

[57]李文婷，曹琳琳，陈叙伊，等. 基于GEM模型的杭州城市创业环境研究[J]. 科研管理，2008(s2)：29－39.

[58]褚洪雷. 基于粗糙集的区域创业环境评价研究[D]. 青岛：山东科技大学，2008.

[59]陈翠霞，李海东，黄细兵. 区域创业力理论及实证分析初探[J]. 科学学与科学技术管理，2008，29(11)：71－74.

[60]陈忠卫，唐根丽，钱丽. 安徽省城市创业环境评价及其优化政策设计——基于GEM框架的实证研究[J]. 华东经济管理，2009，23(2).

[61]朱非白. 城市创业活力指数研究——基于长江三角洲实证[D]. 杭州：浙江工业大学，2009.

[62]施勇峰. 杭州城市创业环境的比较研究——《中国城市创业观察报告》编录[J]. 杭州科技，2009(2)：45－48.

[63]李晓. 区域创业环境评价指标体系的优化[J]. 统计与决策，2009(15)：48－49.

[64]夏荣威. 我国区域创业环境评价研究[D]. 长春：吉林大学，2009.

[65]范伟，张先进. 中国城市创业发展水平的聚类分析[J]. 改革与战略，

2010，26(9)：52 - 54.

[66]池仁勇，朱非白. 城市创业环境指数研究——基于长江三角洲实证[J]. 科技进步与对策，2010，27(9)：110 - 114.

[67]李雪灵，王利军，姚一玮. 城市创业制度环境满意度的评价研究——以长春市为例[J]. 城市发展研究，2010，17(10)：131 - 134,138.

[68]朱至文. 基于主成分法的江苏省城市创业环境评价研究[J]. 科技进步与对策，2010，27(13)：126 - 129.

[69]周栋良. 创业之都综合评价指标体系构建及实证分析——以长沙市为例[J]. 湖南财政经济学院学报，2011，27(3)：63 - 66.

[70]陈寒松，朱晓红，李君. 山东省城市创业环境评价研究[J]. 山东财政学院学报，2011(2)：94 - 101.

[71]刘兴国，沈志渔. 区域创业比较：基于江苏样本企业的实证研究[J]. 产经评论，2012，3(5).

[72]王庆华. 论河南省各地市创业环境评价指标体系的构建[J]. 前沿，2012(4)：107 - 108.

[73]徐建振，柳晓玲. 城市创业环境的评价——基于熵值法和多级模糊综合评价法[J]. 赤峰学院学报(自然科学版)，2014(1)：39 - 41.

[74]丁新宇，叶琳，郭强. 大众创业指数的编制与统计研究 [J]. 哈尔滨学院学报，2016(12)：41 - 47.

[75]梁海霞，张锦，严中华. 基于GEM模型的小微型企业区域创业环境评价研究——以广东省珠海市为例[J]. 武汉商学院学报，2016，30(3)：36 - 41.

[76]谢小青，黄晶晶. 基于PSR模型的城市创业环境评价分析——以武汉市为例[J]. 中国软科学，2017(2)：172 - 182.

[77]蔡义茹，蔡莉，杨亚倩，等. 创业生态系统的特性及评价指标体系——以2006—2015年中关村发展为例[J]. 中国科技论坛，2018，No.266(06)：139 - 148.

[78]田苗，陈松奕. 基于GEM模型的保定市推进大众创业与万众创新创业环境评价研究[J]. 文化创新比较研究，2018(2).

[79]王京生. 中国双创发展报告(2017—2018)[M]. 北京：社会科学文献出版社，20.

[80]四川省“双创”政策措施落实情况第三方评估工作小组，四川省科技学技术协会. 四川省“大众创业、万众创新”蓝皮书[M]. 重庆：西南交通大学出版社，2016.

[81]唐波. 湖北省区域创新创业能力评估研究[D]. 武汉：武汉理工大

学，2002.

[82]刘国新，姚汉军. 中国区域创新创业能力评价[J]. 决策与信息，2002(10):13-15.

[83]刘国新,冯德雄,姚汉军,等.区域创新创业能力的综合评价[J].武汉理工大学学报(信息与管理工程版),2003,25(1):84-88.

[84]周寂沫. 基于弹性系数的“双创”指数构建方法研究[J]. 科技与创新，2016(15):3-4.

[85]律星光. 成都双创和新经济指数正式发布[J]. 财经界，2016(19).

[86]王元地,陈禹.区域“双创”能力评价指标体系研究——基于因子分析和聚类分析[J].科技进步与对策,2016,33(20):115-121.

[87]罗晖,李慷,邓大胜. 中国“大众创业、万众创新”监测指标研究[J]. 全球科技经济瞭望,2016(1):17-30.

[88]王元地，陈禹. 区域“大众创业,万众创新”效率评价——控制环境因素后的测量[J]. 科技进步与对策，2017，34(20):101-107.

[89]黄寰，李源，郭义盟，等. 区域双创综合能力评价及其空间结构演化分析——以四川省为例[J]. 软科学，2017(8).

[90]夏维力，丁珮琪. 中国省域创新创业环境评价指标体系的构建研究——对全国31个省级单位的测评[J]. 统计与信息论坛，2017，32(4):63-72.

[91]富雅卉.区域创新创业环境的综合评价——基于十一个省的实证分析[J].当代经济,2017(31).

[92]胡平. “大众创业,万众创新”评价体系与评价方法探讨[J]. 科学与管理，2017(5).

[93]张永安，郄海拓. “大众创业、万众创新”政策量化评价研究——以2017的10项双创政策情报为例[J]. 情报杂志，2018，37(3)：158-164.

[94]李春成. 城市创新创业评价新指标与实证研究[J]. 科研管理，2018,v.39；No.269(S1):101-105,163.

[95]杨琳，刘园园. 地方政府创新创业政策评估研究——以陕西省西安市为例[J]. 开发研究，2018，195(02):115-121.

[96]李海超，苏彩凤. 东北地区“双创”能力评价研究[J]. 科技管理研究，2018(09):84-90.

[97]陈章旺，柯玉珍. 双创背景下福建省区域创新创业能力研究[J]. 中国高新区，2018(4).

[98]李婧媛. 区域科技创新与创业政策评估体系研究[D]. 哈尔滨:哈尔滨理

工大学,2018.

[99]杨屹，魏泽盛. 我国双创能力的时空差异及其耦合效应分析[J]. 数量经济技术经济研究，2018(5).

[100]王昌林. 大众创业万众创新理论初探[M]. 北京:人民出版社,2018.

[101]国家发展改革委. 2017 年中国大众创业万众创新发展报告[M]. 北京:人民出版社,2019.

[102]北京市统计局和中关村科技园区管理委员会. 中关村指数 2018[R]. 北京:北京市统计局,2018.

[103]周天勇、旷建伟. 中国城市创新报告(2015)[M]. 北京:社会科学文献出版社,2015.

[104]佚名. 杭州创新指数介绍[J]. 杭州科技，2008(4):9-11.

[105]喻新安,胡大白,杨雪梅. 河南创新创业发展报告[M]. 北京:社会科学文献出版社,2018.

[106]王瑞军，李建平. 中国城市创新竞争力发展报告(2018)[M]. 北京:社会科学文献出版社,2018.

[107]Robert Fairlie，Sameeksha Desai，A. J. Herrmann. 2017 National Report on Early-Stage Entrepreneurship[R]. :Kansas City,2019.

[108]Robert Fairlie，Sameeksha Desai，A. J. Herrmann. 2017 State Report on Early-Stage Entrepreneurship[R]. :Kansas City,2019.

[109]刘国新,唐振鹏,罗险峰,等. 区域创新与创业能力的评价方法[J]. 科技管理研究,2003,23(2):33-38.